suhrkamp taschenbuch 2853

Ein Vermächtnis zur deutschen Lage in der Welt, aus der Feder eines der größten europäischen Politiker dieses Jahrhunderts: *Über Deutschland*, drei Monate nach Mitterrands Tod erschienen, war nicht nur in Frankreich eine Sensation. Auch die deutsche Öffentlichkeit konnte sich dem außergewöhnlichen Ereignis nicht verschließen: Wann je hätte sich ein ausländischer Staatsmann so detailliert, so kenntnisreich, so profund über deutsche Gegebenheiten und Befindlichkeiten geäußert? Von »Mitterrands Vermächtnis« war die Rede, von »letzten Bekenntnissen«, von seinem »Lebenswerk«.

François Mitterrand, 1916 in Jarnac (Charante) geboren, war 1944 Mitglied der Übergangsregierung Charles de Gaulles, später mehrmals Minister und Staatsminister verschiedener Ressorts, seit 1971 Vorsitzender der Sozialistischen Partei und seit 1981 Staatspräsident Frankreichs. Er starb 1996 in Paris.

François Mitterrand

Über Deutschland

Aus dem Französischen von
Bernd Schwibs

Suhrkamp

Titel der Originalausgabe:
De l'Allemagne, De la France

Umschlagfoto: Konrad R. Müller/Focus

suhrkamp taschenbuch 2853
Erste Auflage 1998

Lizenzausgabe mit freundlicher Genehmigung des Insel Verlags
Suhrkamp Taschenbuch Verlag

Druck: Nomos Verlagsgesellschaft, Baden-Baden
Printed in Germany
Umschlag nach Entwürfen von
Willy Fleckhaus und Rolf Staudt

1 2 3 4 5 6 – 03 02 01 00 99 98

Inhalt

Frankreich und die Vereinigung Deutschlands

Alles hat in Moskau begonnen. Keine Diktatur überlebt den Zweifel. Michael Gorbatschows Perestroika brachte nun aber einen grundlegenden Zweifel am sowjetischen System zum Ausdruck. Freilich stieß die Perestroika, die Reform, nicht Revolution sein wollte, bald an ihre Grenzen und konnte das alte Haus nur dadurch erschüttern, daß es die Hierarchien des Staatsapparats umstürzte. Chruschtschow und Breschnew hatten es angesichts der wiederholten Pannen, die das endgültige Debakel ankündigten, auf ihre Weise bereits versucht. Vergebens. Sie hatten die Reform als ein zusätzliches Mittel zur Konsolidierung der eigenen Macht angesehen, sie dadurch jedoch in ihrem Kern ruiniert; und so konnte die Nomenklatura sehr rasch die alten Verhältnisse wiederherstellen. Um mit der marxistisch-leninistischen Revolution Schluß zu machen, bedurfte es einer anderen Revolution, die im Namen einer anderen Ideologie unter die Vergangenheit einen Schlußstrich zog. Der Perestroika fehlte dieser Ehrgeiz, sie ähnelte darin jenen frühen Tendenzen der Französischen Revolution, als einige Mitglieder der Gesetzgebenden Versammlung die Monarchie zu retten gedachten, dabei aber für die Aufhebung der Privilegien und die Verweigerung des königlichen Vetos plädierten. Doch nichts war mehr wie vorher. Die Perestroika gab das Signal und vermittelte den ersten Schwung. Ausgehend von Moskau, sollte die nun nicht mehr aufzuhaltende Revolution nach einer Tour d'Europe durch die kommunistischen Hauptstädte nach Moskau zurückkehren. Die Urheber des gescheiterten Putschs vom August 1991 hatten sich nicht getäuscht, als sie Gorbatschow absetzten: Durch ihn und mit ihm hatte der große Sturm der Freiheit siebzig Jahre Geschichte hinweggefegt.

Ich denke, daß kein anderes Ereignis in der modernen Geschichte ähnlich bedeutsam und kraft seiner Plötzlichkeit ähnlich überraschend war wie der Sturz des Sowjetimperiums. Zweiundvierzig Jahre früher hatte Stalin das Feuer entfacht und unter dem Vorwand ihrer Befreiung die meisten mittel- und zentraleuropäischen Länder besetzt. Auf der Stelle die Verpflichtung vergessend, die er gegenüber seinen angelsächsischen Partnern in Jalta eingegangen war, nämlich überall freie Wahlen stattfinden zu lassen, hatte er sein militärisches Imperium gefestigt und von da aus die Ideologie und das Wirtschaftssystem oktroyiert, mit denen er seine Waffen zur Eroberung der Welt führen wollte.

Ohne verlorenen Krieg, ohne Staatsstreich, ohne organisierten Widerstand, ohne Komplott brach das Imperium von selbst in sich zusammen, im Innern angenagt, mit zu Robotern verkommenen Funktionären, zugrunde gerichteter Wirtschaft, einem theoretischen Bezugsrahmen, der bar jedes Sinns geworden war: eine gewaltige Gebetsmühle unter leerem Himmel. Während der langen Regentschaft Breschnews waren die Anzeichen des Verfalls hervorgetreten, freilich schwer zu deuten gewesen. Ich erinnere mich, daß ich kurz nach meiner Wahl zum Präsidenten der Republik, als ich mich bemühte, sie zu entziffern, meine engeren Mitarbeiter, darunter vor allem Pierre Bérégovoy, den allernächsten, bat, unsere Überlegungen zur Außenpolitik um eine zentrale Hypothese anzuordnen: das Ende des sowjetischen Imperiums im Jahr 2000. Ich hatte dieses Thema 1982 während eines Gesprächs mit Bundeskanzler Helmut Schmidt wiederaufgegriffen und diesem gesagt: »Die Vereinigung Deutschlands ist der Geschichte eingeschrieben. Dazu muß das sowjetische Imperium geschwächt sein. Dies wird in den nächsten 15 Jahren eintreten«; dann, 1984, äußerte ich gegenüber der skeptischen Margaret Thatcher: »Meiner Ansicht nach wird das sowjetische Imperium Ende dieses Jahrhunderts zusammengebrochen sein ... Die Sowjetunion wird nicht standhalten können.« Dabei habe ich sogar noch zu weit gezielt. Allerdings weniger weit als viele andere und zumal zahlreiche westliche Politiker und Kommentatoren, die weiterhin mit beschwörenden Worten auf die Brüchigkeit der Demokratien wiesen, die – eine weitverbreitete Vorstellung – angeblich von Natur her zu schwach waren, zu unstabil, um der »stalinistischen Walze« widerstehen zu können. Lediglich das Gleichgewicht des Schreckens und der Militärblöcke garantierte in ihren Augen die Nachkriegsordnung. Diese Ordnung gab Sicherheit. Zunächst einmal, weil sie eben eine Ordnung, dann, weil es genau diese und keine andere war. Seit siebzig Jahren hatte man feste Bezugspunkte. Man wußte, wovon man sprach. Wie immer gefürchtet und gehaßt, erschien das Sowjetimperium doch als eine unerläßliche Voraussetzung des allgemeinen Gleichgewichts. Ich löste Irritation aus, im Westen wie im Osten, als ich während der Neujahrsansprache an die Franzosen 1982 den Wunsch äußerte, das Europa von Jalta möge ein Ende haben. Diese Reaktion hatte mich nicht erstaunt. War es doch weitaus bequemer, sich hinter fertigen Ideen, klassifizierten Gegebenheiten zu verschanzen, statt sich den Nach-Kommunismus auszumalen und damit ein auf sich selbst gestelltes Europa, das keiner früheren Gestalt gleichen würde, wofern es nicht in die Verworrenheiten des Mittelalters zurückfiel. Die Vereinigten Staaten wiederum gaben sich mit einer Situation zufrieden, in der die Lenkung des Planeten auf ein Duo begrenzt blieb und mit der sich die Schlichtung oder Regelung der regionalen Konflikte, Umfang und Rhythmus von Auf- und Abrüstung, die Beherrschung des Raums in einem Tête-à-tête behandeln ließ. Darüber hinaus erstickte die reduktionistische Schlichtheit des Paars Kapitalismus-Kommunismus jeden Ansatz, die Gesellschaft anders zu betrachten, deren Anpassung an die Bedürfnisse zu bedenken, die aus dem Wandel von Technik und Lebensgewohnheiten erwachsen – was nicht wenigen gelegen kam.

Sagen wir es noch einmal: Das Sowjetimperium brach unter seinem eigenen Gewicht zusammen. Als düstere Begleiterscheinung einer anderen Agonie beschleunigte das sukzessive Dahinscheiden von Breschnew und seiner Nachfolger Andropow und Tschernenko in weniger als drei Jahren das Ende, indem es Michail Gorbatschow den Weg ebnete, der zuvor bei der Nachfolge vom Parteiapparat und den Mächtigen der Partei kaltgestellt worden war, vermutlich aus einer dunklen Vorahnung dessen heraus, was noch kommen sollte.

Ich war Gorbatschow 1984 bei einem offiziellen Bankett begegnet, das zu Ehren meines Staatsbesuchs in der Sowjetunion, zu dem mich Tschernenko eingeladen hatte, veranstaltet worden war. Ich habe bereits an anderer Stelle Haltung und Sprache des künftigen Sowjetpräsidenten geschildert, die sich erheblich von dem unterschieden, was gewöhnlich an diesen Orten zu sehen und zu hören ist. Als ich während meines Toasts zu Beginn des Essens den Namen von Sacharow erwähnte, der zu jener Zeit unter Hausarrest stand, machte sich unter den Gewölben Iwans des Schrecklichen eisiges Schweigen breit und die Gesichter verschlossen sich. An den Tischen tuschelte man, daß die Beleidigung nicht hingenommen, meine Reise ergebnislos verlaufen werde. Doch als ich geendet hatte, hörte ich, wie Gorbatschow lächelnd das Gespräch wieder an dem Punkt aufnahm, an dem es unterbrochen worden war, und Tschernenko, der es sich offensichtlich wiederholen ließ, auf die Zerrüttung des *Gosplans* und die damit einhergehenden katastrophalen Folgen für die Agrarproduktion hinwies. Ich sah Gorbatschow wenig später beim Begräbnis von Tschernenko wieder. Ein einstündiges Gespräch überzeugte mich, daß die Sowjetunion im Begriff war, sich grundlegend zu wandeln. Dieser Eindruck bestätigte sich bei den Meinungsaustauschen, die wir während des ersten offiziellen Aufenthalts von Michail Gorbatschow in einem westlichen Land 1985 in Paris hatten. Am Morgen seiner Abreise, wir waren in meinem Büro im Élysée-Palast, legte er seine Hand auf meine, schaute mir in die Augen und sagte: »Die Sowjetunion braucht Freiheit und Initiative, sie braucht Demokratie. Anders wird uns nichts möglich sein. Das wird Zeit brauchen. Sie müssen mir helfen.« War es ernst gemeint oder nur geschickt? Meine Hauptpartner im Atlantischen Bündnis, insbesondere Ronald Reagan, ließ ich wissen, daß ich dafür plädierte, Gorbatschow ernst zu nehmen, und daß es angebracht sei, dem Rechnung zu tragen.

Anläßlich dieses Pariser Treffens unterzog sich Michail Gorbatschow auch dem gleichermaßen gefährlichen wie gesunden Spiel der Pressekonferenz, so wie sie im Westen praktiziert wird, wo jeder politisch Verantwortliche ungeschützt den in der Regel scharfen oder brutalen Fragen der Journalisten aus aller Welt ausgesetzt ist. Und tatsächlich hatte sich an diesem Tag unter dem Goldgepränge des Ehrensaals des Élysée-Palasts die Presse der gesamten Welt eingefunden. Auch bei dieser Art Exerzitium glänzte er. Freilich beobachtete ich, welcher unmöglichen Dialektik er sich in seinem Wunsch verschrieb, sowohl seine Bindung an den Kommunismus (den Lenins, wie er nachmittags an der Sorbonne präzisiert hatte) als auch die Notwendigkeit, von ihm wegzukommen, zu unterstreichen. Wollte er auf die drängenden Fragen seines Gewissens und zugleich auf die Verdächtigungen der Nomenklatura, die ihn bereits argwöhnisch gespannt in Moskau erwartete, antworten? Als wir uns wenige Monate später im Kreml wiedertrafen, stellte ich fest, daß unter der taktischen Wendigkeit der Worte sein Denken an Genauigkeit gewonnen hatte.

Ich komme darauf zurück, wenn ich die Probleme der deutschen Einheit behandle. Jedenfalls läßt sich heute schon der entscheidende Einfluß ermessen, den Michail Gorbatschow und die Perestroika auf den Prozeß hatte, der zur Umwälzung des europäischen Gleichgewichts, zur Befreiung der Völker Mittel- und Osteuropas und zum neuen Geschichtsverlauf in der Welt führte.

Die Historiker werden vermutlich 1987 als den Augenblick ansetzen, an dem die kommunistischen Regime der Satellitenstaaten kippten. In diesem Jahr beschloß Gorbatschow, sie nicht mehr durch Gewalt zu stützen. Traf er diese Entscheidung aufgrund einer richtigen Einschätzung der Mittel, über die die Sowjetunion zur Durchsetzung ihres Gesetzes verfügte, also aus schlichtem Realismus, oder wollte er in diesen Ländern neue, ihm ergebene Führungskreise an die Macht kommen lassen, oder sah er vielmehr klar eine nun nicht mehr aufzuhaltende und letztlich gewünschte Entwicklung? Er allein könnte auf diese Fragen antworten.

Ich bin geneigt zu glauben, daß er von seinem Machtantritt an und vielleicht schon vorher – das Schauspiel der immer rascheren Auflösung des Systems, für das er die Verantwortung trug, vor Augen, durch seine Lektüren informiert, durch seine Reisen neugierig gemacht auf das, was sich außerhalb der kommunistischen Gemeinschaft entwikkelte – jene Lehre gezogen hatte, die er mir damals in Paris anvertraute: Ohne Initiative und Freiheit ist nichts möglich. Die Perestroika, die er kurz nach seiner Ernennung zum Generalsekretär der Kommunistischen Partei der Sowjetunion in Gang setzte, zeugt davon. Vadim Zagladin, sein enger Berater im Kreml, in dessen Begleitung er 1979 Frankreich privat besucht hatte und mit dem ich mich von Zeit zu Zeit traf, hatte meine Aufmerksamkeit auf die aus dem Rahmen fallende Erscheinung dieses noch wenig bekannten politisch Verantwortlichen gelenkt (»ein in seinen Gedanken und Urteilen freier Mensch«, hatte er mir gesagt) und auf dessen Willen verwiesen, eine Revolution per Gesetz durchzuführen, sollte er einmal als Regierungschef berufen werden. Ähnliches hatte mir bereits Jean-Baptiste Doumeng gesagt, der kommunistische Geschäftsmann, Initiator der Interagra und von anziehender Persönlichkeit, der sich zudem im Arcanum des Kremls bestens auskannte; auch er hatte mir geraten, in näheren Kontakt zu Gorbatschow zu treten. Beide waren der Ansicht, daß Andropow, wäre er nicht vorzeitig gestorben, den Wandlunsgprozeß in Gang gesetzt hätte, wie sie sich beide auch sicher waren, daß Gorbatschow, der zum Kreis seiner Vertrauten gehört hatte, die Fackel wieder aufgreifen würde.

Doch noch andere Elemente wogen bei seinen Entscheidungen. In den vergangenen Jahren hatte sich im Kielwasser von Intellektuellen, Künstlern, Gewerkschaftlern eine bestimmte öffentliche Meinung herausgebildet, die breite Teile der Bevölkerung auf Verweigerung und Revolte einzustimmen begann. Der Einfluß der katholischen wie der evangelischen Kirche erwies sich dabei als entscheidend. Die geistige Autorität Johannes Pauls II. verschmolz, ihm zugleich neue Impulse verleihend, mit dem machtvollen nationalen Elan, der Polen, versammelt um seine Bischöfe und deren säkularen Arm, die Gewerkschaft Solidarność, sich erheben ließ. Mit 90 Jahren brachte Kardinal Tomašek an der Spitze einer verfolgten und verstreuten Geistlichkeit aus der Tiefe seines erzbischöflichen Palastes in Prag die Seele des tschechoslowakischen Widerstands zum Ausdruck. In Ostdeutschland hatte die lutherische Kirche dieselbe heroische Funktion übernommen. Und der überwältigende Auftritt des Pfarrers

Tökés auf der Bühne der rumänischen Revolution in Timisoara ist noch in aller Erinnerung. Sicher waren sie alle vehemente Gegner des kommunistischen Systems und der kommunistischen Ideologie, bereit, über Gorbatschow hinauszugehen und, wenn es sein mußte, ihn auch zu vernichten; doch diesem – und nur ihm – gebührt das Verdienst, in einer Zeit, da in der Sowjetunion die nationalen Antagonismen und die Rachegelüste der unterdrückten Minderheiten erwachten, den gewaltigen Ungehorsam, der die herrschende Ordnung untergraben sollte, legitimiert zu haben. Als die Perestroika gebrochen war, war überall im Osten das Grollen zu hören, das jene Beben ankündigt, in deren Folge die Erde sich auftut und Gesellschaften verschlungen werden. Es steht außer Frage, daß Gorbatschow die nahende Explosion kommen sah. Wähnte er sich stark genug, sie so eindämmen zu können wie andere ihre Atombombenversuche in Basaltgestein?

Doch Revolutionen lassen sich nicht einfach eindämmen. Gorbatschow mußte unter einer zweifachen Bedrohung leben: dem wirtschaftlichen Desaster, das ihn zunehmend seiner politischen Bewegungsfreiheit beraubte, und der Schwäche der gesellschaftlichen Institutionen und Strukturen, deren Unwirklichkeit allmählich für alle zum Vorschein trat, während zugleich deren letzter Träger, der Gulag, zusammenbrach. Je mehr ich an diese Augenblicke gelebter Geschichte denke, um so mehr staune ich über das Maß an Arbeit, Einbildungskraft, Intelligenz und Mut, das der letzte Staatsmann von Format, den die Sowjetunion hervorbrachte, geleistet hat – und um so weniger wundere ich mich über sein Scheitern am Ende. Scheitern? Ja, wenn man in Begriffen der Macht denkt; nein, wenn man in Begriffen der Geschichte denkt. Denn alles hat in Moskau begonnen.

Die amerikanisch-sowjetische Hegemonie hatte dazu geführt, daß die westlichen Staatschefs sich in einer Zeit des Stillstands wähnten. Sie handelten, als wären die Kräfteverhältnisse auf unserem Kontinent ein für allemal besiegelt, und erwarteten von den Deutschen, daß sie sich in ihr Schicksal fügen. Charles de Gaulle, der um die Geschichte und ihre Konstanten wußte, fürchtete diese Art von Illusionen. Wäre es nach ihm gegangen, wäre Deutschland noch stärker als 1945 zerstückelt worden, hätte Frankreich die Kontrolle über das rechtsrheinische Ufer erhalten, wäre die Ruhr internationalisiert worden. Seine *Mémoires d'espoir* berichten, wie er 1960 Nikita Chruschtschow einen Plan unterbreitete, den er sechzehn Jahre früher bereits Stalin vorgeschlagen hatte: das deutsche Volk müßte man, »ohne es zu zerschlagen, auf die politische Struktur zurückführen, die ihm natürlich ist und in der es bis zu dem Zeitpunkt gelebt hatte, in der Preußen dank der Niederlage Frankreichs zum Reich wurde. Jede Region erlangte, als Staat, ihre frühere Autonomie zurück. Alle würden als gleiche ihren Bund aufbauen, unter Ausschluß eines zentralisierten Reiches.« Diese Geisteshaltung lag auch den Instruktionen an General Koetz zugrunde, den französischen Vertreter im Alliierten Kontrollrat in Berlin: er möge »sein Vetorecht gegen jeden Vorschlag ausüben, der in Richtung auf Wiedererrichtung der deutschen Einheit gehe«, ein Thema, an dem François Mauriac auf seine Weise strickte: »Ich liebe Deutschland so sehr, daß ich zufrieden bin, daß es zwei gibt.« Tatsächlich brachten de Gaulle wie Mauriac nur zum Ausdruck, was die Mehrheit der Franzosen dachte. Freilich nicht ich. Ich war der Überzeugung, daß trotz der Fehler des Zweiten und der Verbrechen des Dritten Reichs, nach so viel Leid, das es erlebt, und Opfern, die es gebracht hatte, die Einheit eines Volkes, das sich in all seiner Unterschiedenheit deutsch fühlte und deutsch sein wollte, nicht rückgängig zu machen sei. Die Trennungslinie, die mitten durch das bismarcksche Deutschland gezogen worden war, spiegelte die Überlegenheit der Waffen zu einem bestimmten Augenblick und unter bestimmten Umständen wider. Sie war nichts anderes als das Protokoll der örtlichen Gegebenheiten am Morgen nach der Schlacht. Zumindest dem Anschein nach. Denn das unter sowjetische Kontrolle gefallene Ostdeutschland beschränkte sich zwar nicht auf Preußen, doch Preußen wurde dabei vollständig aufgelöst – und das konnte kein Zufall sein. Macht man sich das klar, erklärt sich das übrige von selbst. Die Westmächte hatten, als sie Preußen dem Osten zuschoben, es Stalin überlassen, für lange Zeit, wenn nicht für immer den gefürchteten Staat zu zerschlagen, der, ein stets vorläufiges Amalgam disparater Bevölkerungen, innerhalb von weniger als zweihundert Jahren sich derart stark um seinen König und seine Armee entwickelt hatte, daß er bereits zu einer europäischen Großmacht geworden war, bevor er die vielfältigen deutschen Kleinstaaten der vorherigen Jahrhunderte nacheinander in Rang und Bedeutung gemindert hatte. Stalin, der vor Hitler hatte zurückweichen müssen und der wußte, daß dieser die reichen Korn- und Weizenfelder der Ukraine und Weißrußlands im Blick hatte (»Ich brauche die Ukraine, damit man uns nie mehr aushungern kann wie während des Ersten Weltkriegs«, hatte Hitler Carl Jakob Burckhardt, dem Hohen Kommissar des Völkerbunds in Danzig, anvertraut), konnte sich die Gelegenheit nicht entgehen lassen, und tat es auch nicht, mit dem deutschen Kampfzentrum Schluß zu machen. Man offerierte ihm Preußen, also zerstückelte er es. Er gab Polen Pommern und Schlesien, teilte sich mit ihm das alte Ostpreußen und entriß ihm dafür ein Drittel seines Territoriums. Mit lautstarker Propaganda wurde verkündet, daß die Zerstörung des preußischen Militarismus das sicherste Mittel zur Ausrottung des Nationalsozialismus sei, daß es sich um ein und dasselbe Phänomen handele und man auf diese Weise den aus derselben Hölle erwachsenen deutschen Dämonen ein Ende bereite, sie demselben Nichts überantworte. Die Westmächte, offensichtlich erleichtert, daß ein anderer die Drecksarbeit machte, ließen ihn gewähren. Winston Churchill hatte es 1943 in Teheran ausgesprochen: »Ich möchte unterstreichen, daß Preußen am Ursprung des Übels ist.« Er täuschte sich – und wußte es. Es wäre richtiger gewesen, hätte man anerkannt, daß die Zerstörung Preußen die deutsche Nation in ihrem Mark traf und mit der vorgenommenen Teilung Deutschlands seine Nachbarn ein seit langem angestrebtes Ziel erreichten. Als Ende des 18. Jahrhunderts der kleine brandenburgische Staat, der damals 2 Millionen Einwohner zählte, überraschend in das Spiel der Mächte eintrat, wurden die Karten neu gemischt. Jetzt, da er aus dem Spiel verbannt war, fanden sich dieselben traditionellen Mächte mit der deutschen Leere im Zentrum Europas ab. Bismarck hatte es, drei Wochen vor der Schlacht bei Königgrätz, geahnt: »Ist Preußen einmal zerschlagen, wird Deutschland nur schwer dem Schicksal Polens entgehen.« Um sich davon überzeugen zu lassen, brauchte Churchill weder Bismarck noch sonst jemand. Die Voraussage des preußischen Kanzlers erfüllte sich am 25. Februar 1947, als der Alliierte Kontrollrat, der an die Stelle der deutschen Regierung getreten war, sein Gesetz Nr. 46 verkündete, in dem es hieß: »Der preußische Staat, der seit frühester Zeit die Wiege des Militarismus und der Reaktion in Deutschland war, ist abgeschafft.«

Wen hatte man strafen wollen? Hitler? Friedrich den Großen? Beide und auf einen Schlag. Ich kann mir nicht vorstellen, daß die Ausdrücke »Wiege des Militarismus und der Reaktion« dem Wortgebrauch von Sandhurst oder Saint-Cyr entstammen. Dort wird anders gesprochen. Hier erneut diktierte Stalin. Der ideologisch-propagandistische Knüppel, der eine Fälschung in Wahrheit verwandelte, wurde von allen, oder fast allen, akzeptiert. Ich habe diese Epoche erlebt und entsinne mich noch sehr gut des damaligen Zeitgeistes. Nachdem man Nationalsozialismus und Preußen der allgemeinen Verdammnis anheimgegeben hatte, war es ein Leichtes, ihre Leichen in die Gemeinschaftsgrube zu werfen. Wie schreibt man Geschichte? Hitler mochte Preußen nicht, und Preußen mochte Hitler nicht. Ein wenig Nachdenken hätte gezeigt, daß die nationalsozialistische Ideologie den zivilisatorischen Werten eines Friedrich des Großen widersprach. Hitler hatte die preußische Identität zermalmen wollen, wie es nach ihm Stalin tun sollte. Beide sollten am Ende Erfolg haben. Zum großen Unglück dieses Landes, dem nicht verziehen wurde, daß es auf den Schlachtfeldern seinen Gegnern das Fürchten gelehrt hatte. Der Fluch dauert an, so daß nur schwer Glauben findet, wer versichert, daß Berlin zu Zeiten seiner Größe Hauptstadt der Freiheit war, daß jeder, der seines Glaubens oder seiner Überzeugungen wegen verfolgt wurde, sicher sein konnte, hier Schutz zu finden – eine so lebendige Tradition, daß man es hier lange abgelehnt hat, eine Ausweispflicht einzuführen. Man lese noch einmal jenen Auszug aus einem Brief Voltaires an seine Nichte, Madame Denis: »Endlich bin ich in Potsdam. Unter dem alten König war dies ein Militärlager ohne Reiz und Freude. Heute ist es das Augustusschloß, Sitz des Geistes, der Lust und des Glanzes.« Tatsächlich hatte Friedrich der Große, kaum auf dem Thron, mit der Regierungsweise seines Vaters, des gefürchteten »Soldaten-Königs«, gebrochen: der Armee wurde

Order gegeben, das Volk zu respektieren; die staatlichen Lager wurden geöffnet und den Ärmsten Brot zu billigen Preisen abgegeben; es wurde verboten, die »Kadetten« zu mißhandeln; die Folter wurde abgeschafft. Mehr noch, in einer Zeit, in der jede Kirche über die Seelen und Leiber herrschen wollte, proklamierte er: »In meinem Staate kann jeder nach seiner Fasson selig werden«, was dem Historiker François Bluche zu schreiben erlaubte, das preußische Regime sei »aufgrund des Monarchen das toleranteste Europas« gewesen. Friedrich machte Preußen zu einem der ersten verfassungsmäßigen Staaten der Welt, führte per Dekret den Schulbesuch für alle ein und die Gleichheit der Bürger vor dem Gesetz. Freilich sollten uns diese schönen Anordnungen keineswegs den Blick trüben: Friedrich der Große blieb seinem Geschlecht treu. Beseelt vom Eroberungsgeist, dachte er keineswegs daran, das Territorium seines Staates in seiner angreifbaren geographischen Lage zu belassen. Nachdem er Hand an Schlesien gelegt hatte, verbrachte er sein Leben damit, Krieg zu führen, wobei er, häufig mit Erfolg, die Divergenzen zwischen Österreich, Rußland, England und Frankreich ausspielte. Seine Bindung an die Aufklärungsphilosophie hinderte ihn nicht, seine Truppenstärke bis auf die des Königs von Frankreich zu erhöhen. Wie er sich seiner Armee bediente, ist hinlänglich bekannt; er besiegte seine Gegner, hinterging seine Partner, erholte sich in Zeiten vorübergehenden Pechs auf wundersame Weise und war am Ende seiner Regentschaft als größter Feldherr seiner Zeit anerkannt. Doch unterscheidet ihn, bei gleichem Talent, nichts von den Eroberern, die durch die Jahrhunderte hinweg und bis hin zu Napoleon Bonaparte Europa im ganzen oder in Teilen beherrschten, wohingegen er weder im Geist noch in seiner Vorgehensweise etwas mit Hitler und dem Nationalsozialismus gemein hat. »Eine Welt«, so Wolfgang

Venohr, »trennte Preußen und die Nazi-Ideologie, die ein unglaubliches Gemisch aus nordischem Mystizismus und plattestem Darwinismus, gepaart mit Technik und Motorisierung, umfaßte.« Friedrich der Große hätte eine seiner Philosophie so fernstehende Mixtur verachtet und jede Vermischung »des preußischen Staatsdenkens« mit »dem halb germanischen, halb universalistischen Denken« des Dritten Reichs von sich gewiesen. Doch Hitler, der die Macht der Symbole kannte, hatte die Konfusion bewußt herbeigeführt. Eine erste Anschauung vermittelte hiervon die Zeremonie vom 23. März 1933 in der Potsdamer Garnisonskirche, der Grabstätte der preußischen Könige, als der greise Hindenburg, der preußischste aller Preußen, dem aus Österreich als Eroberer gekommenen Hitler feierlich die Macht übergab. Der neue Kanzler mußte unbedingt wie der wahre Nachfolger Friedrichs des Großen erscheinen. Später, als sich die Niederlage schon abzeichnete, griff er erneut zu diesem Verfahren, um seine Armeen wiederzubeleben. Aber es war nur ein Trugbild. *Das Schwarze Korps*, die Zeitung der SS, wies ungeschminkt auf Preußen als »den schlimmsten inneren Feind Deutschlands«. Und in der Tat bedeutete und belegte Preußen anderes als der Hitlersche Fanatismus: eine Form der Zivilisation, die zu verteidigen war, und sei es mit Waffen. Einige der Seinen taten es für Preußen, Söhne aus altem Adelsgeschlecht, im Kult des Staates und der Armee erzogene Soldaten, die um den Preis ihres Lebens ihr Lager wählten. Ich denke in diesem Zusammenhang an Henning von Tresckow, eine Galionsfigur des deutschen Widerstands, der im Westen viel zu wenig bekannt ist. Am Tag nach dem gescheiterten Attentat vom 20. Juli 1944, an dem er, Chef des Stabs der 2. Armee an der Ostfront, beteiligt war, obwohl ihm als jüngstem General der deutschen Armee eine glorreiche Karriere verheißen war, hatte er sich allein mit seinem

Befehlswagen in den Wald von Krolovy, im Süden von Posen, begeben, hatte einen Schußwechsel vorgetäuscht und sich dann mit einer Handgranate selbst getötet. Noch am selben Morgen hatte er sich von seinem Freund und Adjutanten Schlabrendorf nüchtern verabschiedet und gesagt: »Niemand von uns kann über seinen Tod Klage führen. Wer in unseren Kreis getreten ist, hat damit das Nessushemd angezogen. Der sittliche Wert eines Menschen beginnt erst dort, wo er bereit ist, für seine Überzeugungen sein Leben zu lassen.« Und in den Worten, die er einige Monate früher anläßlich der Konfirmation seines Sohnes verwendet hatte, fuhr er fort: »Vergeßt niemals, daß ihr auf preußischem Boden großgeworden seid und daß ihr heute zum Heiligen Abendmahl aufgenommen wurdet, an heiligster Stelle des alten Preußen. Dies enthält eine doppelte Verpflichtung: der Wahrheit zu dienen, die Pflicht bis zum Ende zu erfüllen. Nie wird man den Begriff der Freiheit vom wahren Preußentum trennen können...«

Dies war die Seele Preußens, bevor Stalin sie auslöschte. Diese Überlegungen spielten bei meiner Zustimmung zur deutschen Einheit eine Rolle. Meiner Ansicht nach hatte das Vaterland Henning von Tresckows das Recht, unter den Trümmern wiederzufinden, was es verloren hatte, und jenen Teil Deutschlands sich wieder einzugliedern, der ihm fehlte.

Zehn Jahre später – die deutsche Niederlage war besiegelt, Hitler und der Nationalsozialismus waren verschwunden, Deutschland war zerschlagen – erhoben sich am 16. und 17. Juni 1953 die Arbeiter von Ost-Berlin und anderen ostdeutschen Städten, Magdeburg, Halle, Erfurt, Leipzig, gegen ihre neuen Herren. Nachdem der Generalstreik ausgerufen worden war, stellten die Fabriken ihren Betrieb ein. Die zwölftausend Arbeiter des Stahlwerks von Henningsdorf legten die Arbeit nieder und blockierten jede Produktion.

Zwei Tage lang gehörte die Straße der Menge, die die Absetzung von Ulbricht, Grotewohl, Pieck sowie freie Wahlen forderte. Vom Brandenburger Tor wurde die sowjetische Flagge heruntergerissen. Am 17. mittags bezogen russische Panzer der Division Doberitz Stellung im Stadtzentrum von Berlin. Der Ausnahmezustand wurde ausgerufen. Bis in die Nacht kam es zu Gefechten. Am nächsten Morgen bagatellisierte die Ostpresse die Ereignisse. Ein offizielles Kommuniqué bezifferte die Opfer auf 25 Tote und 380 Verwundete. Im Westen sprach man von 400 Toten und Tausenden von Verwundeten. In seinem Bericht an das Zentralkomitee der Sozialistischen Einheitspartei Deutschlands (SED) schätzte Grotewohl die Zahl der Arbeiter, die an der Streikbewegung teilgenommen hatten, auf 300 000. Die Aufständischen hatten sich nicht unter Berufung auf den Traum der deutschen Einheit erhoben. Sie protestierten schlicht und einfach gegen ihre Arbeitsbedingungen, gegen die Erhöhung der Arbeitsnormen, die Senkung ihres Lebensstandards. Doch die einsetzende Repression, die nachfolgenden Hinrichtungen, das Niederwalzen des Aufstands durch russische Panzer und kasernierte Volkspolizei verwandelten in wenigen Stunden einen Lohnkonflikt in eine Krise des Regimes, das fortan sein Überleben nur durch verstärkte Polizeipräsenz und Bürokratie zu sichern vermochte, durch die Gründung von milizähnlichen Kampftruppen, die direkt dem Zentralkomitee unterstellt waren, sowie durch Errichtung einer Mauer im buchstäblichen Sinn, die von beiden Seiten die zerrissenen Deutschen auf zwei verfeindete Welten zurückwarf. Den Ostdeutschen blieb, wollten sie der Erstickung entgehen, nur die Flucht, bei der sie nicht selten auch ihr Leben verloren, oder der Rückzug in das von der Verachtung der Unterwerfung geprägte Schweigen. Es blieb allerdings auch die Impertinenz eines Brecht, etwa in seinem Gedicht *Die Lösung*:

Nach dem Aufstand des 17. Juni
Ließ der Sekretär des Schriftstellerverbands
In der Stalinallee Flugblätter verteilen
Auf denen zu lesen war, daß das Volk
Das Vertrauen der Regierung verscherzt habe
Und es nur durch verdoppelte Arbeit
Zurückerobern könne. Wäre es da
Nicht doch einfacher, die Regierung
Löste das Volk auf und
Wählte ein anderes?

Oder die Frechheit eines Wolf Biermann in seiner »Antrittsrede des Sängers« (*Die Drahtharfe*, Berlin 1965): »Die einst vor Maschinengewehren mutig bestanden / fürchten sich vor meiner Gitarre. Panik / breitet sich aus, wenn ich den Rachen öffne und / Angstschweiß tritt den Büroelephanten auf den Rüssel / wenn ich mit Liedern den Saal heimsuche, wahrlich / Ein Ungeheuer, eine Pest, das muß ich sein, wahrlich / Ein Dinosaurier tanzt auf dem Marx-Engels-Platz / Ein Rohrkrepierer, fester Kloß im feisten Hals / der Verantwortlichen, die nichts so fürchten wie / Verantwortung...« Und weiter: »Schnallt euch die Angstriemen von der Brust! / Und wenn Ihr fürchtet das Herz möcht euch herausfalln / Mensch! / So lockert die Fesseln um zwei drei Löcher zumindest / Gewöhnt die Brust an freies Atmen, freies Schrein! / ... / Mit offner Stirn laß uns dem Tag eins machen!...« Und schließlich: »Des Aufruhrs und der Freiheit Kinder sind ja unsre Väter selbst. / So laßt uns unsrer Väter wahre Söhne sein...«

In der Deutschen Demokratischen Republik wurde der 17. Juni in der offiziellen Geschichtsschreibung zum Tag der Konterrevolution und zum unwiderlegbaren Beweis für eine »von den Amerikanern organisierte und unterstützte geheime faschistische Bewegung«. In der Bundesprublik dagegen wurde dieser Tag des Aufstands als »Tag der deutschen Einheit« gefeiert und zum Nationalfeiertag erhoben. Ein Extrem von der einen wie der anderen Seite, das Lothar Baier in seinem Buch *Un allemand né de la dernière guerre* ganz anders interpretierte: »Dieser bundesrepublikanische Nationalfeiertag stellt eine grobe Lüge dar und gibt sehr gut die 50er Jahre wider. Indem sie die Arbeiter der Stalinallee und anderer Betriebe zu Märtyrern der deutschen Einheit stilisierten, vollbrachten die Regierenden Westdeutschlands eine völlige Umkehrung der Vorstellungswelt des geteilten Landes. Seit jeher zu eher separatistischen denn unitären Auffassungen neigend, machte sich Adenauer anhand dieser wohlfeilen Operation zum Verteidiger der Einheit und ließ zugleich das ganze Gewicht der Trennung auf die DDR zurückfallen.« Wie auch immer, in gewisser Weise besiegelte der Aufstand vom Juni 1953 die Trennung Deutschlands. Isabelle Farçats Urteil (*L'Allemagne, de la conférence de Potsdam à l'unification*) hat sich damit bewahrheitet, die schrieb: »Für jeden Teil Deutschlands führte der Weg der Vereinigung über die eigene Stärke, die auf die Dauer den jeweils anderen Teil Deutschlands anziehen mußte [...]. Doch die Macht des jeweiligen Staats sollte sich nach der Distanz bemessen, die ihn vom anderen Teil trennte. Je stärker jeder Teil Deutschlands werden sollte, um so tiefer die Zerrissenheit Deutschlands.« Was Hans Magnus Enzensberger, Dichter und Essayist, Mitglied der Gruppe 47 und Gründer der avantgardistischen Zeitschrift *Kursbuch*, auf seine Art bestätigte: »Aber noch gespenstischer ist, daß diese gespaltenen Spalter, indem sie sich befehden, einander bestätigen.«

Der Zufall wollte es, daß ich mich an der Seite Michail Gorbatschows anläßlich seines Staatsbesuchs in Paris zum ersten Mal über die mögliche Wiedervereinigung Deutschlands äußern mußte. Das war am 5. Juli 1989; es war bekannt, daß die Sowjets dieser Perspektive feindlich gegenüberstanden, man sprach sogar von ihrem Veto, und so waren die Journalisten in ihrem ureigensten Element, als sie uns auf der Pressekonferenz, die am Nachmittag stattfand, über diesen Punkt befragten, wobei sie auf unser beider offensichtliche Differenzen in der Behandlung des deutschen Problems spekulierten. Zudem wollten sie zwei Fliegen mit einer Klappe schlagen und hofften, auch die entsprechenden Divergenzen, die angeblich zwischen Helmut Kohl und mir in dieser Frage bestanden, bestätigt zu bekommen, was sie noch mehr interessierte.

Die Wiedervereinigung, lange Zeit ein Tabu, war ins Rampenlicht der politischen Öffentlichkeit geraten, seitdem Ostdeutsche zwei Monate zuvor begonnen hatten, sich massenhaft nach Ungarn abzusetzen. Die meisten politisch Verantwortlichen der westlichen Länder äußerten sich nur mit größter Vorsicht zu diesem Phänomen, nicht zuletzt die Deutschen, die jede Ungeschicklichkeit vermeiden wollten, die unpassende Erinnerungen hätte wecken können. Sowohl Richard von Weizsäcker, der Bundespräsident, als auch Kanzler Kohl und Vizekanzler Genscher bemerkten gleichlautend, wenn unsere Gespräche diesen heiklen Bereich streiften, daß die Teilung ihres Landes zwar eine offene Wunde im Herzen eines jeden Deutschen sei, es aber dringendere Probleme zu lösen gebe. Diese Einstellung blieb bis nach dem Fall der Berliner Mauer, auf den ich noch eingehen werde, leitend, denn neun Tage später vermied Helmut Kohl in seiner Eröffnungsrede zur außerordentlichen Sitzung des Europäischen Rats von Anfang bis Ende das Wort Wiedervereinigung, aus der Befürchtung heraus, es könne neue Spannungen zwischen den zwölf Mitgliedsstaaten heraufbeschwören. Der von Léon Gambetta auf Elsaß-Lothringen gemünzte Ausspruch »Immer-daran-denken, nie-davonsprechen« ist offensichtlich nicht auf bestimmte Orte und Epochen festgelegt. Doch die Journalisten, den Zwängen internationaler Politik weniger ausgesetzt als die Politiker, ließen sich durch derartige Bedenken nicht beeindrucken und stellten uns unumwunden die Frage.

Die Antwort, die ich dem Korrespondenten der Berliner *Tageszeitung* gab: »Das Verlangen nach Vereinigung ist ein legitimes Verlangen«, war zu kurz und erforderte weitere Ausführungen. Also kam ich einige Tage später nochmals auf sie zurück, indem ich fünf großen europäischen Zeitungen, darunter der *Süddeutschen Zeitung*, ein Interview gab, in dem die zentralen Probleme der Stunde angeschnitten wurden. Als wir zur deutschen Frage kamen, wiederholte ich fast wörtlich meine früheren Äußerungen und fügte noch hinzu, daß die Einheit sich nur »friedlich und demokratisch« verwirklichen lasse. Diese beiden gewichtigen Adverbien enthielten die Grundsätze, von denen ich nicht abgewichen bin, sie hatten meiner Ansicht nach die deutsche Einheit zu leiten und haben sich am Ende auch durchgesetzt. Zum einen, wenn der Schritt hin zur Einheit auch legitim war, so hieß das nicht, daß sie auf x-beliebige Weise zustande kommen konnte. Zum anderen, zur Sicherung des Friedens war es unabdingbar, daß im Vorfeld wenigstens fünf zentrale Probleme geregelt wurden: die Anerkennung der Oder-Neiße-Linie durch Deutschland, zum gegenwärtigen Zeitpunkt durch die BRD; das Einverständnis der vier Schutzmächte USA, Großbritannien, Sowjetunion und Frankreich, ihre Rechte an ein vereinigtes Deutschland abzutreten; der Verzicht Deutschlands auf nukleare, biologische und chemische Waffen; seine weitere Zugehörigkeit zum Atlantischen Bündnis; die Bekräftigung seines Engagements in der Europäischen Gemeinschaft. Wie bekannt, wurden diese fünf Bedingungen erfüllt und die Einigung am 3. Oktober 1990 vollzogen.

Es zeigte sich, daß in den Monaten vor Abschluß des »Vertrags über die abschließende Regelung in bezug auf Deutschland« jede der vier Schutzmächte, was normal ist, auf der Bedingung besonders insistierte, die ihrer Einschätzung nach die vorrangigste war, d.h. mit den eigenen Interessen am weitesten in Einklang stand. Die USA zeigten sich vor allem an der Integration des künftigen vereinigten Deutschlands im Nordatlantik-Pakt interessiert, die Sowjets zögerten noch, die Unausweichlichkeit der deutschen Einheit anzuerkennen; was die Briten anbelangte, so waren sie durch die Stimme Margaret Thatchers vor allem darum bemüht, den Stichtag hinauszuzögern.

Ich meinerseits gab der vorherigen Anerkennung der Grenzen den Vorrang. Ich werde noch ausführen, wie diese Forderung Gegenstand einer langwierigen, schwierigen, aber doch immer freundschaftlichen Auseinandersetzung mit Helmut Kohl wurde. Aus dieser Auseinandersetzung leitete die konservative Opposition in Frankreich das Argument ab, unsere Diplomatie zu bezichtigen, sie habe »den Zug der deutschen Einheit verpaßt«, indem sie nicht blindlings in den ersten Wagen gesprungen sei. Abgesehen davon, daß, wie ich bereits unterstrichen habe, kein einziger westlicher Staatsmann dieses Risiko eingegangen war und ich, gemeinsam mit George Bush, der erste gewesen war, der die Perspektive der Vereinigung begrüßt hatte, mußte ich mich angesichts dieser Verirrung doch sehr wundern, die einmal mehr so viele politisch Verantwortliche meines Landes dazu verleitete, die Lehren der Geschichte zu vergessen. Gewiß stellte sich die Frage der innerdeutschen Grenze auf ganz spezifische Weise. Die Unantastbarkeit der Grenzen, durch die Konferenz von Helsinki sanktioniert, garantierte der DDR ein den anderen souveränen Staaten Europas gleichen Status. Die beiden Blöcke hatten sich dafür verbürgt und waren nun, da ihr jeweiliger Besitzstand abgesteckt war, darum bemüht, jede Bewegung zu unterbinden, die das – wie jedes Gleichgewicht fragile – Nachkriegsgleichgewicht hätte erschüttern können. Aber sie hatten, ebenfalls in Helsinki, auch das Recht auf Selbstbestimmung verkündet, eine Variante des Rechts der Völker, über sich selbst zu verfügen. Wie war diesem Widerspruch zu entkommen? Man hatte es dem Ereignis, diesem Herrn über die Zeit, überlassen, darüber zu entscheiden. Und das Ereignis war nun eingetreten. Um nicht völlig das Ruder aus der Hand zu verlieren, war es das Einfachste und Klügste, sich auf die Prinzipien des Rechts, der Billigkeit und der Vorsicht, die die Situation gebot, zu beziehen.

Ein Jahr verstrich zwischen der einsetzenden Flucht eines Teils der DDR-Bevölkerung in den Westen und der Unterzeichnung des innerdeutschen Vertrags über die Währungs-, Wirtschafts- und Sozialunion – am 18. Mai 1990 –, womit faktisch die Vereinigung besiegelt war. Selbst wenn die Deutschen sich dieses Ereignis überhaupt hätten vorstellen können: wie rasch es eintrat, hätte sie allemal überrascht. Der Zustrom Tausender Deutschstämmiger aus den verschiedenen Staaten Osteuropas in die BRD hatte zunächst Begeisterung ausgelöst. Dann hatte man feststellen müssen, daß diese Aussiedler, die sich als deutsch bezeichneten, es gar nicht immer waren. Die Vergünstigungen, die man ihnen eingeräumt hatte, erschienen nun als übertrieben: Bewilligung eines Arbeitsplatzes und einer kleinen Wohnung, Rentenansprüche unter Berücksichtigung ihres gesamten Berufslebens. Man begann, sich über die ethnische Zugehörigkeit dieser Aussiedler Gedanken zu machen. So vertraute Rudolf von Thadden, der lange in Göttingen, in der Nähe des Durchgangslagers von Friedland, gelehrt hat, einmal unserem Botschafter an, daß eine bestimmte Anzahl von Aussiedlern aus Polen mit Papieren versehen war, die auf der Grundlage höchst dubioser Informationen ausgestellt worden waren. Auch Kanzler Kohl war heftigen Attacken ausgesetzt. Hatte er sich verfahren? Man prophezeite eine politische Krise. Doch im Juli vollzog sich ein erneuter grundlegender Sinneswandel, als die »wahren Deutschen« aus der DDR, die Übersiedler, im Westen eintrafen, während die Welle der Aussiedler stagnierte. Auf dem Bundeskongreß der CDU in Bremen am 11. September preschte Helmut Kohl angesichts seiner Kritiker, die mit der Politik der »kleinen Schritte« nichts mehr anfangen konnten, vor und sprach ohne weitere Angabe der Gestalt oder der Mittel von der Einheit. Am selben Tag entschloß sich die Regierung in Budapest, ab Mitternacht ihre Grenzen nach Österreich für die auf ihrem Territorium weilenden DDR-Flüchtlinge zu öffnen. Am 30. dieses Monats erhielten die 3500 ostdeutschen Flüchtlinge, die in der Botschaft der BRD in Prag kampierten, die Genehmigung zur Ausreise nach Westdeutschland. In Ostberlin dagegen stellte sich Erich Honekker stur. Am 7. Oktober feierte die DDR den 40. Jahrestag ihrer Gründung; Michail Gorbatschow nahm an der gewohnten Militärparade teil. An diesem Tag sprach er sich öffentlich für Reformen in Ostdeutschland aus und äußert jenen berühmten Satz: »Wer zu spät kommt, den bestraft das Leben.« Jeder verstand, daß damit Honecker desavouiert war und daß die sowjetischen Soldaten, Hauptstütze des sowjetischen Imperiums, von denen vierhunderttausend in diesem Mitgliedsstaat des Warschauer Pakts stationiert waren, nicht auf die Demonstranten schießen würden. Zwei Tage später ergossen sich siebzig- bis hunderttausend Deutsche in die Straßen Leipzigs, noch mehr in den folgenden Tagen. Weitere Städte glänzten im Widerschein der Kerzen, die eine schweigende Menge an öffentlichen Plätzen, in den Kirchen, an allen Kreuzungen aufstellte, gleichsam um den Zauberkreis zu ziehen, innerhalb dessen die Hoffnung zu neuem Leben erwachen sollte. Am 18. wurde Honecker vom Zentralkomitee der SED seiner Ämter enthoben und Egon Krenz zum Generalsekretär gewählt. Der offizielle Diskurs verlor an Härte. Man gab in bestimmten Punkten nach, suchte den Ausgleich und war zugleich bemüht, ein Denken und ein Herrschaftssystem zu erhalten, die aus einer durch Fehlschläge, Tyrannei, Frustrationen und Blindheit dahinsiechenden Revolution hervorgegangen waren. In einer allgemeinen Verwirrung erklärte am 9. November das Politbüro durch seinen Pressesprecher Schabowski die innerdeutsche Grenze für offen. Sofort überschritten Hunderttausende von Ostdeutschen die Grenzübergänge nach Westdeutschland und Westberlin. Wie in Warschau, Prag, Budapest hatte das Volk Geschichte gemacht, und diese Geschichte war die einer anderen Revolution, einer jungen, die lebendige Antwort zwei Jahrhunderte später auf die Französische Revolution. Das Volk hatte die Macht seiner Herren und ihres Apparats gebrochen, es hatte seine Ängste besiegt, war seinen vielfältigen Wachhunden – Polizei, Armee, Bürokratie, Presse, offizieller Literatur, Schule, Universität – und den an den vier Ecken eines geschlossenen Horizonts postierten Wachttürmen entwischt. Keine Organisation, keine Partei, kein wirklicher Anführer hatte es mobilisiert. Aus sich selbst hatte es seine Kraft geschöpft, hatte das Schwächerwerden der

Macht und die Korruption des Systems wahrgenommen, unter den geschlossenen Türen und Fenstern einen Lichtschein erspäht, das unabwendbare Nahen der Freiheit gespürt. Noch einmal sei Serge Boidevaux, unser Botschafter, zitiert: »Am 11. November bin ich mit meinen amerikanischen und englischen Kollegen bei Walter Momper, dem Regierenden Bürgermeister von Berlin, als Günter Schabowski, der zum zweiten Mann des Ostregimes aufgestiegen ist, anruft. Allgemeine Panik. Wie verhindern, daß die Demonstranten das Brandenburger Tor überrennen? Schabowski hat eine Idee: ›Eine Ablenkung muß her.‹ Er schlägt vor, daß Momper und er sich am nächsten Tag ab 8 Uhr 30 mit Bulldozern an den Potsdamer Platz begeben und dort eine Bresche in die Mauer schlagen. Auf diese Weise, so sagt er, würden die rechtzeitig informierten Fernsehjournalisten mit ihren Kameras kommen, ›vor allem die Amerikaner mit ihren Projektoren, die die Mauer und das Tor nachts erleuchten, und alle werden ihnen folgen‹.« So geschah es.

Halten wir an diesem Punkt des Berichts einen Augenblick inne und vergegenwärtigen wir uns die Reaktionen der Sieger des Zweiten Weltkriegs und Garanten des Status von Deutschland. Im Unterschied zu Moskau hatten die drei Westmächte schon seit längerem den Deutschen beider Staaten das Recht zuerkannt, wieder zueinanderzufinden. Aber sie hatten den plötzlichen Zusammenbruch der Sowjetunion nicht vorausgesehen und zogen es vor, mit diesem ungeheuren Ereignis eher unterkühlt umzugehen. Woraus sich auch ihr zögerliches Vorgehen erklärt, dessen unterschiedlichen Ausprägungen im folgenden nachgegangen werden soll.

In Großbritannien veröffentlicht am 10. November 1989 der Pressedienst des Premierministers ein Kommuniqué, worin Margaret Thatcher ihre Freude zum Ausdruck bringt über die Aufhebung der Reisebeschränkungen der Ostdeutschen in den Westen; ihre Hoffnung äußert, daß es sich um einen Auftakt zum Abriß der Berliner Mauer handelt; ihre Erwartung formuliert, daß in der Deutschen Demokratischen Republik eine demokratische Regierung eingesetzt werde; erklärt, daß ihrer Einschätzung nach die Ereignisse nacheinander (*step by step*) behandelt werden sollten. Doch über die Vereinigung: kein Wort. Drei Tage später, anläßlich des Diners des Bürgermeisters von London in der Guildhall, spricht sie von freien Wahlen und Parteienpluralismus in Ostdeutschland, von Zusammenarbeit mit den sich entwickelnden Demokratien in Zentraleuropa, von der neuen Rolle, die die NATO zu spielen habe. Doch von der deutschen Vereinigung: wieder nichts. Am 24. November von der *Times* interviewt, erklärt sie, man müsse sich auf das Wichtigste konzentrieren und vorrangig sei, »sich darum zu bemühen, daß überall im Osten die Demokratie Fuß faßt«. Wenn die Demokratie etabliert ist, so präzisiert sie, werde sich daraus »vielleicht in zehn Jahren, vielleicht in zwanzig Jahren eine ganz andere Karte (Europas)« ergeben. Immer noch nichts über die Wiedervereinigung. Bei ihrer Rückkehr aus Paris, wo am 18. November eine von mir einberufene außerordentliche Sitzung des Europäischen Rats stattgefunden hatte, ersucht BBC sie um einen Kommentar. Mit schöner Beharrlichkeit wiederholt sie, daß einzig der Aufbau der Demokratie zähle, daß die Veränderungen im Osten die Stärkung des Atlantischen Bündnisses nach sich ziehen und neue Chancen für die Ost-West-Abrüstungsverhandlungen bringen müssen. Sie nimmt die Gelegenheit beim Schopf, um gleich noch das Projekt einer gemeinsamen Währung des Europas der Zwölf abzulehnen. Über die Wiedervereinigung: Schweigen. Man muß bis zum 24. Januar 1990 warten, damit in einem Interview für das *Wall Street Journal* die ferne Perspektive der deutschen Einheit aufscheint, die »sich unter Bedingungen vollziehen muß, welche anderen Notwendigkeiten Rechnung tragen und uns Zeit geben, diese zu lösen, andernfalls sie alles destabilisieren könnte«. Das Wort ist ausgesprochen, freilich ohne viel Anteilnahme. Am 18. Februar schließlich erkennt Frau Thatcher vor Vertretern der jüdischen Gemeinschaft in Großbritannien die Unausweichlichkeit und das unmittelbare Bevorstehen der Vereinigung an. »Es steht außer Frage«, erklärt sie, »daß die beiden Teile Deutschland wieder zusammenfinden werden.« 10 Monate lang, von Mai 1989 bis Februar 1990, hält sie somit beharrlich an ihrem Willen fest, über ein Thema nicht zu sprechen, das sie für gefährlich und inopportun hält. Ihr Schweigen zur deutschen Einheit – während alle Welt davon spricht –: damit kaschiert sie beileibe nicht ihren Wunsch, deren Zustandekommen hinauszuschieben, sondern unterstreicht ihn noch. Was ist zwischen dem 24. Januar und dem 18. Februar geschehen, das diese abrupte Kehrtwendung erklären könnte? Es gibt nur eine Erklärung. Die Geschichte hatte sich förmlich überschlagen. Bei seinem Moskau-Besuch hatte Hans Modrow von »Deutschland, einig Vaterland« gesprochen; Gorbatschow ihm geantwortet, daß er nun nicht mehr die Möglichkeit der Vereinigung ausschließe; in Bonn war die Währungsunion beider deutscher Staaten ins Auge gefaßt worden; nach Einschätzung von Helmut Kohl und Michail Gorbatschow war es allein Sache des deutschen Volkes, darüber zu entscheiden, ob es »in einem Staat« leben wolle oder nicht; Helmut Kohl und Hans Modrow hatten unisono festgestellt, daß die »Einheit möglich« sei; Deutsche und Franzosen hatten ihr Einverständnis hinsichtlich des laufenden Prozesses wiederholt; eine ähnliche Position hatten der Chef der italienischen Regierung, Giulio Andreotti, und Kanzler Kohl eingenommen. Schließlich war für den 24. Februar in Camp David ein Treffen zwischen George Bush und dem Kanzler anberaumt worden, um letzte Fragen zum Ablauf der Verhandlungen zwischen den vier Schutzmächten und den zwei deutschen Staaten (Vier-plus-Zwei) zu besprechen. Großbritannien kann nicht länger abseits stehen. Margaret Thatcher begreift es. Fortan hat sie es eilig, um nicht den Anschluß an die Ereignisse zu verlieren, an den Dispositionen mitzuarbeiten, die zur deutschen Einheit führen sollen, und, wenn möglich, so zu agieren, als habe sie sie als erste in die Debatte geworfen. Mit ihrer gewohnten Verve dreht sie nun ihre Position vollkommen um, so daß sie am 25. Februar der *Sunday Times* anvertraut: »Großbritannien hatte als einziges Land recht (*isolated and right*), als es forderte, daß die Vereinigung sich so vollziehen müsse, daß dabei all ihren internationalen Implikationen Rechnung getragen wird [...]. Wir haben es als erste gesagt, nun folgen uns alle.« Liebe Frau Thatcher! Hier haben wir wieder ihren unnachahmlichen Stil, eine Mischung aus geistiger Standfestigkeit und taktischer Wendigkeit. In Wirklichkeit war sie weder die erste noch die einzige, die die »internationalen Implikationen« geltend gemacht hatte. Doch mochte sie ihre Gedanken auch in ihren öffentlichen Reden kaschieren, in ihren Privatgesprächen mit Personen, denen sie sich guten Gewissens anvertrauen konnte, hat sie damit nicht hinter dem Berg gehalten. Ich selbst kann bezeugen, wie sie sich etwa auf der Sitzung des Europäischen Rats in Straßburg am 8. und 9. Dezember 1989 beharrlich hinter den berühmten »Implikationen« verschanzte (Anerkennung der Grenzen durch die BRD, Rechtsansprüche der vier Schutzmächte, Erweiterung der NATO auf die DDR), um so jede Entscheidung zu hintertreiben, die, indem sie das Gewicht Deutschlands gestärkt hätte, nach ihren Worten ein schwerwiegendes europäische Ungleichgewicht heraufbeschwören mußte. Ich erinnere mich noch an ihre Verblüffung (und ihren Zorn), als Helmut Kohl gleich von Beginn an Farbe bekannte und einen Text zugunsten der deutschen Einheit vorlegte, der unverändert einen Paragraphen wiederaufgriff, der von allen, außer ihm, vergessen worden war: ein Paragraph, der unauffällig in einem längeren Dokument überwintert hatte, das 1967 von der NATO angenommen worden war, also vor zweiundzwanzig Jahren, zu einer Zeit, als man sich über alles einigte, da die entsprechenden Entscheidungen ja doch als unausführbar erschienen. Ich komme später auf diese Diskussion zurück. Wie auch immer, während dieser Debatten hatte ich unablässig meinen Standpunkt Margaret Thatcher in Erinnerung gebracht, in den gleichen oder doch ähnlichen Worten, wie ich sie während unseres Frühstücks am 20. Januar in London geäußert hatte: »Ich sage nicht nein zur Wiedervereinigung. Das wäre dumm und unrealistisch. Ich sehe nicht, welche

Kraft in Europa sie verhindern könnte. Ich bin nicht sicher, daß die Sowjetunion heute dazu in der Lage ist. Es ist besser, sie mit offenen Augen zu akzeptieren und die Einheit Deutschlands an die Konstruktion Europas und die Garantie der Grenzen zu knüpfen.« Sie hatte damals voller Leidenschaft das Bild eines von der deutschen Stärke beherrschten Europas gezeichnet und mich gebeten, die Bedingungen einer britisch-französischen Annäherung als möglichem Gegengewicht dazu zu prüfen. Ich hatte ihr, wie immer, wenn unser Gespräch dieses Thema berührte, geantwortet, daß zu meinem tiefen Bedauern das Bündnis zwischen unseren Ländern zwar stets in den offiziellen Reden gefeiert würde, tatsächlich aber keinen Inhalt besitze, daß es uns ihres Landes wegen nie gelingen werde, ein Sonderabkommen über was auch immer, einschließlich der Abstimmung der einfachsten Waffensysteme, zustande zu bringen, daß Großbritannien nicht über ausreichenden Handlungsspielraum verfüge, um sich der Kontrolle durch die USA zu entziehen, und daß ich den Aufbau Europas, dessen einen Pfeiler die BRD bilde, nicht gegen eine wünschenswerte, aber auf gute Gefühle beschränkte französisch-englische Entente eintauschen würde. Ich habe mich gegenüber den in Paris akkreditierten Botschaftern des Vereinigten Königreichs mehrfach über diese Lage offen geäußert. Alle trugen dabei eine traurige Miene zur Schau und schickten alarmierende Telegramme an die Downing Street. Doch es änderte sich nichts. Der exzellente Empfang, der uns bei jeder Gelegenheit in London zuteil wurde, das gute Klima der französisch-britischen Gipfeltreffen, zu denen ich die Initiative ergriffen hatte, die wiederholte Versicherung, daß die Allianz zu neuem Leben erweckt werden solle, die sehr guten persönlichen Beziehungen, die ich zu Margaret Thatcher hatte: dies alles führte zu keiner Initiative oder Entscheidung, die wirkliche gemeinsam abgestimmte Aktionen in Gang gebracht hätten. Bei Treffen der Zwölf oder in unseren Privatgesprächen fuhr sie fort, ihre Besorgnis zu äußern oder zu wettern. Kleine Stürme, vermischt mit ein ums andere Mal definitiven Wutausbrüchen. Das Ende ist bekannt, und die britische Premierministerin unterzeichnete ohne weitere Vorbehalte die Verträge, die die deutsche Einheit besiegelten.

In den Vereinigten Staaten war die Reaktion von Präsident Bush auf die Bekanntmachung der ersten massiven Ausreisewellen von Ostdeutschen in den Westen prompt und vorsichtig. Prompt, insofern er bereits am 16. Mai 1989 erklärt hatte, daß, »wenn man die Wiedervereinigung auf einer angemessenen Grundlage erlangen könnte« (dem Prinzip der Selbstbestimmung), dies »perfekt« wäre. Vorsichtig, indem er hinzufügte: »Ich lege nicht nahe, daß dies rasch eintritt.« Tatsächlich übernahm er bis ins Vokabular hinein die traditionelle Position des State Department. Vierzehn Tage später, am 31. Mai, engagierte er sich in einer großen Rede über Europa und die Ost-West-Beziehungen, die er in Mainz hielt, noch weiter und entwarf, ohne dabei die deutsche Einheit expressis verbis zu nennen, ein breit ausgeführtes Bild seiner auf der Einheit des Kontinents begründeten europäischen Vision, *»Commonwealth of free nations«*, und der neuen Rolle der NATO, die »die Selbstbestimmung Deutschlands und ganz Osteuropas« fördern sollte, ein Thema, das er in den folgenden Monaten weiterentwickelte. Sicher, in der Folge hat sich gezeigt, daß der Begriff der europäischen Einheit, je nachdem, ob man Amerikaner oder Franzose ist, nicht dieselbe Realität abdeckt. Doch die Äußerungen George Bushs belegten, daß er die Tragweite der Umwälzungen, die sich in Europa vollzogen, begriffen hatte. Was die »Selbstbestimmung Deutschlands« betraf, gleichermaßen eine feststehende Formel der amerikanischen Diplomatie, so gewann sie aufgrund des Augenblicks und des Orts, an dem sie ausgesprochen wurde, eine neuartige Färbung. Früher als die meisten europäischen Staatschefs und in offenem Widerspruch zu Margaret Thatcher – eine Haltung, die zu Zeiten Ronald Reagans undenkbar gewesen wäre – rief er am 18. September aus: »Einige haben das Gefühl, daß ein wiedervereinigtes Deutschland eine Gefahr für den Frieden in Westeuropa darstellt – dies kann ich ganz und gar nicht unterschreiben.« Kurzum, George Bush setzte auf Deutschland und teilte keineswegs die Befürchtungen Großbritanniens hinsichtlich einer neutralistischen Versuchung Deutschlands. Dies unterstrich er in einem Interview der *New York Times*, wobei er mit klassischer diplomatischer Ausgewogenheit präzisierte: »Deshalb muß die Idee der Wiedervereinigung weder mit Gewalt vorangetrieben noch ein Kalender entworfen werden. Dies wird Zeit brauchen...«

Diese vorsichtige Haltung betonte er am 10. November, einen Tag nach dem Fall der Mauer, als er im Weißen Haus erklärte: »Von der Wiedervereinigung zu sprechen wäre verfrüht.« Offenkundig analysieren der amerikanische Präsident und die britische Premierministerin diese entscheidende Phase der Geschichte des Europas des 20. Jahrhunderts unterschiedlich – hoffnungsvoll der eine, argwöhnisch die andere –; einig sind sie sich freilich in der Einschätzung, daß keine Dringlichkeit vorliegt und daß es angebracht ist, den Gang zu drosseln. »Verfrüht«: dieser Begriff taucht während dieser Zeit am häufigsten in den Äußerungen der angelsächsischen Partner Deutschlands in diesem Zusammenhang auf.

Auf Moskauer Seite spricht die Entwicklung der ursprünglichen Positionen Michail Gorbatschows Bände, was die Kräfteverhältnisse dieser Epoche anbelangt. Als der sowjetische Präsident sich am 15. November an die Komsomolzen wendet, hält er an seiner These fest, wonach die Existenz zweier deutscher Staaten aus einer historischen Situation (dem Zweiten Weltkrieg und dem sowjetischen Sieg) hervorgehe, die, von der internationalen Gemeinschaft als rechtsgültig erklärt, ein für allemal feststehe: »Die Frage der Wiedervereinigung dieser Staaten«, präzisiert er, »stellt sich nicht [...]. Mit diesem Hintergedanken darüber zu debattieren hieße, sich in die Angelegenheiten der Deutschen Demokratischen Republik und der Bundesrepublik Deutschland einzumischen [...]. Was in der Deutschen Demokratischen Republik vor sich geht, fügt sich ein in den Erneuerungsprozeß, der sich in den sozialistischen Staaten entwickelt hat.« Er stellt die inneren Umwälzungen Ostdeutschlands als natürliche Auswirkung der Reformbewegung dar, die mit der Perestroika einherging und ihr folgte. Alles in allem weigert er sich, das durch das Verlangen der Deutschen nach Einheit gestellte Problem ins Auge zu fassen, und zieht die Erklärung vor, wonach es sich lediglich um ein Verlangen nach Reform und nach Freiheit innerhalb der kommunistischen Gemeinschaft handelt. Diese Haltung gibt sein Außenminister, Eduard Schewardnadse, am 29. November wieder; er zeigt sich kategorisch: In Reaktion auf das Zehn-Punkte-Programm, das Kanzler Kohl am 28. November im Bundestag vorlegte, wirft er diesem vor, auf die Wiedervereinigung zu drängen, unter Mißachtung der Interessen und der Meinung der anderen Länder der Region, angefangen mit der Deutschen Demokatischen Republik.

Diese der Form nach negative Reaktion war gleichwohl von keiner wirklichen Spannung gegenüber Bonn begleitet. Schewardnadse ritt eine erneute Attacke am 6. Dezember in Kiew. Er wiederholte, daß die Wiedervereinigung nicht auf der Tagesordnung stehe und warnte jene, die den Prozeß der Ost-West-Annäherung komplizieren würden, indem sie die

Dinge in Berlin überstürzten. Doch den deutschen Beobachtern konnte nicht verborgen bleiben, daß die rüden Ausführungen durch den gesitteten Ton, den Michail Gorbatschow wie sein Außenminister anschlugen, abgemildert wurden. Diese Ambivalenz trat offen zutage in der Ansprache, die Schewardnadse am 18. Dezember vor der politischen Kommission des Europa-Parlaments hielt. Nachdem er gewarnt hatte, »daß die Sowjetunion die Deutsche Demokratische Republik, unseren strategischen Verbündeten, Mitglied des Warschauer Pakts, nicht beleidigen lassen« werde, zählte er friedlich die notwendigen und hinreichenden Bedingungen der deutschen Einheit auf: Sicherheitsgarantie, Sicherheit der Grenzen und der Bündnisse, Rechte der Schutzmächte, Entmilitarisierung usw., dies alles realisierbare Bedingungen, sobald Moskau sich nicht mehr querstellen würde. Kalte und warme Dusche wechselten sich ab. Die kalte Dusche mit der Forderung vom 11. Dezember nach einem Treffen der Botschafter der Schutzmächte, um noch einmal die Rechte der Vier über Deutschland zu bekräftigen. Die warme Dusche, als bei der Eröffnung der Vier-plus-Zwei-Verhandlungen am 13. Februar in Ottawa die Sowjetunion sich der Idee einer Wiedervereinigung anschloß, die hinsichtlich ihrer äußeren Aspekte sich unter externer Kontrolle vollziehen sollte. Ein erheblicher Sinneswandel im Vergleich zu den Worten, die seit Mitte November geäußert worden waren, die sich freilich mit fortschreitender Zeit auch abmilderten. Zwischen 1985 und 1990 habe ich mit dem sowjetischen Staatschef häufig über die deutsche Lage diskutiert. Ich schätzte seine geistige Klarheit und seine Zukunftsvision. Ich teilte seine Sorge, für Europa einen neuen Status zu schaffen, und mit dem Projekt eines »gemeinsamen Hauses« hatte er die Begriffe gefunden, die meine eigene Auffassung eines vereinigten Europas haargenau zum Ausdruck brachten. Allerdings erschien es mir offensichtlich, daß er an der Spitze eines starken Staates nie der Einheit Deutschlands zugestimmt hätte. Seine Variationen dieses Hauptthemas, von dem die folgenden Ereignisse abhingen, gaben sehr genau die beschleunigte Entwicklung des Kräfteverhältnisses zwischen seinem Land und Deutschland wieder, das konstant zugunsten des letzteren ausschlug. Das russische Imperium löste sich zur selben Zeit auf, da die Wirtschaftsmacht der Bundesrepublik auf den gesamten Kontinent und zumal auf die Bevölkerung Ostdeutschlands eine unwiderstehliche Anziehungskraft ausübte. Gorbatschow konnte nicht einmal mehr auf das Mittel der Einschüchterung zurückgreifen. Seine Waffenstärke, die in Europa ohne Rivalen war, erwies sich, da sie keine wirklich angsteinflößende Bedrohung ausüben konnte, als unbrauchbar. Sein Waffenpotential und sein riesiges Atomwaffenlager waren nicht den Preis einer Demonstrationsrakete wert, da Rußland sich dessen nicht bedienen konnte und alle es wußten.

Der Endpunkt der sowjetischen Dialektik wurde in dem *Prawda*-Interview Michail Gorbatschows am 21. Februar 1990 gesetzt: »Die Wiedervereinigung Deutschlands«, sagte er da, »betrifft nicht nur die Deutschen. Die Lage ist so, daß es undenkbar ist, daß die Deutschen sich untereinander verständigen und alle anderen auffordern, nachfolgend die bereits getroffenen Entscheidungen zu billigen. Es gibt grundlegende Dinge, in denen keine Zweideutigkeit möglich ist...«. Das hatte er bereits gesagt. Das Neue kam danach: »Es geht (im Rahmen der Vier-plus-Zwei-Verhandlungen) darum, im einzelnen und etappenweise alle äußeren Aspekte der deutschen Wiedervereinigung zu diskutieren, diese Frage vorzubereiten, um sie in den europäischen Prozeß einzugliedern, und die Grundlagen des künftigen Friedensvertrags mit Deutschland zu prüfen.« Das Verbot war aufgehoben.

Frankreichs Politik zwischen Mai und Oktober 1989 habe ich bereits dargelegt. In meinen Augen war die Vereinigung etwas, was kommen mußte, doch erforderte ihre Realisierung zunächst einmal und als Grundvoraussetzung die Anerkennung der Grenzen und Verhandlungen über die Übergabe der Rechte der vier Schutzmächte an Deutschland. Wie George Bush hatte ich öffentlich und freimütig die Perspektive der Einheit akzeptiert, die Margaret Thatcher wie Michail Gorbatschow umgingen. Wie Margaret Thatcher und Michail Gorbatschow, nachdem sie sich dem Unausweichlichen nicht mehr verschließen konnten, hatte ich gefordert, daß die Vereinigung unter allen ihren internationalen Aspekten geprüft werden müsse. Margaret Thatcher und George Bush hatten den Akzent auf die künftige Rolle der NATO und den Platz des vereinigten Deutschland darin gelegt, während Michail Gorbatschow und ich auf der Einhaltung der Helsinki-Verträge beharrt hatten. Ich für meinen Teil war allerdings der Meinung, daß diese Verträge für die Demarkationslinie, die die beiden Deutschland trennte, keine Rolle zu spielen hätten, sobald sich die Deutsche Demokratische Republik darauf nicht mehr berufen würde. Am 25. Oktober 1989 (die Mauer sollte vierzehn Tage später fallen) gab ich in einer Rede vor dem Europaparlament in Straßburg meiner Überzeugung Ausdruck, daß Osteuropa erst am Anfang einer Revolution stehe, die bis in seine letzten Bastionen hinein den Kommunismus hinwegfegen, daß nichts ihr widerstehen werde: weder die ideologische Vulgata noch das politische System, noch die erbarmungslose Unterdrückungsmaschinerie. »Alles verschwindet, weil etwas anderes kommt, das zu besitzen wir die Chance haben: die Freiheit«; und ich schloß:

»Im Namen wessen könnte man das deutsche Volk anklagen, daß es wieder zusammenzukommen wünscht? Warum sollte sich das Problem der nationalen Identität lediglich in Warschau und Budapest stellen? Von einem Land zum anderen, von einer Hauptstadt zur anderen wird die Bewegung die gleiche Richtung nehmen, auf die gleichen Widersprüche stoßen, die gleichen Hemmnisse erleiden. Nichts ist im voraus geschrieben, bis auf einige Monate oder Jahre. Doch ist alles in der Ferne geschrieben. Wachen wir darüber, daß diese geschriebene Seite rasch beendet ist.« Seit dem Ende des Krieges, und ich hatte mich gegenüber den Franzosen oft darüber ausgelassen, hatte ich die Hoffnung bewahrt, das Ende des Europas von Jalta erleben zu dürfen. Dieser Augenblick war gekommen. Doch eins war mir dabei gewiß: Da die Zweiteilung Europas sich mit der deutschen Teilung deckte und Deutschland zum Schauplatz des Kalten Krieges machte, würde die wiedergefundene Freiheit unseres Kontinents notwendigerweise über die deutsche Einheit verlaufen. Den logischen Schluß daraus zog ich zum Abschluß des französisch-deutschen Gipfels am 3. November in Bonn – sechs Tage vor dem Fall der Mauer.

Nachdem wir zwischen einem Spalier von Journalisten und schweigenden, fast verängstigten Beamten in den Raum des Bundeskanzleramts getreten waren, der für Pressekonferenzen reserviert ist und wo sich jetzt Photographen und Kameraleute drängten, war Helmut Kohl, der mir gerade noch von seinem geplanten Polenbesuch berichtet hatte, auf die Brutalität der Fragen zur deutschen Einheit, die mir gestellt wurden, offensichtlich nicht vorbereitet. Nachdem ich eine kurze Einleitung beendet hatte (»je rascher sich die Ereignisse in Osteuropa entwickeln, um so schneller und stärker müssen wir die Europäische Gemeinschaft aufbauen. Wir müssen Europa einen festen, homogenen und widerstandsfähigen Pol bieten, um all die Bewegungen, die heute die Völker leidenschaftlich beschäftigen, zu kanalisieren«), griff mich ein deutscher Journalist sofort an: »Haben Sie Angst vor einer eventuellen Wiedervereinigung Deutschlands?« Doch entweder war das Mikrophon zu schwach oder der Dolmetscher abgelenkt: jedenfalls folgte die Übersetzung nicht nach. Kohl neigte sich zu mir und flüsterte mir zu: »Das ist eine wichtige Frage. Alle Welt muß sie verstehen.« Helmut Kohl sah aus, als habe er ein schweres Examen zu bestehen, schrieben Luc Rosenzweig und Claire Tréan am nächsten Tag in *Le Monde*. »Er hörte zu, vertrauensvoll, aber angespannt, als ob die seinem ›Freund François‹ auferlegte Prüfung für ihn selbst gefährlich sei, dann schaute er regelrecht unbehaglich drein, als eine weitere Frage kam, die die Ostgrenze Deutschlands betraf.« Auch ich spürte, daß von meiner Antwort unabsehbare Konsequenzen abhingen. Sie lautete: »Die Wiedervereinigung darf nicht auf der Ebene von Befürchtungen oder der Zustimmung abgehandelt werden. Was vor allem zählt, das ist der Wille und die Entschlossenheit des Volkes [...] Ich habe keine Angst vor der Wiedervereinigung. Die Geschichte ist da, ich nehme sie, wie sie ist.« Und für einen weiteren, ebenfalls deutschen Journalisten, der meine Prognosen wissen wollte, fügte ich hinzu, daß die kommenden 10 Jahre nicht ohne eine radikale Veränderung der Strukturen Europas verstreichen würden. »Es geht schnell, sehr schnell. Kein verantwortlicher Politiker in Europa kann jetzt noch Überlegungen anstellen, ohne diese Gegebenheit einzubeziehen.« An diesem Punkt fragte mich Luc Rosenzweig, ob ich meine, daß die deutsche Einheit eine Modifikation der Oder-Neiße-Grenze nach sich ziehe. Ich beschränkte mich auf die elliptische Antwort: »Es gibt keinen Grund, auf dieses Thema zurückzukommen«, das freilich über Monate im Zentrum der französisch-deutschen Debatte stehen sollte.

Zunächst stumm geblieben, machte sich die Opposition in Frankreich nun lautstark bemerkbar. Doch ein guter Monat verstrich, bevor deren klarsichtigste Vertreter ihre Stellungnahmen auf der Grundlage überlegter und solider Argumente ausgearbeitet hatten. In *Le Quotidien de Paris* vom 13. Dezember schrieb François Léotard, es sei »wahrhaft unverantwortlich, die Deutschen ihr legitimes Verlangen nach Wiedervereinigung allein regeln zu lassen«, und »wir müßten ihnen dabei helfen, indem wir mit ihnen den Rahmen, die Methode, den Kalender festlegen, die es diesem befreundeten Volk ermöglichen werden, über sich selbst zu entscheiden, ohne seine Nachbarn zu verstimmen«. Zu diesem Zweck schlug er vor, »ja zu sagen zu einem stärkeren Deutschland und gleichzeitig auch ja zu sagen zu einem stärkeren Europa«. Ich dachte und sprach nicht anders. In derselben Zeitung und an demselben Tag legte Jacques Chirac die Bedingungen dar, die seiner Meinung nach mit der Selbstbestimmung des deutschen Volkes einhergehen sollten: »Unser Diskurs zur deutschen Einheit muß konstruktiv sein. Wir dürfen uns nicht mehr mit der Aussage begnügen, daß wir für die freie Selbstbestimmung des deutschen Volks sind. Wir müssen hinzufügen, daß dies von nun an ein Ziel ist, das wir verstehen und unterstützen. Auf der anderen Seite ist es wünschenswert, daß Bonn anerkennt, daß infolge der immer engeren Bindungen zwischen Frankreich und der Bundesrepublik die deutsche Frage auch unser Problem ist, nicht nur aufgrund der Vergangenheit, sondern vor allem im Namen einer Zukunft, die wir teilen möchten. Frankreich fürchtet nicht die Einheit des deutschen Volkes, es ist entschlossen, so zu handeln, daß diesem ermöglicht wird, frei über sein Schicksal zu entscheiden. Aber es ist natürlich und legitim, daß diese Entwicklung sich unter Respektierung einer bestimmten Zahl von Prinzipien vollzieht, die unsere deutschen Freunde vollkommen anerkennen:

– Zunächst einmal die Unantastbarkeit der gegenwärtigen Grenzen, namentlich der Westgrenze Polens, die Oder-Neiße-Linie [an dieser Stelle benutzte der frühere Ministerpräsident eine warnende Formulierung, deren Bedeutung später verständlich werden sollte: »Es geht nicht darum, das Europa von Jalta zu überwinden, um in das Europa von Sarajewo zurückzufallen«].

– Dann, im Einklang mit den internationalen Verträgen, die erneute Verzichtserklärung Deutschlands auf den Besitz atomarer, bakteriologischer und chemischer Waffen.

– Schließlich, worauf übrigens Helmut Kohl hingewiesen hat, die Aufrechterhaltung der Westbindung Deutschlands, d. h. einer aktiven Rolle dieses Landes in der Europäischen Gemeinschaft und im Atlantischen Bündnis.«

Diese Analysen und Empfehlungen deckten sich, wie man sieht, nahezu wörtlich mit den meinen – ein so seltenes Phänomen, daß es der Erwähnung wert ist. Es hatte keinen Sinn mehr, die Polemik fortzusetzen. Dennoch ging sie weiter, aus innenpolitischen Gründen. Vor allem Valérie Giscard d'Estaing tat sich hier hervor. Mit der Verurteilung meiner Politik verband er die Präsentation seiner eigenen, bissigen, argumentativ untermauerten Politik in zwei Erklärungen, die er am 10. November abgab, die eine im *Figaro Magazine*, die andere, wenige Stunden später, in der Sendung *Objections* von France-Inter. Gegenüber Cathérine Nay, die ihn für *Figaro Magazine* fragte: »Wenn Sie François Mitterrand sagen hören, er habe keine Angst vor der Wiedervereinigung Deutschlands, teilen Sie dann sein Gefühl?«, war er kurz und bündig gewesen: »Ich denke, daß das, was er sagt, verfrüht ist. Trotz der Beschleunigung der Ereignisse in der Deutschen Demokratischen Republik geht François Mitterrand zu rasch voran und zu weit. Die Etappen dürfen nicht übersprungen werden [...]. Ich glaube, daß Frankreichs Ansatz folgender sein sollte: zunächst die Föderation Westeuropas, dann die Annäherung Ostdeutschlands an diese Föderation.« Diesen Gedanken griff er während eines Gesprächs mit vier Journalisten in *Objections* wieder auf. Im folgenden ein kurzer Auszug davon. Auf die Frage Pierre Le Marcs: »Sie scheinen gegenüber der Wiedervereinigung der beiden Deutschlands sehr viel zurückhaltender zu sein als Präsident Mitterrand. Worin scheint Ihnen seine Haltung voreilig zu sein?« antwortete Valérie Giscard d'Estaing: »Sie ziehen alle meiner Meinung nach etwas zu rasch den Schluß, einschließlich Präsident Mitterrand, als ob man durch eine Phase der nationalen Wiedervereinigung des deutschen Staates hindurchgehen müßte. Überlegen Sie einmal, wie Europas Karte und Zustand aussehen würden, wenn es diese Wiedervereinigung gäbe.« Am übernächsten Tag wiederholte er diese These: »Einige haben sich unvorsichtig gezeigt, insbesondere der Präsident der Republik, als sie sagten, das Verschwinden der Mauer bedeute die rasch bevorstehende Wiedervereinigung.« Er führte seinen Gedanken weiter aus: Durch das Stadium eines vereinigten deutschen Nationalstaats hindurchzugehen wäre gefährlich für Europa. Ein Deutschland von 80 Millionen Einwohnern, mit beherrschender Wirtschaft, das seine Reichshauptstadt, Berlin, wiedergefunden hätte, hieße, daß wir in ein Europa eingetreten wären, das sich grundlegend von dem des Gemeinsamen Marktes unterscheidet. Um dieser Gefahr zu entgehen, müßte der Europäischen Gemeinschaft dringend eine föderative Struktur gegeben werden. Das sei das Vordringlichste. Erst wenn der Prozeß im Westen abgeschlossen sei, könne an die Mitgliedschaft mehrerer Länder des Ostens, darunter der DDR, gedacht werden. Danach wäre die Vereinigung möglich. Valérie Giscard d'Estaing stellte letzten Endes eine Rangfolge der Dringlichkeiten auf, die konträr war zu der, die sich konkret abzeichnete. Das bestätigte er, damit keine Unklarheit mehr bestand: »Meine Vision ist, daß ich wünsche, daß es das föderative Europa ist, das zum gegebenen Zeitpunkt Ostdeutschland aufnimmt, und daß nicht die Bundesrepublik allein es aufnimmt. Wann? Meiner Meinung nach bis Ende des Jahrhunderts.« So dachte nicht nur der frühere Staatschef. Seine Überlegungen trafen sich mit denen vieler politisch Verantwortlicher aller Lager, die über die Perspektive eines wiedervereinigten Deutschland vor seiner unwiderruflichen Verankerung im Westen höchst beunruhigt waren. Mich ließ dieses Argument nicht kalt, bei weitem nicht. Aber ich hatte mit der Geschichte so umzugehen, wie sie sich real vollzog, und nicht, wie einige sie sich erträumten. Nicht nur schien die Einheit Deutschlands eine ausgemachte Sache zu sein, und die Anzeichen von Schwäche einer Sowjetunion, die im Begriff war, ihr Imperium zu verlieren und auseinanderzufallen, konnten den Termin nur beschleunigen, vielmehr hielt ich es für gerecht, daß dieses kraft Gesetz der Sieger zweigeteilte Volk zu dem einen Vaterland zurückfand. Ich verhehlte mir indessen nicht das Risiko, das Frankreich mit der wiedergefundenen Stärke seines mächtigen Nachbarn einging. Diese neue Situation würde von Frankreich eine außergewöhnliche und dauerhafte Anstrengung erfordern, um sich der Konkurrenz eines Volkes gewachsen zu zeigen, das zahlreicher war, einen bemerkenswerten Stand der Organisation aufwies, das über eine aktivere Industrie und solidere Währung verfügte als es selbst, das auf allen Märkten präsent war und im Kern Europas einen privilegierten Platz innehatte. Doch wir sollten diese Herausforderungen aufnehmen. Frankreich war dazu in der Lage. Hierzu mußte das gegenüber Deutschland bereits verheißungsvollere demographische Wachstum gefördert, mußte unsere Industrie modernisiert, unsere Währung auf einer erneuerten Wirtschaft gebaut werden, mußte beherzt vorangeschritten werden, um so unsere Erfindungsgabe, kreative Kraft zur Geltung zu bringen, mußte der Bau Europas bis zu seiner Vollendung weiterverfolgt werden. Die Einheit Deutschlands machte es derart Frankreich geradezu zur Pflicht, seine Innenpolitik durch die so bestimmten Zielsetzungen abzustützen.

Was den Aufbau Europas anbelangte, der durch die Beschleunigung der Zeit und des Geschehens plötzlich eingeholt worden war, so bedauerte auch ich seinen schleppenden Fortgang. Ich konnte nicht davon absehen, daß bis zum Ende dieses Jahres 1989 kein einziger Vertrag zwischen den zwölf Mitgliedsstaaten dessen föderative Struktur, der ich den Vorzug gab, ankündigte, und sei es für einen ferneren Termin, wohingegen der Deutschland betreffende Prozeß mit Riesenschritten voranging. Ich stellte den Verfall der Sowjetunion fest, die Distanzierung Ungarns und Polens von Moskau, die Erschütterung des gesamten kommunistischen Europas, die Kettenreaktionen, die den Fall der Mauer herbeiführen sollten, den Zusammenbruch der Dämme, die die beiden Europas trennten. Absonderlich war, daß Valérie Giscard d'Estaing die These vertrat, die Wiedervereinigung müsse bis zur Vollendung des europäischen Gebäudes verschoben werden, zugleich aber den angeblich fehlenden Eifer unserer Diplomatie abprangerte, sie im Augenblick selbst zu realisieren. Im Gleichschritt und unter Ausschaltung aller Skrupel – was allem Anschein nach mühelos gelang – warf sich die Opposition in eine systematische Kampagne gegen »unsere Verspätungen« und »unsere Unfähigkeit«, eine Kampagne, die durch Journalisten noch verstärkt wurde, die es versäumten, ihre Quellen nachzuprüfen. Doch die Wiederholung des Irrtums – eine Banalität, es zu sagen – macht noch keine Wahrheit. Die bloße Nennung der französischen Stellungnahmen während der betreffenden Periode genügt für sich selbst.

Ich mache Valérie Giscard d'Estaing nicht zum Vorwurf, die Logik der Ereignisse falsch eingeschätzt, die Stärke der Bewegung, die zur deutschen Einheit hindrängte, nicht erfaßt zu haben. Es gab unter den amerikanischen, englischen, sowjetischen, deutschen oder französischen Staatsmännern nur wenige, die einen schärferen Durchblick besaßen. Doch keiner hat eine Entwicklungsskizze entworfen, die so realitätsfern war wie die seine. Was für Umwege, was für aufgehäufte Hindernisse auf dem Weg zur deutschen Einheit! Margaret Thatcher, deren Ansicht der des früheren französischen Präsidenten nahestand, hatte sich darauf beschränkt, die vorherige Rückkehr Ostdeutschlands zur Demokratie zu fordern und auf die Verträge von Helsinki zu pochen. Valérie Giscard d'Estaing stellte sich damit an die Spitze der Gegner der deutschen Einheit. Allerdings wandelte sich sein Urteil je nach Jahreszeit. War er europäischer Föderalist reinsten Wassers im Herbst, entpuppte er sich bei Winterbeginn als deutscher Konföderalist (wie er am 11. Dezember vor den Mikrophonen von Radio Monte-Carlo Yves Mourousi anvertraute), bevor er sich bei den ersten Frühlingslüften in einen Kreuzritter der Vereinigung verwandelte: »Ich glaube, wir müssen uns an den Gedanken gewöhnen, daß die Wiedervereinigung der beiden Deutschland normal ist« (Radio-Télé-Luxembourg, 16. Februar). Unter diesen Umständen wäre es mehr als erstaunlich gewesen, hätten wir uns am Ende nicht auch irgendwo wieder getroffen. Ich hätte mich darüber gefreut. Wir waren ganz knapp davor, als eine erneute Kraftanstrengung es vor der Sommersonnenwende Valérie Giscard d'Estaing erlaubte, sich wieder abzusetzen: »François Mitterrand hat den Zug der deutschen Einheit verpaßt«, klagte er an. Wenn das stimmte, so wird man beim Lesen dieser Zeilen festgestellt haben, daß viele mit mir auf dem Bahnsteig stehengeblieben waren.

Zur Feier des 40. Jahrestags der Gründung der Bundesrepublik erschien 1989 in der Bundeszentrale für politische Bildung ein umfängliches Werk, in dem der außergewöhnliche Erfolg und die wiedergewonnene Stellung Deutschlands in der Welt gebührend herausgestrichen wurden. Werner Weidenfeld, der bekannte Politologe, hatte die Einführung verfaßt. Obwohl die Veröffentlichung dieses Buches zusammenfiel mit den hier berichteten Ereignissen, findet sich in diesem voluminösem Werk keine Spur und keine Andeutung der Umwälzungen, die Deutschland und mit ihm ganz Europa grundlegend verändern sollten. Der Grund: die aufeinanderfolgenden plötzlichen Wendungen, die sich in den Satellitenstaaten der Sowjetunion vollzogen, waren für die Westdeutschen immer noch unvorstellbar. Selbst die bestinformierten und ehrgeizigsten Köpfe gingen nicht weiter als bis zu jener bescheidenen Zukunftsvision, wie sie in der vertraulichen Mitteilung des damaligen Staatssekretärs und Chefs des Bundespräsidialamts, Klaus Blech, an den französischen Botschafter in Bonn im März 1989 zum Ausdruck kommt: »Die Vorstellung einer Konföderation Gesamtdeutschlands ist nun nicht mehr auszuschließen.«

Eine Woche nach dem Fall der Mauer forderte der Kanzler im Bundestag seine Mitbürger zu größter Vorsicht auf: »Bei aller Freude über die neugewonnene Bewegungsfreiheit unserer Landsleute in der DDR dürfen wir nicht vergessen: Wir stehen erst am Anfang einer Entwicklung. Wir sind noch lange nicht am Ziel [...]. Wir müssen bei aller Freude – dies will ich betonen – weiter besonnen bleiben und mit kühlem Verstand, überlegt, handeln.« Ähnlich behutsam vertiefte die in einer Talfahrt begriffene sozialdemokratische Opposition ihre Überlegungen. Willy Brandt machte sich zu ihrem Wortführer, vor allem in einem Interview mit *Le Monde*, das großes Echo fand. Zur selben Zeit ging man auch in der CDU mit sich zu Rate, aus den Debatten innerhalb der regierenden Partei meldeten kritische Stimmen sich zu Wort: War Helmut Kohl nicht überholt? An diesem Punkt griff der Kanzler ein. Das Zehn-Punkte-Programm, das er am Morgen des 28. November im Bundestag verlas, stellt den ersten argumentativen und detaillierten öffentlichen Text dar, in dem die Bundesrepublik ihre Politik festlegt oder zumindest verbreitet. Eine genaue Analyse dieses Programms belegt, daß es weitergehende oder jedenfalls raschere Folgen zeitigte, als sein Verfasser ursprünglich im Sinn hatte. Außer einigen engeren Mitarbeitern des Kanzlers war niemand innerhalb der Bonner Regierung und in den Regierungssitzen der Zwölfer-Gemeinschaft von den Absichten des Kanzlers in Kenntnis gesetzt worden. In seinem Buch *329 Tage. Innenansichten der Einigung*, erstmals 1991 erschienen, schreibt Horst Teltschik, damals Sonderberater Helmut Kohls, daß dieser noch wenige Tage vor Abfassung des Textes anmerkte, daß zur Verwirklichung der Einheit fünf bis zehn Jahre nötig seien. Teltschik fährt fort: »Selbst wenn die Einheit erst am Ende dieses Jahrhunderts erreicht sein sollte, wäre das ein Glücksfall der Geschichte.« Wie auch immer, der Kanzler hatte offensichtlich beschlossen, bis zur letzten Minute zu warten, bevor er sich äußerte: Um das Parlament einzuberufen, hatte er den Umweg über eine zweite Lesung des Haushaltsentwurfs nehmen müssen. Wir, das heißt er und ich, hatten uns seitdem miteinander ausgetauscht. Anders als in der deutschen Presse verbreitet und von der französischen Presse aufgegriffen wurde, habe ich nicht das Recht des deutschen Regierungschefs bestritten, initiativ zu werden, wo doch das Schicksal seines Vaterlandes auf dem Spiel stand; wie ich auch die Zwangslage einsah, in der er sich angesichts der Unsicherheit der öffentlichen Meinung sowie der Unruhe in seiner Partei befand. Im übrigen belegte eine aufmerksame Lektüre der zehn Punkte, daß sie keinen Bruch mit dem früheren Vorgehen darstellten. Darauf bedacht, die Sowjetunion, die der Vereinigung noch feindlich gegenüberstand, nicht vor den Kopf zu stoßen, hatte Helmut Kohl sich darauf beschränkt, jene in Aussicht zu stellen. Nah? Fern? Wer konnte es sagen? Europa erlebte gerade seine ersten Erschütterungen. Doch die These war klar: Es gab zwei Staaten, aber es gab nur ein deutsches Volk. Beide Staaten waren also aufgerufen, sich zu vereinen. Dies lag voll auf der Linie der Verfassung, die sich die Bundesrepublik bei ihrer Gründung 1949 gegeben hatte. Es bestand kein Widerspruch zu dem, was ich von den Gedanken des Kanzlers und seiner Methode wußte, noch zu dem, was er mir gesagt hatte. Er bewegte seine Figuren auf dem Schachbrett je nach dem Verlauf des Spiels, änderte aber nicht die Spielregeln. Was hatte ich ihm vorzuwerfen? Daß die »kleinen Schritte« sich überstürzten? Die Ereignisse auch! In den deutsch-französischen Beziehungen gab es weder Dissens noch Abkühlung. Wenn man sich die Opposition in Frankreich anhörte – die allzu getreue Kopie der unserem Land am stärksten feindlich gesinnten deutschen Presse –, konnte man das Gegenteil glauben. Im übrigen, auf welcher Gesetzestafel stand denn geschrieben, daß Frankreich sich automatisch an den deutschen Interessen auszurichten habe? Doch es gab Debatten. Diese Debatten führten wir, Kohl und ich, mit offenem Visier; unserem Urteil zufolge konnten unsere beiden Länder nur gewinnen, wenn klar gesprochen wurde. Sicher beschäftigte mich das Schweigen des Kanzlers über die deutsch-polnische Grenze, und ich sagte es ihm. Wir kamen überein, darüber zu diskutieren. Helmut Kohl beharrte darauf, daß zwischen uns in den Grundfragen keine Unstimmigkeit herrsche, daß Frankreich aber die »Opportunität« in Erwägung ziehen müsse. Tatsächlich hatten zu Beginn dieses Novembers 1989 nur wenige die Petitio principii beim Problem der deutschen Einheit überwunden. Dies brachte Willy Brandt ironisch zum Ausdruck: »Wir haben es mit Bündnispartnern zu tun, die, solange das nichts kostete, täglich Texte unterschrieben hätten, in denen versichert wurde, daß Deutschland seine Trennung überwinden muß, wenn man sie gefragt hätte.« Und er fuhr fort: »Kohl hat etwas sehr viel Bescheideneres genannt und nicht gedacht, daß das so viel Widerstände auslösen konnte.« Tatsächlich war strenggenommen an dem Zehn-Punkte-Programm nichts, was die wachsamsten, nicht einmal die argwöhnischsten Zensoren der deutschen Politik hätte beunruhigen können. Es begann mit einer langen Einleitung, in der die Verdienste der »Menschen, die ihren Freiheitswillen so eindrucksvoll demonstrieren«, herausgestrichen und den Architekten des Neubeginns, an ihrer Spitze Michail Gorbatschow, gedankt wurde. Niemand wurde vergessen, weder die Gemeinschaft der Zwölf noch das Atlantische Bündnis, weder Polen und Ungarn, die »vorangegangen waren«, noch die Konferenz für Sicherheit und Zusammenarbeit in Europa (KSZE). Es schloß mit einer Beschwörung und einer Erinnerung. Die Beschwörung: »Heute stehen wir – für jedermann erkennbar – am Beginn eines neuen Abschnitts der europäischen und der deutschen Geschichte – eines Abschnitts, der über den Status quo, über die bisherigen politischen Strukturen in Europa hinausweist«; die Erinnerung: »Eine endgültige und stabile Regelung in Europa ist [...] nicht möglich ohne eine Lösung der Deutschlandfrage, die den Kern der gegenwärtigen Spannungen in Europa bildet. Jede derartige Regelung muß die unnatürlichen Schranken zwischen Ost- und Westeuropa beseitigen, die sich in der Teilung Deutschlands am deutlichsten und grausamsten offenbaren« – diese Passage war in voller Länge der bereits von mir erwähnten NATO-Resolution von 1967 entnommen.

Der erste Punkt listete die Sofortmaßnahmen auf, die auf der Ebene der Beziehungen der beiden Staaten zu ergreifen waren, vor allem hinsichtlich des innerdeutschen Reiseverkehrs; der zweite Punkt betraf die wirtschaftliche, wissenschaftlich-technologische und die kulturelle Zusammenarbeit, den Ausbau des Telefonnetzes sowie die Eisenbahnverbindungen; der dritte Punkt knüpfte die Westhilfe an Reformen im Osten, freie Wahlen, Parteienpluralismus, Marktwirtschaft, Öffnung für westliche Investitionen. Mit dem vierten Punkt kam man zum Kern der Sache. Der Bundeskanzler griff Modrows Gedanken einer Vertragsgemeinschaft auf, die ein immer dichteres Netz von Vereinbarungen in allen Bereichen und auf allen Ebenen vorsah sowie Kommissionen z. B. für Wirtschaft, Verkehr, Umweltschutz, Gesundheit, Kultur. Der fünfte Punkt zielte noch weiter: »Wir sind aber auch bereit, noch einen entscheidenden Schritt weiterzugehen, nämlich konföderative Strukturen zwischen beiden Staaten in Deutschland zu entwickeln mit dem Ziel, eine Föderation, das heißt eine bundesstaatliche Ordnung, in Deutschland zu schaffen. [...] Stufenweise können neue Formen institutioneller Zusammenarbeit entstehen und ausgeweitet werden«; in b-Moll klang die Passage dann aus: »Wie ein wiedervereinigtes Deutschland schließlich aussehen wird, das weiß heute niemand.«

Helmut Kohl hatte um zehn Uhr das Rednerpult betreten. Um zwölf Uhr kommentierte sein autorisierter Interpret, Horst Teltschik, die Rede vor den Botschaftern Frankreichs, Großbritanniens und der USA. Bei der zentralen Frage: Wohin steuert Deutschland? resümierte Teltschik in den Worten des Kanzlers: »In Richtung auf eine Interessengemeinschaft der beiden Staaten, die eines Tages in konföderalistische Strukturen münden und später zur Einheit Deutschlands führen könnte.« Die Botschafter vermerkten den wenig präzisen Charakter der Formulierungen: »Interessengemeinschaft«, »münden könnte«, »führen könnte«. Helmut Kohl, ein deutscher Patriot, stellte sich an die Spitze der Einigungsbewegung und vermied zugleich klug, eine genaue Zeit anzugeben, die die DDR benötigte, um ihre Ideologie, Institutionen und Praktiken zu ändern und dadurch die Vereinigung realisierbar zu machen. Willy Brandt war dieses Programm »bescheiden« vorgekommen. Vermutlich war es das zum gegebenen Augenblick, da Kohl die sowjetischen Absichten noch nicht kannte, mutigste. Tatsächlich hielt Ende November die deutsche Führung noch an der Politik der kleinen Schritte fest und war der Ansicht, daß nach einigen bereits getanen wohl noch sehr viele nötig wären, um das Ende der Straße zu erreichen.

Klassischer waren der sechste Punkt: die künftige Architektur Gesamteuropas in Beziehung zu dem von Gorbatschow vorgeschlagenen »gemeinsamen europäischen Haus«; der siebte Punkt, der die gegenwärtigen und künftigen Beziehungen zwischen der Gemeinschaft der Zwölf und den Ländern Mittel- und Osteuropas behandelte; der achte Punkt, in dem auf den KSZE-Prozeß verwiesen wurde; der neunte Punkt, der der Abrüstung und Rüstungskontrolle gewidmet war. Was den zehnten Punkt betraf, so erneuerte er den Wunsch, das deutsche Volk möge in freier Selbstbestimmung seine Einheit wiederfinden; abschließend hieß es: »Wir sind uns bewußt, daß sich auf dem Weg zur deutschen Einheit viele schwierige Fragen stellen, auf die korrekterweise heute niemand eine abschließende Antwort geben kann.«

Zusammengefaßt gründete das Zehn-Punkte-Programm

auf dem Gedanken der Vertragsgemeinschaft. Von Sofortmaßnahmen war die Rede, von Zusammenarbeit, langfristiger Hilfe, von Vertrag, Reformen, doch die Hypothese des Verschwindens des deutschen Staats im Osten war nicht explizit genannt. Helmut Kohl hatte nochmals versichert, daß, was immer auch kommen möge, die Entwicklung hin zur Einheit Deutschlands im Gleichklang mit Europas Weg zur Einheit erfolge. Und doch, trotz der Dimension und Dichte der Rede – drei Themen fehlten darin: die Frage der Grenzen, die Frage der Bündnisse, der Hinweis auf die Rechte der Garantiemächte.

Doch die Geschichte beschleunigte sich. In Ostberlin glaubte man nicht mehr an die Zukunft eines von seinem Volk abgelehnten Staates. Hans Modrow bot dem Kanzler an, die Zeremonie anläßlich der Öffnung des Brandenburger Tors zu leiten. Er erklärte sich bereit, »den eine Interessengemeinschaft schaffenden Vertrag« zu unterschreiben. Am 28. Januar 1990, nach einem Runden Tisch mit Vertretern der politischen Kräfte, präsentierte er ein neues Regierungsprogramm: die Volkskammerwahlen sollten vom 6. Mai auf den 18. März vorgezogen werden. Am 30. Januar war Modrow in Moskau. Bei seiner Rückkehr nach Berlin trug er, gestärkt durch die Zustimmung Gorbatschows, seinen 4-Punkte-Plan vor: Für Deutschland, einig Vaterland. Vor einer Gruppe von Journalisten bekannte er, daß alles sich »verfranse«.

Die Bundesrepublik ihrerseits bereitete sich auf innerdeutsche Verhandlungen vor. Die Regierung richtete einen »Kabinettsausschuß Deutsche Einheit« ein, der, unter Vorsitz des Bundeskanzlers, sechs Arbeitsgruppen umfaßte: Währungsunion, Wirtschaftsreform, Angleichung der Arbeits- und Sozialordnung, Rechtsangleichung, Staatsstrukturen und öffentliche Ordnung, außen- und sicherheitspolitische Zusammenhänge. Nun konnten die entscheidenden

Tage beginnen. Am 10. Februar wird Michail Gorbatschow gegenüber Bundeskanzler Kohl und Hans-Dietrich Genscher die so lang erwarteten Worte aussprechen: »Es ist Sache der Deutschen selbst, die Frage der Einheit der deutschen Nation zu lösen; sie selbst müssen darüber entscheiden, in welchen Formen, nach welchem Rhythmus und unter welchen Bedingungen sie diese Einheit verwirklichen wollen, die eingebunden werden muß in eine Architektur Gesamteuropas und in den Gesamtprozeß der Ost-West-Beziehungen.« Auf diese letzten Ereignisse werde ich noch zurückkommen.

Unterdessen hatte ich als amtierender Präsident des Europäischen Rats während der zweiten Hälfte des Jahres 1989 die Mitgliedsländer der Gemeinschaft zu einem Treffen am 18. November in Paris eingeladen.

Dieses Treffen, so hatte ich präzisiert, sollte informell bleiben, ohne Abschlußkommuniqué, und es sollte sich während und um ein Essen abspielen und den Zwölf die Möglichkeit geben zu einem Gedankenaustausch hinsichtlich der Lage in Osteuropa, speziell in der DDR. Obwohl ein Teil der Opposition in Frankreich seit Tagen bereits nachdrücklich für eine Vorverlegung der Tagung des Rats in Straßburg auf den 6. Dezember plädierte, schien es mir unvorsichtig, dieses wichtige Treffen ohne weitere Vorbereitung oder vorherige Verhandlungen zu belasten. »Das Straßburger Treffen, das zu seiner Zeit kommt«, hatte ich am 15. November im Ministerrat ausgeführt, »wird unter einem anderen Licht als dem gegenwärtigen stattfinden, mit dem notwendigen Abstand, um die durch die deutsche Einheit gestellten Probleme in ihrer Gesamtheit zu prüfen.« Ich kam damit den uneingestandenen Bedenken der meisten westlichen Staatschefs entgegen. Ohne sich meiner Initiative zu widersetzen, gab Margaret Thatcher ihrer Sorge angesichts »jeder exzessiven Begeisterung« für die Ereignisse in Berlin Ausdruck und warnte vor einer in ihren Augen allzu raschen Entwicklung der Lage. Jede beschleunigte Destabilisierung des Ostens erachtete sie als »eine große Gefahr«, und sie wollte auf keinen Fall das Risiko eingehen, die Reformpolitik Michail Gorbatschows zu kompromittieren. Getreu dem Geist der Botschaft, die sie diesem am 4. November zukommen ließ (»Ich finde wie Sie, daß in der Schnelligkeit, mit der sich diese Veränderungen vollziehen, ein Risiko der Instabilität liegt...«), hatte sie von Kanzler Kohl die Zusicherung zu erhalten versucht, daß er anläßlich des Arbeitsessens im Élysée seine Verpflichtungen gegenüber der Europäischen Gemeinschaft deutlich machen würde, bevor er die deutsche Frage anschnitt.

Obwohl Helmut Kohl mit meinem Vorgehen völlig übereinstimmte, vermerkte unser Botschafter in Bonn, Serge Boidevaux, in seinen Telegrammen, daß »die deutsche politische Klasse nach dem Bild, das die öffentliche Meinung vermittelt, noch keine klare Vorstellung von dem besitzt, was sie will und was sie von den laufenden Entwicklungen erwarten kann [...] Herrscht Einigkeit hinsichtlich der Entscheidung im Osten, werden die Diskussionen zwischen Deutschen vage, sobald versucht wird, Prioritäten zu setzen: welche Wirtschaftshilfe und unter welchen Bedingungen? Welche Selbstbestimmung, wann und in welcher Form? Welche Form der Einheit für Deutschland? Welches Deutschland in welchem Europa? ...« Durch Horst Teltschik ließ mich der Kanzler 48 Stunden vor dem Essen im Élysée wissen, daß man es in Bonn lebhaft begrüße, wenn die Europäische Gemeinschaft erneut das »Recht der Bewohner der DDR«, »frei zu reisen, zu freier Meinungsäußerung, zur freien Wahl der Gewerkschaft, zum Aufbau unabhängiger Parteien, zur Organisation freier, parteiamtlich nicht festgelegter, geheimer Wahlen« sowie ihre Entschlossenheit bekräftigen würde, »umfänglichere Anstrengungen zu unternehmen, um die Trennung Europas zu überwinden, im Sinne eines Friedenszustands in Europa zu wirken, in dem das deutsche Volk seine Einheit in freier Selbstbestimmung wiedererlangen« würde.

In Deutschland wurde leidenschaftlich über diese Themen diskutiert. Während einer Debatte im Bundestag, am

16. November, hatte der Kanzler nachdrücklich hervorgehoben: »Wir wollen niemandem unsere Vorstellungen aufdrängen«, und er hatte dabei eine Wendung gebraucht, die seine Geisteshaltung widerspiegelte: »Freiheit war, ist und bleibt der Kern der deutschen Frage.« Waigel, sein Finanzminister, noch eindeutiger, war darüber hinausgegangen: »Freiheit geht vor Einheit.« Im Namen der Sozialdemokraten hatte sich Willy Brandt im gleichen Sinne geäußert, dabei allerdings auch die Befürchtung formuliert, daß das Wort Wiedervereinigung, da möglicherweise die Rückkehr zu früheren Verhältnissen anzeigend, neue Phantasmen hervorrufen könne. Hinter dieser scheinbaren Einmütigkeit versteckten sich freilich heftige Widersprüche. Dies wurde sichtbar, als unter dem Gejohle der Mehrheit Hans Momper, der Regierende Bürgermeister von Berlin, dem Kanzler »Passivität« vorwarf und beklagte, daß die Bundesrepublik das »Verhalten eines Reichen« aufweise. In Wirklichkeit verfolgten die politisch Verantwortlichen in Deutschland ihre Gedanken nicht bis zur letzten Konsequenz, wollten es auch nicht. Zu viele Hemmnisse waren noch zu überwinden. Die Weigerung einer oder zwei der vier Schutzmächte hätte möglicherweise die auf den Trümmern der Mauer geborene junge Hoffnung zerstört. In erster Linie, so dachten sie, komme es darauf an, die Ängste abzubauen, die unausweichlich durch das Gespenst eines vereinigten Großdeutschland heraufbeschworen würde. Von daher der Wunsch, diese Diskussion möge am 18. November in Paris umgangen und statt dessen nach einer Zeit des Atemholens vertieft werden, z. B. während der drei Wochen zwischen dem Arbeitsessen im Élysée und dem Treffen des Europäischen Rats in Straßburg. Michail Gorbatschow seinerseits verschärfte seinen Druck, um jede Entscheidung in dieser Angelegenheit zu unterbinden. Er schickte Bonn eine »verbale Note«, deren Wortlaut er mir

übermittelte: »Ich habe Kanzler Kohl aufgefordert, umgehend die notwendigen Vorkehrungen zu ergreifen, um eine Verschärfung der Situation und deren mögliche Destabilisierung zu verhindern. Unser Botschafter in Bonn hat die Anweisung erhalten, unverzüglich die Vertreter der Verwaltung der drei Mächte in Berlin zu kontaktieren. Ich hoffe, daß Sie Ihrerseits ihrem Vertreter die angemessenen Instruktionen geben werden, damit verhindert wird, daß die Ereignisse eine unerwünschte Wendung nehmen.« Woran dachte er? Die Note formulierte es *in fine* ohne die geringste Zweideutigkeit: »Sollten sich in der Bundesrepublik Stimmen erheben, die die Leidenschaften im Geiste der Intoleranz gegenüber den Nachkriegsrealitäten, nämlich gegenüber den beiden Deutschland, anzuheizen trachten, könnten derartige Bekundungen politischen Extremismus nur als Versuche interpretiert werden, den Prozeß der Demokratisierung und des Neuaufbaus (in der Deutschen Demokratischen Republik) zu untergraben.«

In diesem Klima fand das Essen der Zwölf statt. Helmut Kohl, dem ich als erstem das Wort erteilt hatte, entfaltete des längeren das Argument, zu dessen Verteidiger er sich gemacht hatte: deutsche Einheit und europäische Einheit sind untrennbar. Wenn er es auch nicht aussprach, so verstand man doch, daß es ihm angesichts der Unmöglichkeit, einen Zeitplan, einen Rahmen und einen institutionellen Prozeß der Wiedervereinigung festzulegen, die so viel Unsicherheiten im Innern und feindselige Reaktionen im Ausland auslösten, ratsamer erschien, der faktischen Entwicklung die Klärung der Lage zu überlassen. Was würden die führenden Kreise der Deutschen Demokratischen Republik machen? Wären sie bereit, den Schritt hin zu einem demokratischen Status zu tun? Würden sie die Verschmelzung zu einem Staat akzeptieren, oder würden sie sich weiterhin an das offizielle

Schema von zwei lediglich durch Sonderverträge verbundenen Entitäten internationalen Rechts, das Äußerste, was Moskau akzeptieren konnte, klammern? Sollte man warten, bis es in der Bevölkerung brodelte und so die Zeitperspektive durcheinandergeriet? Der Kanzler stand noch unter dem Eindruck der feindseligen Reaktionen eine Woche zuvor vor dem Schöneberger Rathaus, als er von der Menge ausgepfiffen, Willy Brandt und Hans-Dietrich Genscher, die sich gehütet hatten, für einen vereinigten Staat zu plädieren, dagegen wohlwollend aufgenommen worden waren. Er konnte auch nicht die Vorbehalte seiner Partner aus den zwölf Mitgliedsstaaten gegenüber der deutschen Einheit außer acht lassen, angesichts fehlender Garantien, die noch niemand zu liefern vermochte. Schließlich konnte auch der radikalen Ablehnung durch die Sowjetunion nicht frontal entgegengetreten werden.

Die anderen Sprecher redeten nacheinander über die europäische Solidarität, über das Binom: Evolution im Osten, Integration im Westen, über den Sieg der Demokratie, über die Notwendigkeit, diesen Sieg durch massive Wirtschaftshilfen zu konsolidieren. Kurzum, man würde die Reformen fördern, die Rückkehr zu den Menschenrechten mit Macht vorantreiben, zu raschen freien Wahlen schreiten, aktiv das Treffen des Europäischen Rats in Straßburg vorbereiten, auf dem das deutsche Problem in seinen Grundlagen behandelt würde. Wenn die Vereinigung genannt wurde, dann nur in Andeutungen, gleichsam aus Versehen.

Wenn ich den Text meiner Pressekonferenz am Schluß des Arbeitsessens wiederlese, finde ich alle Elemente des Gesprächs, das an diesem Abend stattfand: die Freude der Teilnehmer über die Fortschritte der Freiheit in Europa; die Feststellung der Anziehungskraft der Zwölfergemeinschaft für die Bewegung der öffentlichen Meinung im Osten und des von ihr ausgelösten Beschleunigungseffekts; die Bekräftigung eines gemeinsamen Willens, den vom totalitären Einfluß befreiten Staaten des Ostens bei ihrem Wiederaufbau zu helfen; den Entschluß, beim Internationalen Währungsfonds vorstellig zu werden, um Polen und Ungarn, den jüngsten Adepten der liberalen Marktwirtschaft, die ersten Schritte zu erleichtern; die Unterstützung der Reformen in der DDR; die Thematisierung der beginnenden Jugoslawien-Krise; ein Mandat an die Gemeinschafts-»Troika« (zu der Zeit Frankreich, Spanien, Irland) zur Ausarbeitung des Projekts einer Bank für die Entwicklung und Modernisierung Osteuropas, einer Stiftung zur Ausbildung von Führungskräften und der möglichen Öffnung internationaler Institutionen für die neuen Demokratien.

Die Journalisten, vor denen ich mich äußerte – an meiner Seite Felipe Gonzáles, Premierminister Spaniens, und Charles Haughey, Premierminister Irlands –, bekundeten eine Diskretion, die der der Staats- und Regierungschefs in nichts nachstand. Mit Ausnahme von zweien. Der eine fragte mich: »Haben Sie während dieses Essens von der Vereinigung der beiden Deutschland gesprochen?«, und ich antwortete kurz und bündig: »Nein.« Von einem zweiten Journalisten kam die Frage: »Haben Sie unter den Konsequenzen der Entwicklung im Osten die angesprochen, die unmittelbarer das strategische Gleichgewicht in Europa betrifft?« »Ja«, gab ich ihm zur Antwort, »so wie Sie es eben getan haben, indirekt. Alles wird im Rahmen der bestehenden Bündnisse oder bei Abrüstungsgesprächen stattfinden.« Damit war die Neugier meiner Gesprächspartner offenbar gestillt. Jedem war klar, daß die Welt von gestern gerade einen historischen Riß bekommen hatte, die Welt von heute aber noch nicht wußte, wann, wie und mit welchem Tempo das Europa von morgen Gestalt gewinnen würde.

Vier Tage nach diesem Treffen im Élysée-Palast legte ich vor dem Europaparlament in etwa den Worten, die ich bereits vierzehn Tage früher gebraucht hatte, noch einmal die Gründe meiner Haltung dar: »Ich habe mich selbst befragt. Ich war der Ansicht, daß ein wenig Abstand gegenüber den Gefühlen, Emotionen der ersten Stunde nötig ist, bevor man beginnt, darin klarer zu sehen, damit die Völker beginnen zu unterscheiden, was ihre Anliegen, ihr tiefgreifender Wille, zuweilen ihre Träume von der vorliegenden Realität trennt...« Diese Ereignisse hatten mich in der Überzeugung gestärkt, »daß in jedem Fall eine starke und strukturierte Gemeinschaft der wesentliche Erfolgsfaktor für Gesamteuropa« wäre, »daß sie ihre Identität, ihre Entschlossenheit geltend zu machen hat, daß sie ihre Institutionen stärken, ihre Einheit enger zusammenschweißen muß, daß darin die Lehre liegt, die es sich merken muß, um die Öffnung im Osten zu ermöglichen, während zur gleichen Zeit der Bau der Gemeinschaft zum Abschluß gebracht wird.«

Der Leser wird mich vielleicht einer *idée fixe* bezichtigen. Warum Europa, immer wieder Europa? Viele andere wichtige Ereignisse geschahen weltweit, die genausoviel Sorge und Aufmerksamkeit beansprucht hätten. Ich war mir dessen bewußt, und ich hatte die anderen Faktoren einer möglichen Mobilisierung der Völker, die nach eigenen Staaten streben, durchaus nicht aus den Augen verloren: die Entwicklung der armen Länder; das heuchlerische Fortbestehen des Kolonialpaktes zugunsten des Nordens gegen den Süden; die Durchsetzung eines internationalen Rechts mittels der Vereinten Nationen, das stark genug war, Machtmißbrauch und Gewalt zu unterbinden; das Wiederaufleben von Nationalismen. Aber auch wenn Europa nicht auf alles eine Antwort hatte, so eröffnete doch sein Wiedererscheinen auf der Weltbühne, nach einem dreiviertel Jahrhundert der Unterwerfung, zuweilen der Demütigung, unseren Ländern und zunächst einmal denen der Europäischen Gemeinschaft erneut die Chance, Geschichte zu machen, statt sie zu erleiden. Man wird mir, so hoffe ich, die Gefälligkeit erweisen und glauben, daß ich mit derartigen Gedanken keineswegs irgendwelchen Rache- und Revanchegelüsten nachgab. Doch sollte man meinen Willen zu Europa Stolz nennen – dagegen habe ich nichts.

Aus dem Wunsch heraus, diesen Bericht, der im wesentlichen der deutschen Situation und deren politischem und diplomatischem Umfeld in diesen Monaten November und Dezember 1989 gewidmet ist, nicht zu unterbrechen, habe ich es bislang vorgezogen, die Aufmerksamkeit des Lesers nicht durch eine – eher geringfügige – Polemik abzulenken, die die Rechtsopposition in Frankreich vom Zaun brach, indem sie mir vorwarf, nichts unternommen zu haben, um bei dem Treffen von Bush und Gorbatschow, das für den 2. und 3. Dezember in den territorialen Gewässern von Malta vorgesehen war, zugegen zu sein. Wenn ich jetzt auf diese Polemik zurückkomme, dann um der Genauigkeit willen. Die Beharrlichkeit, mit der einige mich zur raschen Einberufung des Europäischen Rats bewegen wollten, erklärt sich, jenseits der deutschen Angelegenheit, aus dem Bemühen, die Stimme Europas auf höchster Ebene vernehmbar zu machen. Ich war gegenüber diesem Projekt sehr zurückhaltend, und ich bin auch nicht sicher, ob diejenigen, die es entworfen haben, wirklich daran glaubten. Seit es diese Art Treffen gibt, hatten Amerikaner und Sowjets noch nie, zumindest seit Jalta, wo Churchill teilnahm, eine dritte Macht in ihrer Runde geduldet. Natürlich wollte ich, wie jeder – vielleicht sogar nachdrücklicher, aber wozu es wiederholen? –, diese doppelte Herrschaft so schnell wie möglich beendet sehen. Doch die Klugheit gebot noch etwas Geduld, bis Europa, endlich mündig geworden, befreit von der sowjetischen Bedrohung und stark kraft seiner Einheit, den Rang geltend machen konnte, den das ausgehende Jahrhundert ihm vorbestimmt hatte. Daran, so schien mir, galt es zu arbeiten. Ich ließ also wissen, daß nicht nur Europa nicht eingeladen worden war, sondern daß ich einem offensichtlich folgenlosen Treffen nur geringe Bedeutung beimessen würde. Im übrigen mochte ich mir nur schlecht die Szene ausmalen, bei der ein Präsident des Europäischen Rats um einen Klappsitz auf dem Admiralsschiff einer der beiden Supermächte nachsucht, um sich dann, nachdem er einen bescheidenen Bericht über das Arbeitsessen im Élysée-Palast abgeliefert hat, davonzumachen und Bush und Gorbatschow ihr Gespräch über Themen fortsetzen zu lassen, die nur sie allein behandeln konnten, etwa die atomare Abrüstung, die ihnen mehr als alles am Herzen lag und über die die Europäer nichts zu sagen und in bezug auf die sie nichts zu tun hatten, sei es, weil sie keine Atomwaffen besaßen, sei es, daß sie welche hatten und dann, so Frankreich, aus vielerlei Gründen solchen Verhandlungen fernbleiben wollten, in denen sie aufgrund der enormen Kluft zwischen ihrem Waffenarsenal und dem amerikanischen wie sowjetischen Atompotential nur verlieren konnten. Mir war unklar, wie man von einem solchen Vorgehen nicht alles andere als das erhoffte Resultat erwarten konnte: Europa zu Füßen derer, denen es gleich sein wollte. Ich begriff ebensowenig, worin das Fehlen der Europäischen Gemeinschaft bei diesen Gesprächen an sich eine Gefahr darstellen sollte, da doch der planetarische Meinungsaustausch der beiden Gesprächspartner von Malta ohne jede reale Auswirkung auf das Schicksal unseres Kontinents war. Vorbei die schönen Jahre, als die beiden Großmächte noch die Welt unter sich aufteilten! Das wußten Bush und Gorbatschow. Sie hatten nicht die geringste Absicht, sich allzu sichtbar in die europäische Debatte einzumischen, die ihnen zunehmend entglitt. Nicht, daß sie kein Mittel mehr gehabt hätten, Einfluß auf die Zwölf auszuüben. Aber dazu benutzten sie andere Kanäle und ohne auf öffentliche Interventionen zurückzugreifen. Ein Brief George Bushs bestätigte mich in dieser Analyse. Er schrieb mir: »Ich möchte, daß Sie wissen, bevor es öffentlich bekanntgegeben wird, daß wir, Präsident Gorbatschow und ich, uns im Mittelmeer treffen, um die internationale Lage zu klären und die sowjetisch-amerikanischen Beziehungen zu erörtern [...]. Ich denke nicht, daß diese Gespräche eine detaillierte Verhandlungssitzung darstellen, wie ich auch nicht erwarte, daß wir bei diesem Treffen Abkommen über wichtige Probleme schließen werden. Wie Sie wissen, hatte ich seit Beginn meiner Präsidentschaft noch keine Gelegenheit, Präsident Gorbatschow zu treffen; zwar haben wir uns häufig geschrieben, doch möchte ich einen persönlichen Kontakt mit ihm aufbauen...« Ich unterrichtete den Ministerrat am 15. November vom Inhalt dieses Briefs, ergänzt um einen Kommentar, der anklingen ließ, daß das Essen im Élysée-Palast keine Elemente liefern würde, die ausreichend wichtig und neu wären, um die Entsendung eines Sonderbeauftragten zu den beiden illustren Navigatoren zu rechtfertigen. Um dennoch den Wünschen der Opposition Rechnung zu tragen und weil es an sich sinnvoll ist, einen kontinuierlichen Dialog aufrechtzuerhalten, traf ich mit Michail Gorbatschow eine Verabredung für den 6. Dezember in Kiew, was den großen Vorteil hatte, daß ich mich mit seinen Absichten bekanntmachen und sie den anderen Teilnehmern des Straßburger Gipfels, der tags darauf stattfinden sollte, mitteilen konnte. Desgleichen verabredete ich eine Unterredung mit George Bush für den 16. Dezember im französischen Teil der Insel Saint-Martin in der Karibik.

Wenig später, am 23. November, berichtete ich dem Europaparlament über das Arbeitsessen in Paris. Ich würdigte noch einmal die entscheidende Rolle Michail Gorbatschows. Ich beschrieb die Europäische Gemeinschaft als »einzigen realen Anziehungspunkt« für die Zukunft des Kontinents und schrieb ihr ins Gewissen, sich ihrer Identität bewußt zu werden und ihre Institutionen substantieller zu gestalten; und ich schloß mit den Fragen: »Hat die Gemeinschaft die Erwartungen derer erfüllt, die an sie glauben? Hat sie wirklich den bangen Appell Tadeusz Mazowieckis vernommen, der forderte, man dürfe nicht zulassen, daß ein Europa der Reichen und ein Europa der Armen fortbesteht?« Am selben Tag kam ich in einem Interview für *Paris-Match* noch einmal auf die Vereinigung Deutschlands zu sprechen. »Für mich«, erklärte ich dort, »ist es der Wille des deutschen Volkes, der zählt [...]. Aber der Wille dieses Volkes kann nicht auf die Übereinkunft mit den Staaten verzichten, den deutschen Staaten wie den Staaten, die den deutschen Status garantieren«; und ich unterstrich die vorherige Anerkennung der bestehenden Grenzen unter Hinweis auf das polnische Beispiel: »Polen ist eine entschiedene Umwälzung der Verhältnisse gelungen, und dennoch hat der aus der Solidarność hervorgegangene Ministerpräsident, Tadeusz Mazowiecki, unverzüglich wissen lassen, daß sein Land ein treuer Bündnispartner der Sowjetunion innerhalb des Warschauer Paktes bleibe. Und zwar deshalb, weil die Frage der aus dem letzten Krieg resultierenden Grenzen weiterhin besteht und sich nicht in einem Augenblick der Emotion, so verständlich diese auch sei, regeln läßt.« In der Tat war es klar, daß Polen, bevor es die Konsequenzen der deutschen Einheit für rechtsgültig erklärte, internationale Garantien wollte und daß es die so gefürchtete und verabscheute russische Allianz solange nicht aufgeben würde, als der Fortbestand der Oder-Neiße-Linie nicht gesichert war.

Unabhängig von dieser schwierigen Frage gab die kurze Spanne zwischen dem Pariser und dem Straßburger Treffen Helmut Kohl und mir Gelegenheit, einen Aktionsplan hinsichtlich des europäischen Aufbaus für die nächsten Jahre festzulegen. Helmut Kohl schrieb mir am 27. November. Sein Brief spiegelte eine wirkliche Unruhe wider, ausgelöst durch »die großen Meinungsverschiedenheiten zwischen den Zwölf«, die sich womöglich noch verschärften, und verwies zum Beleg auf das Ausmaß der Haushaltsdefizite, das Hinterherhinken in der steuerlichen Harmonisierung und die fortbestehenden Hindernisse beim Personenverkehr, dies alles unter der Zielsetzung, die Hemmnisse auszuräumen, die Fortschritten bei der Wirtschafts- und Währungsunion im Weg standen. Im Anhang skizzierte der Kanzler einen Arbeitskalender bis 1993, der dem Europäischen Rat vorgelegt werden sollte. Inbesondere verlangte er die Einberufung einer Konferenz auf Regierungsebene, die sich in drei Etappen vollziehen sollte: die erste, unter italienischer Präsidentschaft, ab Ende 1990 und der Wirtschafts- und Währungsunion gewidmet; die zweite, vor Dezember 1991, sollte die weiteren institutionellen Reformprojekte, Rat, Kommission, Parlament behandeln; die dritte schließlich, 1992, damit der Europäische Rat, je nach Grad der Verwirklichung des Binnenmarktes, definitiv den Weg der wirtschaftlichen und der politischen Einheit einschlug. 1993 stünde dann die Ratifizierung der Beschlüsse der Konferenz.

Dieser Brief zeigte, daß der deutsche Kanzler, der im Zentrum der Polemiken und Debatten stand, die die öffentliche Meinung seines Landes in Atem hielt, mehr denn je das europäische Unternehmen im Auge hatte, dessen Terminplan durch die deutsche Einheit beschleunigt wurde. Wir hatten unter uns sehr oft die Notwendigkeit erörtert, dem vier Jahre früher in Luxemburg in Gang gesetzten Mechanismus, als wir mit einer großen Kraftanstrengung die Zustimmung unserer Partner, insbesondere Margaret Thatchers, zum Binnenmarkt erhalten hatten, einen neuen Schub zu geben. Ohne die Verhandlungen über den Status Deutschlands abzuwarten, die in naher Zukunft eröffnet werden sollten, waren wir übereingekommen, das Feuer zu schüren, damit die EG den Völkern Europas etwas Erhebenderes und Hoffnungsfroheres anzubieten hatte als einen Markt und eine Arbeitsstätte, die über bloße Handelsbeziehungen hinausging. Der Augenblick, den Kohl gewählt hatte, um mir erneut dieses Projekt vorzulegen, bedeutete, daß die Ereignisse seit dem Fall der Mauer ihn nicht von dem gemeinsamen doppelten – europäischen wie deutschen – Ziel abbrachten, das wir uns gesetzt hatten. Mit einer Nuance freilich: Es war unverkennbar, daß der Kanzler die italienische Präsidentschaft abwarten wollte, bevor der Prozeß beginnen sollte. Ich hatte eine etwas andere Auffassung. Mir wäre es lieber gewesen, alles hätte sich in Straßburg regeln lassen. Dies erläuterte ich ihm in meinem Antwortbrief vom 27. November: »Wie Sie denke ich, daß es angebracht wäre, sich über einen Terminplan zu verständigen. Ich bestätige Ihnen also, daß ich in Straßburg die Frage des Datums der Eröffnung der Regierungskonferenz stellen werde«, und ich fuhr fort: »Für die späteren Phasen sollte die Konferenz ihre Arbeiten auf den Prinzipien – Parallelismus und Subsidiarität – gründen, die wir in Madrid angenommen haben [...]. Wie Sie wünsche ich, über die Wirtschafts- und Währungsunion hinaus, die europäische Union.« Kurzum, wir waren uns über das Wesentliche einig: Die vorbereitenden Arbeiten für die Konferenz sollten bis zum Treffen des Europäischen Rats im Dezember 1990 abgeschlossen sein.

Vier Tage später antwortete Helmut Kohl mir: »Ich möchte zunächst nochmals das unterstreichen, was ich bereits vor dem Europäischen Parlament betont habe: Gerade aufgrund der aktuellen Entwicklungen in den Ländern Mittel-, Ost- und Südosteuropas ist eine entschlossene Politik zur Fortführung der europäischen Integration wichtiger denn je. [...] In diesem Sinne sollten wir in Straßburg beschließen, daß die Regierungskonferenz im Jahre 1991 mit dem Ziel arbeitet, das politische Einvernehmen über diese grundlegenden Reformvorhaben beim Europäischen Rat unter niederländischem Vorsitz im Dezember 1991 herzustellen. [...] Ziel dieses dynamischen Zeitplanes ist es, die Jahre 1992 und 1993 für die Ratifizierung des neuen Vertrages zu nutzen. [...] Ich möchte an dieser Stelle nochmals hervorheben, wie wichtig eine derartige Ausgestaltung des Zeitplanes des kommenden Jahres für mich auch aus innenpolitischen Erwägungen ist.«

Fall der Berliner Mauer, 9. November 1989. Vorherbestimmtes Muster dessen, was zwei Jahre später als Vertrag von Maastricht bezeichnet wird, 5. Dezember 1989. Weniger als ein Monat. Ungeachtet dessen, was in den diplomatischen Kreisen über die Unstimmigkeit zwischen unseren beiden Ländern getuschelt, was in der deutschen und französischen Presse darüber geschrieben wurde, hatte sich der Dialog zwischen uns in vertraulicher Weise fortgesetzt. Der künftige Vertrag über die Europäische Union war bereits in unseren Gesprächen jener Epoche enthalten.

In Kiew hatte mich Michail Gorbatschow, der mich kurz nach meinem Eintreffen im Regierungspalast empfing, in weniger als einer Stunde über die Gespräche von Malta informiert. Nachdem er mir berichtet hatte, daß als erstes Thema die Wirtschaft angesprochen worden war und daß von Beginn an George Bush sich einverstanden erklärt hatte, der Sowjetunion eine substantielle Hilfe zukommen zu lassen, gewann ich den Eindruck, daß ihr Gespräch in der Folge in allgemeinen Überlegungen versandet war, wobei der amerikanische Präsident sich seine Karten für den Tag aufhob, an dem man mehr über den Stand der Dinge in Moskau wußte, und Gorbatschow sich auf die Position zurückzog, daß er gegen ein hypothetisches Geld verkaufen mußte, was seiner Einschätzung nach von den ihm eigenen Werten gerettet zu werden verdiente. Gesprächiger war mein Gastgeber hinsichtlich der skizzierten Abrüstungsvereinbarungen. Ich fasse sie zusammen: 1990 Wiederaufnahme der Konferenz über Sicherheit und Zusammenarbeit in Europa; Verringerung der strategischen Waffen auf 50%; Truppenabbau auf eine Million Soldaten auf beiden Seiten; Stopp der Herstellung und Modernisierung der chemischen Waffen; Arbeitsplan der kommenden Treffen im Januar, März, April der beiden Außenminister Baker und Schewardnadse. Michail Gorbatschows Vorschlag zur Abschaffung von atomaren Spengköpfen auf Überwasserschiffen, nicht aber auf U-Booten, wurde an Experten überwiesen. Hinsichtlich der seegestützten Flugkörper wurde ebensowenig geregelt wie in bezug auf die Gesamtheit der Fragen zu den Luft- und Seestreitkräften.

Es war klar, daß Bush und Gorbatschow zwar die Spannungen abbauen und den Rüstungswettlauf vermeiden, aber deshalb nicht von ihren strategischen Optionen abweichen wollten. Während Bush die Präsenz der US-Waffen auf dem europäischen Kontinent und den vorgelagerten Meeren sicherstellen und damit seine Verbündeten beruhigen wollte, war es Gorbatschows Bestreben, die in der Nähe der Trennungslinie der Blöcke auf europäischem Boden gelagerten Offensivwaffen abzuschaffen und die Auflösung der Schnellen Eingreiftruppen zu erreichen. George Bush hatte mich nicht getäuscht: Die beiden Männer hatten sich getroffen, um sich besser kennenzulernen, und erwarteten im Augenblick nichts weiter. Ihre geistige Einstellung und die Logik der Ereignisse würden sie sicherlich eines Tages dazu führen, sich wechselseitig zu verstehen. Aber der größte Fehler wäre gewesen, die Zeit dadurch zu vertun, daß man ihr vorauseilen wollte. Kurzum, Europa, das fürchtete, einmal mehr Gegenstand des Feilschens zu werden, brauchte sich nicht zu sorgen. Die beiden Großen dachten an anderes.

Der Ton meines Gesprächspartners wurde schärfer, als wir den Kern des Themas berührten, nämlich die deutsche Einheit. »Der Zehn-Punkte-Plan [von Kohl] ist völlig unannehmbar. Der dritte Punkt sieht wie ein Diktat aus«, erklärte er mir. Roland Dumas sollte mir wenig später berichten, daß Eduard Schewardnadse während des Gesprächs, das sie beide in einem Nebensalon geführt hatten, noch entschiedener geworden war. Jene Formulierungen Helmut Kohls hatten ihn am meisten schockiert, in denen vom »grundlegenden Wandel des politischen und wirtschaftlichen Systems in der DDR«, von »Verfassungsänderung«, der Aufhebung des »Machtmonopols der SED« und davon die Rede war, daß jener Wandel »unumkehrbar in Gang gesetzt« werden müsse. In Ausweitung ihrer Kritik beschuldigten die beiden sowjetischen Staatsmänner den Plan des Bundeskanzlers, »zwanzig

Jahre Politik in Frage« zu stellen. Übertrieben sie? Sie unterstrichen, ihn nicht des »Revanchismus« zu bezichtigen, machten zugleich aber in seinen Äußerungen eine Gefahr für den Frieden aus und stellten die Frage in den Raum: »Welche Garantien besitzt die Sowjetunion, daß die Bundesrepublik Deutschland nicht dieselbe Sprache im Hinblick auf Österreich oder Polen benutzt?« Und: »Wird es nach der Wiedervereinigung nicht Schlesien, Königsberg usw. geben?« Auf der folgenden Pressekonferenz wurde dieses Thema von Michail Gorbatschow mit größerem diplomatischem Geschick entfaltet. Er wiederholte sein Leitmotiv: »Wir haben es mit zwei deutschen Staaten zu tun, die souverän und Mitglied der Vereinten Nationen sind« – was hieß, daß ihr Status nicht von der Rede eines Bundeskanzlers oder dem Willen der Bundesrepublik allein abhing – und sparte nicht mit der Warnung: »Die Veränderungen, die innerhalb unserer Gesellschaft im Gang sind, modifizieren in nichts die Prinzipien und den Prozeß von Helsinki, und es wäre ungut, diese Realität zu vergessen.« Er fuhr fort: »Natürlich gibt es Probleme, die in der Schwebe sind, namentlich das der Wiedervereinigung, doch gilt es, sich an die Realität zu halten, an die historische Retrospektive unseres Kontinents.« Und er schloß mit folgenden Worten: »Ich glaube nicht, daß dies heute eine aktuelle Frage ist.« Dies alles wurde im leidenschaftlichen Ton eines Plädoyers vorgetragen, den zuweilen ein Lächeln oder eine besänftigende Modulation der Stimme abmilderte. Während ich ihm zuhörte, versuchte ich seine Gedanken zu deuten. Er konnte nicht, wie seine Vorgänger, den Lauf der Ereignisse durch ein simples »Njet« aufhalten. Allerdings konnte er hoffen, sie hinauszuzögern, auf die langsamen diplomatischen Wege setzen, damit ein oder zwei Jahre gewinnen und in der Zwischenzeit die Reformen durchführen, die ihm wie der ostdeutschen Führung das Alibi der Demokratisierung liefern würden, das einzige Mittel, mit dem sich ein Teil der Bevölkerung für die Idee eines dauerhaften unabhängigen Staates gewinnen und die westlichen Verbündeten überzeugen ließen, das alte Gleichgewicht, von dem sie unter Ausschluß Deutschlands am meisten profitiert hatten, aufrechtzuerhalten. Aber er schien mir in eine Zwickmühle geraten zu sein. Gezwungen, die Perestroika und die Neustrukturierung der Sowjetunion frontal anzupacken, war ihm klar, daß er der Gnade des geringsten Zwischenfalls unterworfen war. Alles beruhte auf seiner Autorität, seinem Ansehen. Was würde aus seiner Macht, wenn sich, nach dem Vorbild der baltischen Staaten, andere Staaten ebenfalls abspalteten, wenn die DDR sich abwenden und im westlichen Block aufgehen würde? Doch darin lag nicht das Wesentliche. Ich habe in Michail Gorbatschow stets einen Patrioten gesehen, dessen vordringlichster Ehrgeiz darin bestand, das Erbe, so wie es ihm übertragen worden war – jenes von Stalin, von Peter dem Großen –, zu bewahren. Ich stellte an ihm, der durchaus der leninistischen Ideologie verhaftet blieb, freilich nicht jenseits dessen, was Erfahrung und Fakten ihn gelehrt hatten, der bereit war, die Dogmen, deren Nichtigkeit er von Tag zu Tag mehr ermaß, über Bord zu werfen, eine extreme Empfindlichkeit fest, sobald das Überleben der Sowjetunion zur Diskussion stand. Wir sprachen an diesem Abend darüber, als wir mehrere der schönsten Denkmäler Kiews besichtigten, dieser Stadt mit den vierhundert Kirchen (von denen viele seit der Revolution verschwunden sind). Er vibrierte vor Stolz. Doch vor dem Essen hatte er mir die Schwierigkeiten geschildert, die ihn in Gegensatz brachten zu den neuen Führungskräften der ukrainischen Kommunistischen Partei, mit denen ich bald zusammentreffen sollte. Eindringlich hatte er auf die in seinen Augen historische Tragweite des Aufeinanderprallens der überall erwachten lokalen Nationalismen mit seiner eigenen Auffassung des Sowjetreichs aufmerksam gemacht. Über den Ausgang des Konflikts zeigte er sich optimistisch. »Keine der Republiken kann auf die anderen verzichten«, sagte er. »Sie sind zu stark mit der Union verzahnt, und selbst wenn das ideologische Band zerreißen sollte, blieben eine Tradition und mächtigere Interessen als der separatistische Traum.« Darüber hatte er des längeren mit seinen Partnern aus Kasachstan, Weißrußland, der Ukraine und Georgien gesprochen, alles Mitglieder der Nomenklatura und gleichermaßen im System eingebunden, die wie er die Peripetien und Konkurrenzen der vorhergehenden Regime, Chruschtschow, Breschnew, Andropow, miterlebt hatten. Sie hatten eine gemeinsame Sprache und Kameradschaft bewahrt. Aber bis zu welchem Punkt? Er nannte mir einige von ihnen, die, an der Parteihochschule lehrend, sich durch ihren theoretischen Rigorismus ausgezeichnet und bis vor kurzem noch sich wie Fanatiker der reinsten Orthodoxie benommen hatten, und »jetzt auf einmal«, so scherzte er, »versuchen sie, sich wieder eine Jungfräulichkeit anzudichten, indem sie die Distanz, die sie gegenüber Moskau eingenommen haben, groß herausstellen«. »Das überrascht mich nicht«, wiederholte er. »Die Menschen sind nun mal Menschen. Aber ich bleibe beharrlich, denn ich bin weiterhin davon überzeugt, daß letzten Endes alle lieber am Wiederaufbau eines umfassenden kohärenten Komplexes, der bei der Leitung der Angelegenheiten der Welt zählt, mitarbeiten, als sich abkapseln und sich von einer grandiosen Vergangenheit abschneiden und der Zukunft entsagen.« Und so hatte er die Absicht, ihnen einen Unionspakt auf föderativer Basis vorzuschlagen, der starke Strukturen, eine Außen- und Verteidigungspolitik, gemeinsame Ziele voraussetzte. Als ich einwandte, daß dieser Versuch doch bereits gescheitert sei, daß keine seiner Initiativen zu einem erfolgreichen Abschluß hätte gebracht werden können, gab er mir zur Antwort, er werde eben einen immer besseren Plan vorlegen und am Ende würde sich der gesunde Menschenverstand schon durchsetzen. Er kam noch einmal auf die Überstürztheit, den fehlenden Realismus – wie er es nannte – der baltischen Staaten zu sprechen, die den Plan durcheinanderzubringen drohten. »Ich brauche sechs Monate«, bekräftigte er mir. »Ich bin keineswegs dagegen, daß diese Länder ihre Autonomie geltend machen. Über kurz oder lang werden sie es bereuen, und dann kommen sie wieder zu uns. Ihre Wirtschaft hängt völlig von der unseren ab, und gegen diese Evidenz vermag ihr Unabhängigkeitsdrang wenig auszurichten. Aber sie wollen zu rasch vorankommen und riskieren damit, innerhalb der Union und andernorts ein allgemeines Rette-sich-wer-kann auszulösen, das irreversibel wäre. In Kürze«, Gorbatschow betonte diese Worte und fixierte mich dabei mit seinem Blick, »habe ich das Einverständnis der wichtigsten Republiken zu einem Verfassungsentwurf, der die gegensätzlichen Tendenzen ausgleicht, und ich werde das Modell einer demokratischen Entwicklung vorlegen, das den Erwartungen der Völker entgegenkommt. Andernfalls wird alles zusammenstürzen, und ich bin mir überhaupt nicht sicher, daß, wenn die Katastrophe über uns hereinbricht, der Rest Europas davon verschont bleibt.«

Ich hatte in dieser Epoche viele weitere vertrauliche Gespräche mit demjenigen, von dem es später heißen sollte, er sei in jener Zeit ein wirklicher Protagonist der Geschichte gewesen. Er verkaufte die Schwäche seiner Position mit wilder Energie und verschwendete förmlich einen ganzen Schatz an Geschicklichkeit, um seine feste Haltung deutlich zu machen. Ich denke nicht, daß er sich hinsichtlich der Wirkung seiner Unnachgiebigkeit in der Frage der deutschen Einheit Illusionen machte. Er brauchte Deutschland nicht minder wie Deutschland ihn, was den Kompromiß am Ende bereits vorausahnen ließ. Aber sich vorzeitig aufzudecken hätte bedeutet, Trümpfe, mit denen er höchst sparsam umgehen mußte, so schwach waren sie, um ihre Wirkung zu bringen. Zumindest konnte er blockieren, und diese Macht spielte er zugunsten seiner Interessen aus. Und das aktuelle Interesse war, nichts zu konzedieren, gegebenfalls mit dunklen Drohungen zu hantieren, damit sich alles in den gewünschten Bahnen vollzog: zunächst die Union retten, dann dem Westen zugestehen, was eh schon verloren war.

Die Journalisten, die an der Pressekonferenz teilnahmen, erwarteten mit Neugier meine eigenen Erklärungen. In einigen Redaktionen hatte man gleichsam verfügt, daß ich mit der Absicht nach Kiew gekommen war, die deutsche Einheit zu bremsen und mich zu diesem Zweck auf Moskau zu stützen. Wie es der Brauch so will, denn schließlich war ich bei ihm, sprach ich nach Gorbatschow. Ich stellte sofort die Dinge klar: »Ich erinnere daran, daß Frankreich Freund und Verbündeter der Bundesrepublik ist. Die Bestimmungen dieses Bündnisses wurden im Élysée-Vertrag festgehalten, der 1963 von General de Gaulle und Bundeskanzler Adenauer unterzeichnet wurde. Ich habe, gemeinsam mit Bundeskanzler Kohl, zwanzig Jahre später daraus die militärischen Konsequenzen gezogen, die von meinen Vorgängern unberücksichtigt gelassen worden waren, womit die Gründung der ersten französisch-deutschen Einheit möglich wurde, der Ansatz zur künftigen europäischen Armee. Frankreich, als Freund der Bundesrepublik, kann dem nicht gleichgültig gegenüberstehen, was das deutsche Volk betrifft. Es war selbst vor nicht so langer Zeit in sich gespalten, und meine Generation hat dieses Drama miterlebt. Wie könnten wir die Gefühle und Anliegen derjenigen nicht verstehen, die dies ihrerseits erfahren?« Und ich hob erneut – das geriet allmählich zur Leier – die Voraussetzungen hervor, die gegeben sein mußten, um die deutsche Einheit zu ermöglichen. Demokratisches Vorgehen zum einen: von daher die notwendige Entwicklung der Institutionen und Praktiken, mit am Ende freier Meinungsäußerung des Volkswillens in der Deutschen Demokratischen Republik. Friedliches Vorgehen zum zweiten: von daher die Dringlichkeit der Garantie der bestehenden Grenzen.

Hinsichtlich des letzten Punkts herrschte noch eine Zweideutigkeit. Die Prinzipien von Helsinki gaben formell der These Michail Gorbatschows recht. Tatsächlich wurden die Souveränität der beiden deutschen Staaten und die daraus erwachsenden Rechte durch die KSZE-Verträge, die wir unterzeichnet hatten, garantiert. Die Regierung der Deutschen Demokratischen Republik konnte sich darauf mit gleichem Recht berufen wie die Bundesrepublik. Genausogut wie ihr sowjetischer Beschützer. Dagegen war die Unterscheidung, die ich in meinen Erklärungen und Gesprächen mit den Staats- und Regierungschefs zwischen den traditionellen europäischen Grenzen und der innerdeutschen Grenze vornahm, zwar geschichtsmächtig, aber nicht rechtskräftig. Im übrigen bleibt der Begriff der traditionellen Grenzen in unserem nicht sehr stabilen Europa vage und beruht lediglich auf Denkgewohnheiten. Die Friedensverträge wurden stets von Siegern oktroyiert, bevor diese ihrerseits besiegt und Opfer der Willkür wurden, die sie vordem selbst ausgeübt hatten. Das internationale Recht ist das Recht von Vagabunden. Freilich braucht es Spielregeln. Daß in Helsinki zwei rivalisierende Militärblöcke, die vierzig Jahren lang den Unwägbarkeiten eines latenten Konflikts – dem Kalten Krieg – ausgesetzt waren, auf friedlichem Weg diese Regeln festgelegt hatten, markierte einen solchen Fortschritt, daß es irrsinnig gewesen wäre, sie in Frage zu stellen. Warum sollte also für die beiden

Deutschland eine Ausnahme gemacht werden? Ich habe mich dazu hier hinreichend erklärt, so daß ich nicht nochmals darauf zurückkommen muß. Man kann den Respekt vor dem Recht nicht auf die bloßen Dekrete des Zufalls gründen, auf das Wechselspiel der militärischen Besetzungen. Letzten Endes setzt sich die Realität gegenüber den Zufällen der Geschichte durch. Das deutsche Volk der DDR bewies es vor unseren Augen. Ich vertraute seinem Instinkt. Es hatte von sich und seinem Schicksal eine richtigere Vorstellung als die starren Anhänger des internationalen Rechts. Natürlich war Gorbatschow mit dieser Erklärung nicht einverstanden. Aber er konnte sie nachvollziehen. Er schied die Vereinigung nicht aus dem Bereich des Möglichen. Das genügte, um sie wahrscheinlich zu machen. Hatte er dies nicht implizit anerkannt, als er den Moskauer Vertrag unterschrieb, der trotz seiner verschwommenen Formulierungen (»Ja zur Vereinigung der beiden Deutschland, wenn die Voraussetzungen dazu reif sind«) den Weg dazu eröffnete? Wir waren erst am Anfang von Verhandlungen, die sich als schwierig ankündigten. Das Gegenteil wäre eine Überraschung gewesen. Um so mehr, als höchst wichtige praktische Überlegungen die politische Debatte erschwerten: 500 000 sowjetische Soldaten waren in Ostdeutschland stationiert, und der geringste Zwischenfall mit der Bevölkerung konnte unberechenbare Folgen zeitigen.

Ich hatte mich mit Michail Gorbatschow unterhalten wollen, um wesentlich über Deutschland zu sprechen. Das hat hier und da Verwunderung ausgelöst, was sage ich: man war darüber förmlich schockiert. Ich hatte daraus nie ein Geheimnis gemacht. Ich betrachtete den Dialog über dieses Thema als einen Imperativ der französischen Außenpolitik. Auch wenn Frankreich sich aufgrund der kommunistischen Diktatur und der Brutalität Stalins für das westliche Bündnis und den Aufbau Europas entschieden hatte, wäre es ein grober Verstoß gegen die Geschichte gewesen, unsere Tür nach Osten zu schließen und Rußland von unserer Landkarte auszuradieren – eine Versuchung, der viele Politiker durch ihren Antikommunismus anheimgefallen sind. Freilich war Klartext zu sprechen. Was Gorbatschow und ich getan haben. Die deutsche Einheit stellte Frankreich wie die Sowjetunion vor gleiche Probleme, ungeachtet der scheinbar unaufhebbaren Widersprüche ihres früheren Vorgehens. Da hatte man die Versöhnung, dann die Freundschaft gewählt, hier blockierte man weiterhin den Wandel. Aber wer konnte noch daran zweifeln, welche Wendung die Ereignisse nehmen würden? Im Lauf der Jahrhunderte ist *eine* Lehre nie dementiert worden: Das gute Auskommen zwischen Rußland und Frankreich bildet einen der Hauptfaktoren des europäischen Gleichgewichts. Die augenblicklichen Schwierigkeiten Europas machten diese Demonstration noch notwendiger. Doch der Tag ging zur Neige. Gorbatschow hatte neben mir und Roland Dumas vier führende Vertreter der ukrainischen Kommunistischen Partei zum Essen eingeladen. Als wir uns verabschiedeten, überreichten mir diese feierlich ein Geschenk, eine imposante Porzellanfigur, die einen wohlgebauten Kosaken darstellte, mit den Worten: »Die ukrainischen Soldaten haben noch nie ein Schlachtfeld verlassen, ohne eines Tages dorthin wiederzukehren.« Und dabei lachten sie herzhaft.

Eine Woche vor dem Treffen des Europäischen Rats in Straßburg hatte ich von Roland Dumas eine zusammenfassende Note zur Haltung der verschiedenen europäischen Länder gegenüber der Wiedervereinigung erhalten. Darin wurde signalisiert, daß Osteuropa höchst beunruhigt war. Das galt nicht nur für die Sowjetunion, sondern auch für Polen, wo man hinsichtlich der Oder-Neiße-Grenze alarmiert war, und für die Tschechoslowakei, wo *Rude Pravo*, das offizielle Organ, die Ansicht vertrat, daß die Vorschläge Helmut Kohls in einem »Mißverhältnis zur Realität« stünden. Im Ton moderater, gab Ungarn zu, daß »die Wiedervereinigung aus einem natürlichen Verlangen« hervorgehe, aber die »Voraussetzungen dazu nicht auf die Schnelle geschaffen« werden könnten. In den meisten westlichen Regierungssitzen wurde weiterhin vorsichtige Zurückhaltung geübt. In den Niederlanden äußerte sich van den Broeck, der Außenminister, dahingehend, daß »die Wiedervereinigung kein Ziel an sich« sei, aber in engem Zusammenhang stehe mit den Entwicklungen bei der Ost-West-Annäherung. Für Felipe Gonzáles gab es keinen Grund, »den gegenwärtigen politischen Status zu verändern, wohl aber auf einen beweglicheren Kommunikationsrahmen zwischen den beiden Deutschland hinzuarbeiten«. Giulio Andreotti, der italienische Ministerpräsident, unterzeichnete eine gemeinsame Erklärung mit Michail Gorbatschow, in der es hieß, »beide Teile sind überzeugt, daß die Gleichgewichtslage, auf der die Sicherheit des europäischen Kontinents gründet, erhalten werden muß«. In Lissabon und Athen hatte man andere Sorgen. Man hoffte inständig, nicht die Zeche für die mögliche »Umleitung« der Finanzhilfen der Gemeinschaft in Richtung der

DDR und anderer Länder des Osten zahlen zu müssen. Die Reaktion der skandinavischen Länder brachte eine ähnliche Sorge zum Ausdruck: daß die Beziehungen zwischen der EG und der Europäischen Freihandelsassoziation (EFTA) nicht unter dem »Hinübergleiten« nach Osten seitens der Europäischen Gemeinschaft Schaden nehmen würden. Margaret Thatcher schließlich tat sich wie gewohnt wieder dadurch hervor, daß sie jedem, der es hören wollte, wiederholte, daß die Wiedervereinigung »kein aktuelles Problem« sei. Hans-Dietrich Genscher, der unersetzbare Außenminister der Bundesrepublik, hatte bei seinem Londoner Besuch nichts anderes erfahren.

Ich hatte unterdessen am 5. Dezember einen Brief an die Staats- und Regierungschefs geschickt, in dem die Tagesordnung für die Sitzung des Rats festgelegt worden war. Zum einen sah ich vor, daß die Diskussion sich der Anwendung der Einheitlichen europäischen Akte, der Wirtschafts- und Währungsunion, der Sozialcharta sowie der Wirtschaftshilfe für die Länder des Ostens widmen sollte; zum anderen skizzierte ich den Entwurf einer Erklärung, in der folgendes herausgehoben werden sollte:

1. die Befriedigung der Zwölf über die Veränderungen, die das Ende der Teilung Europas in die beherrschenden Systeme ankündigten;

2. die EG-Unterstützung der Länder, die einen demokratischen Weg eingeschlagen hatten;

3. die Rolle der Zwölf als eines Bezugs- und Anziehungspols für die künftige europäische Einheit.

Gegenüber diesem Text, den ich meinen Partnern hatte zukommen lassen, waren zwei Bedenken angemeldet worden, der eine durch die Briten, die die Bezugnahme auf die Europäische Union ausschlossen, der andere durch die Deutschen, die die Einfügung eines Satzes verlangten, der die explizite Unterstützung der deutschen Einheit zum Ausdruck brachte. Die politischen Berater und Mitarbeiter der Außenminister, die gewohnheitsmäßig ihre Standpunkte vor Eröffnung eines Gipfeltreffens austauschten, hatten es wiederum als schwierig erachtet, die Wiedervereinigung zu erwähnen, ohne gleichzeitig Stellung zu beziehen zu den Westgrenzen Polens.

Die Konferenz begann am 7. Dezember in einem eher gespannten Klima. Es war – ungeachtet seines vorsichtigen Sprachgebrauchs – der erklärte Wille Bundeskanzler Kohls, wie er mir in seinem Brief zwei Tage zuvor angekündigt hatte, daß Deutschlands Bestimmung zur Einheit explizit bestätigt werde. Margaret Thatcher beharrte darauf, sich, ihrer Formulierung nach, nicht die Finger zu verbrennen, und nannte eine Vorbedingung nach der anderen für alles, was einem Engagement in dieser Sache hätte ähnlich sehen können. Roland Dumas und ich hielten an unserer Devise fest, die Perspektive der Vereinigung an die förmliche Anerkennung der äußeren Grenzen Deutschlands zu binden. Leichter fiel die allgemeine Einigung hinsichtlich der Übereinstimmung von deutscher und europäscher Einheit. Die von den deutschen Vertretern vorbereitete Formulierung wurde heftig diskutiert und schließlich abgeändert. Im endgültigen Paragraphen wurde Bezug genommen auf »mehrere Bedingungen, darunter die Achtung der Verträge und aller Prinzipien der Schlußakte von Helsinki«.

Die Aufnahme diplomatischer Beziehungen zwischen Frankreich und Ostdeutschland geht auf den 9. Februar 1973 zurück; damals war Erich Honecker 1. Sekretär der SED und Georges Pompidou Präsident der Republik Frankreich. Es dauerte 6 Jahre, bevor ein Mitglied der französischen Regierung, André François-Poncet, sich nach Ostberlin begab. Die politischen Kontakte verstärkten sich ab 1983, nachdem Oskar Fischer, Außenminister der DDR, mit mir im Élysée über Abrüstungsprobleme gesprochen hatte. Im Gegenzug besuchte Claude Cheysson Ostberlin und eröffnete dort unser Kulturzentrum. Die ostdeutsche Führung ließ mich damals ihren Wunsch nach einem bedeutsameren Austausch der Beziehungen und auf höherer Ebene wissen. Um dies nicht bei Absichten zu belassen, stattete Laurent Fabius, der damalige Ministerpräsident, 1985 der DDR einen offiziellen Besuch ab. Zwei Jahre später übermittelte mir Oskar Fischer bei einem erneuten Besuch in Paris eine Botschaft Erich Honeckers. Diese, erneut Fragen der Abrüstung und der Sicherheit gewidmet, spiegelte zwar die sowjetischen Thesen wider, legte zugleich aber auch die spezifischen eigenen Besorgnisse der DDR dar, deren Territorium bei einem Konfliktfall besonders exponiert war. In meinem Antwortbrief machte ich deutlich, daß in einem Augenblick, wo die Vereinigten Staaten von Amerika und die Sowjetunion in Genf Abrüstungsverhandlungen führten, die unmittelbar die Zukunft Europas betrafen, es mir nützlich und normal erschien, daß die Europäer unter sich über die Belange ihres Kontinents diskutierten, und ich lud ihn für 1987 zu einem Besuch in Frankreich ein. Tatsächlich hatte ich diesen Wunsch mehrfach, aber ohne weitere Präzisierung, geäußert. Der Augenblick erschien mir nun günstig. Seit 1985 reiste Erich Honecker vermehrt nach Westeuropa. Er hatte mit Italien begonnen und dort den Präsidenten des Ministerrats Bettino Craxi sowie im Vatikan Papst Johannes Paul II. getroffen. Danach hatte er sich nach Griechenland, Schweden, in die Niederlande begeben, während nach Laurent Fabius mehrere Persönlichkeiten der EU, der belgische Ministerpräsident Willy Mertens und der griechische Präsident Sarzetakis, vor dem österreichischen Bundeskanzler und dem schwedischen Ministerpräsidenten Berlin besucht hatten.

Noch bedeutsamer war der Besuch Honeckers in der BRD gewesen. Am 15. März 1987 hatte Kanzler Kohl ihm für den kommenden 30. April eine Unterredung in Westberlin vorgeschlagen. Doch Honecker hatte abgelehnt, gebunden durch das sowjetische Veto, das, im Zusammenhang mit der Stationierung der Mittelstreckenraketen, seit 1981 die DDR hinderte, Wege zur Annäherung zwischen den beiden Deutschland einzuleiten, und das ihn bereits gezwungen hatte, eine Einladung Helmut Schmidts auszuschlagen. Ein etwas ungünstiger Zeitpunkt also. Doch wenig später hatten die sowjetischen Führer, umgänglicher geworden, das Verbot aufgehoben, und der ostdeutsche Staatschef hatte der BRD vom 7. bis 11. September einen offiziellen Besuch abgestattet, der ihn von Bonn über Düsseldorf, Essen, Saarbrücken, Neunkirchen, Trier bis München und Dachau führte. Diese »historische« Reise war von beiden Seiten als Erfolg gewertet worden, der Umgang war höflich, zuweilen sogar herzlich gewesen. Die Emotionen waren hochgegangen, als Honecker erklärte, »die Grenze zwischen der Bundesrepublik Deutschland und der Deutschen Demokratischen Republik [könne die Deutschen] eines Tages einen statt trennen«. Der Gesprächston und der offensichtlich gute Wille der Protagonisten hatten eine Entwicklung unterstrichen, die hier wie dort als vielversprechend eingestuft worden war.

Ich hatte bereits im Juni den Bundeskanzler von meiner geplanten Initiative im Hinblick auf die DDR in Kenntnis gesetzt. Er hatte mir für meine Besorgnis, die mich ihn konsultieren ließ, gedankt und keinen prinzipiellen Einwand vorgebracht. Mehr noch, bei einem Einzelgespräch unterstrich er die Nützlichkeit dieser Initiative. Es war nicht das erste Mal, daß wir uns über dieses Thema unterhielten. Bereits im März, im Schloß von Chambord, dann im Mai in Berlin, während der Siebenhundertjahrfeier der Stadt, war dies geschehen. In Evian, Anfang Juni 1988, hatte Helmut Kohl mir seine Eindrücke eines Privatbesuchs in der DDR geschildert, wo er unlängst gewesen war. Kurzum, das Klima, in dem sich das Treffen der beiden deutschen Politiker in der BRD gestaltet hatte, erleichterte die Ausarbeitung des Frankreich-Besuchs von Erich Honecker. Einvernehmlich wurde der Staatsbesuch auf den 7. bis 9. Januar 1988 festgesetzt; dieser Termin wurde auch eingehalten.

Wie ich bereits sagte, war Frankreich zu Beginn des Jahres 1988 das siebte westliche Land, das den ostdeutschen Staatschef empfing. Aber erstmals handelte es sich um eine der vier Mächte, die Rechte und Verantwortlichkeiten über Berlin und für ganz Deutschland ausübten. Am Vorabend des Eintreffens von Erich Honecker in Paris hatte ich im DDR-Fernsehen grob skizziert, was ich von diesem Besuch erwartete: »Seien wir deutlich. Wir Franzosen haben unsere Freunde, unsere Verbündete, die derselben Gemeinschaft angehören wie wir, insbesondere die Bundesrepublik Deutschland, aber ich möchte, daß die Tore geöffnet und nicht geschlossen werden.« Desgleichen legte ich während des Staatsbanketts am 7. Januar den Nachdruck auf den Geist der Freiheit, der seit bald zweihundert Jahren unsere Auffassung der pluralistischen Demokratie und der Menschen- und Bürgerrechte beseelt. »Möge dieser Geist«, so führte ich aus, »gemeinsames Gut von ganz Europa werden! Wie ist vorstellbar, daß die Europäer sich über den Frieden einigen, wenn sie sich über die Freiheit entzweien?« Dann, mich meinem Gast zuwendend: »Wir ermessen das Gewicht der Realitäten und die Anstrengung, deren es bedarf, um alte Gewohnheiten abzulegen. Seien wir in der Lage, die Chancen zu ergreifen, die unsere Zeit uns bietet, oder seien wir in der Lage, sie herauszufordern, wenn ihr Eintreten auf sich warten läßt. Glauben Sie mir, wir sind dazu bereit.« Wir hatten in Paris einige Gespräche von wirklichem Belang, die weniger durch Herzlichkeit als durch Freimütigkeit geprägt waren. Honecker war eine Person, die einen nicht gleichgültig ließ. Dieser Saarländer, trocken und kalt, der die Unnachgiebigkeit des militanten Kommunismus des sowjetisierten Deutschland verkörperte, sollte sich bis zum Ende zu dem System bekennen, das um ihn herum zusammenbrach, und Gorbatschow die Spitze bieten, als die Stunde gekommen war, das Unabänderliche festzustellen. Doch er besaß durchaus Scharfsinn, eine wirkliche historische Bildung und zugleich einen wahren Zungenschlag, wenn er die Kämpfe in seiner Jugend gegen die Nazis heraufbeschwörte. Für Momente konnte man dann vergessen, daß auch er zum Herrscher eines anderen totalitären Regimes geworden war.

Trotz des Projekts, das wir während seines Frankreich-Aufenthalts ausgearbeitet hatten und wonach ich meinerseits einen Staatsbesuch in Berlin absolvieren sollte, blieben die Dinge von Mitte Januar 1988 bis zum 6. Oktober 1989, das heißt zwanzig Monate, in der Schwebe. Dann, am 7. Oktober, dem Jahrestag der Gründung der DDR, übermittelte ich ihm die klassischen Wünsche, die ein solches Ereignis mit sich bringt, und wir sprachen erneut von meiner Reise. Die Ereignisse innerhalb der kommunistischen Welt und insbesondere in der Deutschen Demokratischen Republik eskalierten immer rascher, und so wunderte mich Honeckers Zögern keineswegs. Um so weniger, als in Berlin bis zum 16. Dezember ein politisches Ballett anhob, das einen schwindlig machen konnte. Honecker verlor am 18. Oktober sein Amt als Generalsekretär. Sein unmittelbarer Nachfolger wurde Egon Krenz. Am 15. November wurde Hans Modrow, der Parteichef von Dresden, der als Reformer galt, an die Spitze der Regierung berufen. Am 5. Dezember trat Krenz von seinem Amt zurück, am 6. wählte die Volkskammer den Liberaldemokraten und Wirtschaftsprofessor Manfred Gerlach zum »amtierenden« Staatsratsvorsitzenden. Modrow behielt seine Funktionen als Ministerpräsident und die faktische Regierungsgewalt. Die Besuchseinladung fiel zusammen mit dem Gang dieser widrigen Ereignisse. Am 2. November hatte mich Honecker von »seinem Wunsch, aber auch seiner Gewißheit« wissen lassen, daß sich »der politische Dialog mit seinem Nachfolger fortsetzen« werde, und dies »auf vertrauensvolle Weise und zum Nutzen unserer Staaten und unserer Völker im Dienste des Friedens«. Ich bestätigte also meine Zustimmung... an Egon Krenz. In einem Kommuniqué des Élysée-Palastes wurde das Datum genannt: vom 20. bis 22. Dezember. Doch nun ging auch Egon Krenz. Fünf Tage später schrieb mir Hans Modrow: »Ich bin sicher, daß das Erneuerungsprogramm der Koalitionsregierung Impulse auch für die Schaffung von neuartigen Beziehungen mit der Französischen Republik geben wird. In diesem Geiste freue ich mich bereits auf Ihren Besuch in der Deutschen Demokratischen Republik.« Er mußte nur noch organisiert werden.

Ich kam, wie vorgesehen, am 20. Dezember in Berlin an. Die Opportunität meiner Reise zu diesem Datum wurde von einem Teil der deutschen, in der Folge auch von der französischen Presse heftig in Frage gestellt. Eine Depesche des Sonderbeauftragten der Agence France-Presse in Bonn wies darauf hin, daß »die Ostdeutschen fürchteten, Mitterrand bremse die Wiedervereinigung«. Die *Bild-Zeitung* fragte sich, ob dies nicht »ein Schlag in den Rücken des Kanzler« sei und ich nicht die Mithilfe George Bushs für eine »Verschwörung gegen die Wiedervereinigung« gesucht habe. In einer Fernsehsendung vom 21. Dezember wurde unterschieden zwischen dem französischen Volk, für das die »deutsche Vereinigung selbstverständlich« sei, und den politisch Verantwortlichen, die »besessen« seien »vom Auftauchen eines wiedervereinigten Deutschlands, das Frankreich um seine Stärke bringen« würde. *Die Zeit* verglich mich mit Metternich und unterstellte mir die Idee einer »Rückversicherungsallianz mit Moskau gegen Deutschland«. Von da ging jene bereits angesprochene Kampagne aus, deren Auswirkungen ich jetzt noch spüre, wonach ich gegenüber der Wiedervereinigung feindlich eingestellt gewesen sei. Engagiert, wie ich war, in den Aufbau Europas, und dies in enger Verbindung mit den führenden deutschen Politikern und in einem Klima des Vertrauens mit dem Bundeskanzler, sah ich mit einiger Überraschung die Verdächtigungen, die hartnäckige, tiefe und, wer weiß, unauslöschliche Animosität gewisser deutscher »Meinungsmacher« gegenüber Frankreich wiederauftauchen, den möglichen Ausdruck eines Grolls darüber, teuer für den Nationalsozialismus bezahlt zu haben, von seiten derer, die es den Geschlagenen von 1940 nicht verziehen, unter den Siegern von 1945 zu sein. Mein Besuch der DDR und vorher mein Treffen mit Gorbatschow in Kiew lieferten die Hauptanklagepunkte. Das Kanzleramt selbst äußerte sein Mißfallen über mein baldiges Eintreffen in Berlin, da damit die Gefahr bestand, daß ich dem Kanzler in seinem legitimen

Wunsch, nach dem Fall der Mauer sich als erster westlicher Staatschef nach Ostdeutschland zu begeben, zuvorkam.

Ich habe bereits erwähnt, daß ich selbst den Kanzler von der kommenden Einladung Honeckers unterrichtet hatte. Doch die späte Verwirklichung dieses Vorhabens und das Tempo, mit dem sich die Ereignisse unterdessen überstürzten, hatten die Grundgegebenheiten verändert. Ich hielt dennoch an meinem Programm fest, neugierig, jenes Land kennenzulernen, in dem sich ein Teil des Schicksals von Europa abspielte. Noch war die deutsche Einheit als Tatsache nicht besiegelt, mein Wunsch war, daß Frankreich dabei präsent sei und seine Rechte auf die ihm gemäße Art ausübe. Schließlich konnte Helmut Kohl seine anderweitigen Verabredungen verschieben und mir um 24 Stunden zuvorkommen. Aufgrund seiner Unterredungen mit Hans Modrow in Dresden vermochten sich die beiden deutschen Politiker zu einigen über »gutnachbarliche Beziehungen«, über »den absoluten Respekt der Grundsätze und Normen des internationalen Rechts« und über ihren Willen, »die Vertragsgemeinschaft in den Beziehungen zwischen der Deutschen Demokratischen Republik und der Bundesrepublik Deutschland« zu verwirklichen. Nun, da die Ordnung der Dinge wiederhergestellt war, ging es allen wieder gut.

Der labile, fiebrige Charakter der Machtverhältnisse in Ostdeutschland in diesem letzten Drittel des Jahres 1989, der in völligem Kontrast stand zur bleiernen Unbeweglichkeit zuvor, offenbarte den Zustand einer öffentlichen Meinung, die, noch unter dem Schock des Falls der Mauer, in ihrer überwiegenden Mehrheit danach drängte, mit dem herrschenden System Schluß zu machen, sich aber noch unschlüssig war, welche Entscheidungen sie treffen sollte. Fünf Wochen nach seiner Absetzung als 1. Sekretär wurde Honecker aus der SED ausgeschlossen, anschließend löste sich die gesamte Führung der Partei selbst auf. Am 1. Dezember hatte die Volkskammer Verfassungsänderungen vorgenommen und die Führungsrolle der »Arbeiterklasse und ihrer marxistisch-leninistischen Partei« gestrichen. Am 8. Dezember wurden ehemalige politisch Verantwortliche, darunter Erich Honekker und Willi Stoph, wegen Amtsmißbrauch, Unterschlagung öffentlicher Gelder sowie Korruption angeklagt. Auf einem außerordentlichen Parteitag wechselte die Einheitspartei ihren Namen und wandelte sich, unter Führung ihres neuen Vorsitzenden, Gregor Gysi, zu einer Partei des Demokratischen Sozialismus (PDS). Diese Umwälzungen an der Spitze des politischen Apparats, die im Abstand von wenigen Tagen den Massenbewegungen auf der Straße folgten, gaben dem Protest neue Nahrung. Am 27. November versammelten sich 200 000 zu einer Kundgebung in Leipzig. In dieser gleichsam zur Hauptstadt der Revolte gewordenen Stadt wuchs die Zahl derer, die man die Partei der Verweigerung nennen könnte, von Tag zu Tag. Sie blieb gewaltfrei, wie auch der Staatsapparat und die Behörden sich mit Gewaltakten zurückhielten und mit Gesten guten Willens die Gemüter zu beruhigen suchten: Anklage der früheren Verantwortlichen, Auflösung der Stasi und sogar die leise Erwähnung der Wiedervereinigung. In Wirklichkeit navigierten Modrow, Gysi und die neuen Führungsgruppen hart am Wind, hatten dabei aber nicht die Absicht, die DDR-Identität aufzugeben. Ich wußte, daß sie von meinem Besuch eine feierliche Unterstützung des Status der DDR als eines souveränen und unabhängigen Staates erhofften. Édith Cresson hatte mir diese Erwartung in einer Notiz bestätigt, in der folgende Äußerungen von Gerhardt Beil, dem Außenhandelsminister der DDR, wiedergegeben wurden: »Ich bitte Sie, möge Ihr Präsident am 22. Dezember so verhandeln, agieren, sich äußern, Verträge schließen, daß deutlich wird, daß er dabei mit der souveränen Deutschen Demokratischen Republik verhandelt, agiert, sich äußert, Verträge schließt. Die gesamte Deutsche Demokratische Republik, einschließlich unserer Opposition, erwartet von Ihrem Präsidenten diese Bekundung unserer Souveränität.« Ich konnte den Wahrheitsgehalt dieser Behauptung bestätigen: Die organisierte Opposition (Neues Forum, Demokratischer Aufbruch und SPD) und die meisten Intellektuellen gingen in diesem Punkt mit der Regierung konform, im Gegensatz zur Mehrheit der Bevölkerung (je nach Umfrage der Hälfte bis zwei Drittel) und insbesondere der Jugend. Freilich mit Nuancen, insofern 67 % sich einen »Sozialismus mit menschlichem Antlitz« wünschten und 33 % sich für das westdeutsche Modell aussprachen. Diese Zwieschlächtigkeit suchte Hans Modrow denn auch mit seiner Formulierung von der »Vertragsgemeinschaft« zwischen den beiden Deutschland, die, wie er hoffte, »die Wiedervereinigung von unten« verhindern würde, auszunutzen.

In den beiden Städten, in denen ich während meines Besuchs Station machte, Berlin und Leipzig, waren meine öffentlichen Auslassungen denselben Themen gewidmet; am ersten Tag beim Staatsbankett im Rahmen eines Toasts, den ich auf den Vorsitzenden des Staatsrats und die ostdeutsche Nomenklatura ausbrachte, dann in den Debatten mit Journalisten des ostdeutschen Fernsehens, gegenüber Studenten, Intellektuellen und Künstlern der Leipziger Karl-Marx-Universität, der französischen Gemeinschaft in Berlin – schließlich, am letzten Tag, erneut gegenüber Journalisten während der Pressekonferenz. Vor den Leipziger Studenten erläuterte ich die Haltung Frankreichs zur deutschen Einheit, die Frage der Grenzen und die Rolle der Europäischen Gemeinschaft – dies alles Themen, über die ich mich (der Leser wird es festgestellt haben) in den vorangegangenen Monaten bereits ausgiebig geäußert hatte und auf die ich im Lauf der folgenden Monate immer wieder zurückkommen sollte. In den Köpfen meiner deutschen Gesprächspartner herrschte eine solche Beklemmung, fast Angst, daß ich mich bemühte, eine Erläuterung nach der anderen zu geben, ohne Furcht, mich zu wiederholen, und auf die Gefahr hin, die Presse zu langweilen, die mich überallhin begleitete und bei jedem Satz nur auf die Tonlage, das Wort, die Formulierung lauerte, die den Gesinnungsprozeß gerechtfertigt hätten. Aber es nützt alles nichts, wenn die Anklage schon vor Prüfung der Fakten verfaßt ist.

An der Leipziger Universität erwartete mich eine beeindruckende Menge von Studenten, die längs des Weges ein Spalier bildeten. Nur mit Mühe konnte ich mir durch die dichtgedrängten Reihen dieses lebhaften und zugänglichen Publikums einen Weg bahnen. In diesem allgemeinen Gedränge und Gestoße die Treppen hochzusteigen kam einer Meisterleistung gleich. Aber alles vollzog sich bei bester Stimmung. Als der Rektor seine Begrüßungsrede hielt, sah ich, daß der viel zu kleine Hörsaal von Studenten belagert war, die Einlaß suchten. Ich lud sie ein hereinzukommen, auch wenn sie sich auf den Boden und aufs Podium, vor, neben und hinter den Tisch, der als Podium diente, setzen mußten. Alle rückten zusammen, kein Platz blieb frei. Hunderte mußten dennoch draußen bleiben, hingen an den Fenstern oder drängten sich in den Nachbarfluren und weigerten sich abzuziehen. Ich schildere diese Einzelheiten, um begreiflich zu machen, wie sehr die Jugend dieses bisher isolierten Deutschlands förmlich danach gierte, sich jemandem zu nähern, der aus diesem gleichzeitig gefürchteten und märchenhaften Westen kam, den sie lediglich aus Bildern des westdeutschen Fernsehens kannten. Vor Leipzig hatte ich zweimal an Diskussionen dieser Art mit Studenten zweier Staaten unter sowjetischer Vormundschaft teilgenommen: in Bratislava in der Tschechoslowakei und in Sofia, der Hauptstadt Bulgariens. In Bratislava hatte mich ein Berater unserer Botschaft darauf hingewiesen, daß von 1000 Zuhörern in einem vollen Saal kaum mehr als 15 oder 20 Studenten, der Rest Funktionäre des Regimes seien. Sofort hatte ich meine Anstrengungen gedrosselt. In Sofia dagegen spürte man den ausbrechenden Protest. Meine Gesprächspartner hatten gegenüber den hinter mir postierten Vertretern der Parteihierarchie Ungeniertheit und Respektlosigkeit an den Tag gelegt. Keine Stimme hatte sich zum Lobe des Präsidenten Schivkov und der Regierung erhoben. Man hatte sich in einem Chaos ums Wort gerissen, das mich an französische Gebräuche gemahnte. Ich hatte diese Fronde als ein Vorzeichen für das Ende des System wahrgenommen und den Mut dieser jungen Menschen bewundert, die durch ihr Verhalten die Aufmerksamkeit einer Polizei auf sich zogen, die für ihr repressives Vorgehen berüchtigt war. Nichts davon in Leipzig. Es war unverkennbar, daß die Diskussion von den Verantwortlichen der Universität organisiert worden war, in dem

Wunsch, ihren Ablauf klar und sinnvoll zu gestalten und nicht, um Anweisungen zu gehorchen. Man befragte mich über »meine eigene Geschichte« als Kriegsgefangener in Schaala (Thüringen), über die Reise, die ich Jahre später gemeinsam mit Willy Brandt unternahm, um von Rudolstadt noch einmal per Auto die Strecke abzufahren, die ich bei meiner ersten Flucht genommen hatte. Brandt und ich waren bei dieser Gelegenheit vom russischen Kommissar empfangen worden, der uns zum Essen einlud, ohne dabei auch nur im geringsten von den Riten des sowjetischen Universums abzuweichen. Die Studenten amüsierten sich köstlich über meine Schilderung der Tischrede, die ein zu unserem Empfang abgestellter Funktionär beim Nachtisch in hölzernstem Funktionärsdeutsch abgab. Ich hatte ihn nach Schwierigkeiten gefragt, auf die er vielleicht gestoßen war, und nach Mißerfolgen bei der Planwirtschaft, aber er hatte nichts, absolut nichts gesehen, was schiefgelaufen wäre und was den geringsten Vorbehalt gegenüber der auf der Grundlage der Prinzipien des Marxismus-Leninismus errichteten Gesellschaft gerechtfertigt hätte. Man diskutierte über die aktuellen Ideologien, Faschismus, Antifaschismus, Kommunismus. Niemand erwähnte den Liberalismus. Als die Möglichkeit der Wiedervereinigung angesprochen wurde, griff ich erneut zu meinem Argument, das dem Leser mittlerweile ja kein Geheimnis mehr ist: »Die Einheit ist Sache zunächst einmal der Deutschen. Nur durch freie, offene, demokratische Wahlen läßt sich erfahren, was die Deutschen beider Seiten wollen. Bevor für die Deutschen entschieden wird, muß man erst diese Prüfung durchmachen, die eine gute Prüfung ist. Es ist an den Deutschen zu sagen, was sie wollen.« Aus einem Reflex der Vorsicht oder aus schlichter Unsicherheit heraus hielten sich meine Zuhörer bei diesem Thema nicht länger auf, was mich überraschte. Diese Zurückhaltung – ein Charakteristikum aller Meinungsaustausche, die ich in dieser Zeit mit Ostdeutschen hatte – wertete ich keineswegs als Zeichen mangelnden Interesses für die Zukunft Deutschlands. Aber schade fand ich es doch, nicht mehr darüber zu erfahren. Man sprach über die Grenzen. Ich erinnerte an die Bestimmungen des Helsinki-Vertrags, der auf der Unveränderbarkeit der Grenzen gegründet war, wobei ich den Fall Deutschland hier ausnahm, aus dem Grund, den ich bereits mehrfach an dieser Stelle genannt habe: »Ich meine, daß die Grenze zwischen den beiden deutschen Staaten andersgeartet ist als die übrigen.«

Man sprach von Europa, und ich bekräftigte noch einmal, daß das deutsche Volk am Vorabend, da es die Kontrolle über sein Schicksal zurückgewinnen würde, dem europäischen Gleichgewicht Rechnung tragen müsse, daß es sich nicht von dieser Realität abkehren dürfe: zum einen Ostdeutschland, aktives Mitglied des Warschauer Paktes, mit fremden Truppen auf seinem Gebiet; zum anderen die Bundesrepublik, Mitglied des Atlantischen Bündnisses und der Europäischen Gemeinschaft, und daß es im Interesse aller liege, wenn die deutsche Einheit und die europäische Einheit in gleichem Schritt vorankommen würden. Bei jeder meiner Antworten gab es zustimmendes Kopfnicken. Es war unverkennbar, daß die Leipziger Studenten mir mit großer Aufmerksamkeit zuhörten, sich dabei aber nicht in Vermutungen über ihre nahe Zukunft verloren.

Als schärfer erwiesen sich die Journalisten bei der Pressekonferenz am 22. Dezember in Berlin. Dies half mir, vielleicht das klarer zu definieren, was ich in jeder meiner öffentlichen Ausführungen, und das waren, wie gesehen, in den letzten zwei Monaten nicht wenige gewesen, unablässig zu wiederholen hatte. Mögen die Leser mir verzeihen, wenn ich in diesem Kapitel bis zum Erbrechen Bekanntes gebetsmühlenartig wiederhole. Mag die Seiten überspringen, wen es langweilt. Mag sich in Geduld üben, wer meint, daß bei einer solchen Sache nichts scheinbar Allzubekanntes überflüssig ist. Aber gefragt nach der Bedeutung des demokratischen Wegs, den ich als Bedingung der Möglichkeit der Einheit propagierte, fügte ich meinen üblichen Ausführungen noch einen Akzent hinzu: »Die Westdeutschen und die Ostdeutschen werden wählen. Wenn sie gewählt haben, werden sie Abgeordnete haben. Unter diesen Abgeordneten werden sich Mehrheiten abzeichnen, aus diesen Mehrheiten werden Regierungen hervorgehen, und diese werden Träger von Programmen, von Botschaften sein. Wenn auf beiden Seiten diese Botschaft lauten wird ›Vereinigung sofort‹, nun, dann wird der demokratische Weg erfüllt sein... Vereinigung oder nicht, Vereinigung sofort oder schrittweise, Vertragsgemeinschaft, von der Herr Modrow spricht, oder föderative Formen, von denen Kanzler Kohl gesprochen hat. Der Einbildungskraft sind keine Grenzen gesetzt. Dies alles hängt von den Deutschen ab [...]. Ich gehöre nicht zu denen, die bremsen. Ich sage, daß der Wille des deutschen Volkes sich äußern und in Erfüllung gehen möge!«

Diese Worte enttäuschten sicherlich die Erwartungen der DDR-Verantwortlichen. Aber ich war nicht gekommen, um eitel Sonnenschein zu verbreiten. Anders als Michail Gorbatschow und die Berliner Führungsriege glaubte ich nicht an die Fortdauer der deutschen Teilung und verschanzte mich nicht hinter der letzten noch stehenden Mauer, der des Scheins, die gebaut war auf den Kräfteverhältnissen von 1945 zwischen Mächten, die vierundvierzig Jahre später nicht mehr über die Mittel verfügten, dem Geschehen, das stärker und schneller war als sie, ihren Willen aufzudrücken. Ließ man die Sowjetunion einmal beiseite, bedrohte die deutsche Einheit nicht den Frieden. Aber ich war besessen von den

Beständigkeiten der Geschichte. An den äußeren Grenzen des wiedervereinigten Deutschlands zu rühren oder, einfacher, eine so gravierende Frage in diplomatischer Verschwommenheit zu belassen hieß, die Zukunft Europas ernsthaft zu belasten. Deshalb mein fester Wille, daß die Deutschen für ihre Ostgrenze Garantien abgaben. Ich sagte es den Journalisten: »Sobald es sich um den Status Europas handelt, geht es uns an [...]. Es ist ein heikles Thema, das mit Ernst behandelt werden muß. Das muß den Deutschen klar bewußt sein: Man spielt nicht mit den Grenzen. So lautet die genaue Bedeutung der in Straßburg vom Europa der Zwölf einstimmig, mit der Unterschrift Westdeutschlands, angenommenen Entschließung; einer Entschließung, die bestätigt, daß die deutsche Einheit vollkommen legitim und wünschenswert sein kann, aber daß sie sich einfügen muß in die internationalen Regeln und Grundsätze, die unter Bezug auf Helsinki durch diese Entschließung definiert wurden.«

Selbstredend beschwichtigten diese Äußerungen keineswegs die Polemik, die seit November meine Deutschland-Politik begleitete. Meinen Verleumdern ging es um mehr. Worum? Keiner wußte es, und keiner sagte es. Außer daß ich eine vom Herzen kommende symbolische Geste hätte machen sollen, die ans Herz der Deutschen rührt. Das Argument traf mich. Tatsächlich war ich versucht gewesen, Helmut Kohl bei seinem ersten Gang zu den Trümmern der Mauer zu begleiten. Es hätte mir gefallen, an diesem Tag neben dem zu stehen, mit dem ich so beharrlich an der französisch-deutschen Freundschaft und am Aufbau Europas gearbeitet hatte. Die Geste war einfach. Doch ich hatte auch die anderen Partner Frankreichs zu berücksichtigen und das, worum es in unseren beginnenden Verhandlungen wesentlich ging. Schließlich war ich auch der Meinung, trotz der Freude, die ich darüber empfand, daß das sichtbarste Zeichen der europäischen Teilung niedergerissen wurde, daß diese Feier ureigenste Sache der Deutschen war.

Im übrigen, was hatte ich zu beweisen? Von jener fernen Epoche an, als ich, ein junger Abgeordneter, beim Ausgang des Krieges dem Appell der »Gründerväter« der Gemeinschaft gefolgt war und am ersten europäischen Kongreß der Geschichte, der unter Vorsitz Churchills in Den Haag stattfand – das war 1948 –, teilgenommen hatte, bis zum Treffen in Verdun, wo Helmut Kohl und ich, Hand in Hand, die Freundschaft unserer beiden Völker besiegelt hatten, der Gedenkstätte zugewandt, die daran gemahnt, daß an dieser Stelle die größte und mörderischste Schlacht einer tausendjährigen Konfrontation tobte; von der Gründung des französisch-deutschen Korps, des Keims einer gemeinsamen Armee und bislang einzigen Beispiels einer militärischen Integration zwischen souveränen – und, mehr noch, traditionell in Gegnerschaft stehenden – Staaten bis zur eingegangenen Verpflichtung, die sich in Maastricht konkretisieren sollte, eine gemeinsame Politik, Währung und Verteidigung für Deutschland und Frankreich zu stiften, den Grundstein einer Europäischen Gemeinschaft von 340 Millionen Bewohnern, hatte nichts meinen Willen in Abrede gestellt, das zu vervollkommnen, was, wie ich glaube, eines der kühnsten geschichtlichen Konstruktionen der Moderne darstellt – nein, ich hatte nichts zu beweisen, und hielt es unter meiner Würde, das zu tun.

Die nachhaltigste Lehre dieser Tage zog ich aus zwei Treffen mit Vertretern der Opposition, das erste am 21. Dezember in Leipzig, das zweite am darauffolgenden Tag in Berlin. Der Leiter des Gewandhausorchesters, Kurt Masur, und Pastor Magirius, Superintendent der Kirche Sankt Nikolai, waren die markanten Figuren des Protests in Leipzig. Kurt Masur empfing mich im Gewandhaus, bevor er mich zunächst zu einem freundschaftlichen, von aller Förmlichkeit freien Essen in das Restaurant am Platz einlud, den »Stadtpfeiffer«, dann mir am Nachmittag ein kurzes Orgelkonzert im großen Saal bot. Das Gespräch, das wir nach dem Konzert führten, ist mir in lebhafter Erinnerung geblieben. Ich sah in ihm einen der Menschen, um die sich die Deutschen sammeln könnten. Doch nachdem die Einheit vollendet war, zog er sich von der Politik zurück, und als ich ihn im folgenden Jahr in Paris traf, lag ihm nur noch die Musik am Herzen. Ich werde nie die Vision vergessen, den ruhigen Mut dieses Demokraten, dessen sicheres Urteil und geistige Beweglichkeit seinem Volk über seine Kunst hinaus von großem Nutzen hätte sein können.

Im großen Saal machte ich auch die Bekanntschaft von Pastor Magirius. Dieser Superintendent, der zu Aktionsformen anregte, die mehr auf die Macht der Symbole und spirituelle Werte setzten als auf die direkte und ungleiche Konfrontation mit dem Regime, verkörperte die Hoffnung seiner Mitbürger. Auch er erschien mir als ein Mensch, der durch die Gebote seines inneren Lebens und durch die Gewißheit geleitet wurde, daß die Kraft der Seele die Gefahr der Geschosse zurückdrängen werde. Seine Kirche war zum Kristallisationspunkt des Leipziger Widerstands geworden. Die kleine Flamme der Kerzen, die durch den leisesten Lufthauch niedergedrückt wurde, um sofort danach wieder aufzustehen, brachte die unerschöpfliche Fähigkeit der Schwachen zum Ausdruck, das Leiden zu besiegen. Auf dem Weg von einer Kirche zur nächsten, von der Sankt Nikolai-Kirche zur Thomaskirche, wo uns Pastor Richter erwartete, konnte ich ermessen, welche bedeutende Rolle die evangelische Kirche bei der Verteidigung einer Kultur erfüllte, die nach Hitler auch der Kommunismus in Staub und Asche hatte legen wollen. Kerze an Kerze, erleuchtete deren Lichtschein die Erde, wie kein Reichstagsbrand es vermocht hatte, und stieg höher in den Himmel als die Flammen der Bücherverbrennungen. In der Thomaskirche ließen die Orgeln ein altes Glaubenslied erschallen: *Es ist ein Ros' entsprungen, aus Jesse kam die Art*, dann einen Auszug aus dem Weihnachtsoratorium von Johann Sebastian Bach, dessen Gebeine im Chorraum liegen. In der folgenden Stille erwuchs aus den Umständen, die wir erlebten, ein seltsamer Eindruck von Friede und Dauer, als ob es noch Stätten gäbe, zu denen die Aufregungen und Rasereien einer zerbrechenden Welt nicht vordringen. Im Gewandhaus hatten mir Kurt Masur und Friedrich Magirius geschildert, was sich während der großen Demonstration am 9. Oktober zugetragen hatte. Nach den »Friedensgebeten für die demokratische Erneuerung«, die in der Sankt Nikolai-Kirche organisiert worden waren, hatten sich 70 000 Menschen am Platz vor der Kirche und entlang des Rings versammelt. Die Regierung Honecker, überfordert, wollte zunächst Schießbefehl erteilen. An der Spitze einer kleinen Delegation hatten Masur und Magirius mit der SED-Leitung verhandelt und von den Demonstranten die Zusicherung erhalten, sich in Ruhe zu versammeln. Von da an hatten sich jeden Montag immer mehr Opponenten den »Friedensgebeten« angeschlossen; schließlich waren es 500 000. Masur unterstrich, daß sich dies alles vollkommen geordnet vollzog, ohne Tumult und immer nach 18 Uhr. Mit einem Lächeln fügte er hinzu: »Sie haben ein Mal pro Woche die Revolution gemacht, jeden Montagabend, nach Dienstschluß.«

Was ihre Analyse der gegenwärtigen Situation und ihre Prognosen anbelangt, so fiel mir vor allem ihr geringer Eifer für die Vereinigung auf. »Unter den Demonstranten«, sagten sie mir, »sind keine drei von hundert, die am 6. Mai [dieses Datum war zu jenem Zeitpunkt festgelegt, wurde später dann auf März vorgezogen] für die SED stimmen würden. Das ist eine in Verruf geratene, lästige Partei, die zurückgewiesen werden wird. Ebensowenig Vertrauen setzen wir in die Ost-CDU, die von der Regierung der Bundesrepublik unterstützt wird und die als einziges Programm die Verehrung des westlichen Modells hat, gemischt mit einem starken nationalistischen und populistischen Beigeschmack. Wir träumen von einer geistigen Bewegung. Wir lehnen den Kommunismus ab, ohne Wenn und Aber, fürchten aber auch die für ein ausgehungertes, unglückliches Volk leichte Versuchung einer materialistischen Konsumgesellschaft. Modrow ist gegenwärtig das kleinere Übel. Die Wahlen vom 6. Mai werden über den Wandlungsprozeß entscheiden.«

Die gleiche Zurückhaltung im Hinblick auf die Einheit oder zumindest auf eine forciert vorangetriebene Einheit fand ich bei den wichtigsten Vertretern der Opposition in Berlin wieder, die ich am Tag darauf zu einem Frühstück ins Hotel Palast, wo ich residierte, als Gesprächspartner geladen hatte. Anwesend waren Ibrahim Böhme, Vorsitzender der SPD in der DDR, Wolfgang Schnur, einer der Initiatoren des Demokratischen Aufbruchs, Bärbel Bohley und Jens Reich, beide Gründer des Neuen Forums, und Manfred Stolpe, Vorsitzender des Konsistoriums der evangelischen Kirche. Die

Ost-SPD umfaßte im wesentlichen der bundesrepublikanischen SPD nahestehende Intellektuelle und Theologen, wie aus der Pressekonferenz hervorging, die Vogel und Böhme gemeinsam am 13. Dezember abhielten. Sie war auch die einzige jüngst gegründete politische Organisation, die sich zur deutschen Frage geäußert hatte, und zwar »für die Anerkennung der gegenwärtigen Teilung Deutschlands in zwei Staaten«. Ibrahim Böhme hatte den Zehn-Punkte-Plan Kohls sogar als »überstürzt« bezeichnet. »Die Einheit der deutschen Nation kann in vierzig Jahren weder geschaffen noch vernichtet werden; ich hoffe, daß sie sich unter dem Zeichen der Selbstbestimmung innerhalb Europas vollzieht«, hatte er mir gesagt und dabei einen Ausspruch Willy Brandts aufgenommen: »die Einheit der Menschen geht vor der Einheit der Staaten«. Nach ihm hatte mich Wolfgang Schnur, Vertreter einer demokratischen Bewegung, die Sozialisten, Christdemokraten und Umweltschützer umfaßte, daran erinnert, daß der Kongreß dieser Bewegung sich für eine »staatliche deutsche Einheit in einer europäischen Ordnung« und die Erweiterung der Vertragsgemeinschaft, über die einen Tag zuvor Modrow und Kohl einig geworden waren, auf andere ausgesprochen hatte. Die beiden Gründer des Neuen Forums wiederum stellten gleich zu Beginn des Gesprächs klar, daß ihre Bewegung keine Partei sei, und es war unverkennbar, daß sie dies nicht nur als eine bloße Nuance verstanden. Zunächst Bärbel Bohley, in deren Gesicht, Haltung, Wortwahl sich der Glaube an die Macht des Wortes widerspiegelte, die erklärte, der 9. November, der alles entscheidende Tag, sei von allen wie ein Schock erlebt worden; die Menschen im Osten hätten den Eindruck gehabt, langen Jahren der Gefangenschaft entronnen zu sein, nun aber, da sie sich ohne Vormund wiederfänden, wenigstens 6 Monate Zeit zum Nachdenken benötigten. »Rasche Wahlen, das ist zu früh«, hatte sie geschlossen. »Werte, die während vierzig Jahren geschaffen wurden, dürfen nicht vergessen werden.« Daraufhin hatte Jens Reich das Wort ergriffen und empfohlen, man möge Geduld haben mit den Ostdeutschen. Wenn diese argwöhnten, die vier Mächte, die die Rechte und Verantwortlichkeiten in Deutschland ausübten, wollten die Wiedervereinigung hintertreiben, würden sie aufbegehren und nur noch von sich selbst abhängig sein wollen; dieses Verlangen nach Gleichheit mit den Westdeutschen würde sie dazu verleiten, für eine sofortige Wiedervereinigung einzutreten, während sich tatsächlich, käme es rasch dazu, zwischen den einzelnen noch größere Unterschiede und Ungleichheiten herausbilden würden als bisher; von daher wäre es dringend geboten, die Wahlen zu verschieben. Er faßte es in diese Worte: »Die Opposition hat an der Negation Gestalt gewonnen. Die Idee einer Wiedervereinigung schwimmt obenauf, ohne an irgend etwas gebunden zu sein.« Als letzter äußerte sich Manfred Stolpe, der, nachdem er mir gedankt hatte, den Besuch unternommen zu haben, es bedauerte, daß es so wenig Nachdenken über die Begriffe Einheit, Wiedervereinigung, Nation gebe. Ihm zufolge lag der »Schlüssel zur Zukunft in der Art und Weise, in der die wirtschaftlichen Fragen behandelt werden«. Die Ostdeutschen hatten festgestellt, daß jenseits der Grenzen Leute wie sie lebten (insbesondere im Süden Brandenburgs, wo derselbe Dialekt gesprochen wurde) und daß deren Lebensstandard sehr viel höher war als der ihre. Für Stolpe mußte die Kirche diese Realität in Betracht ziehen, auch wenn ihre Ideale woanders lagen; und er formulierte, darin Bärbel Bohleys Denken verwandt, den Wunsch, daß die DDR noch andere Wirtschaftspartner besitzen möge als nur die Bundesrepublik. In diesem Zusammenhang erinnerte er daran, daß »Brandenburg schon immer aktive Beziehungen zu Frankreich gehabt hatte«. Ich hatte nicht verhehlt, daß Ostdeutschland sich mit der Heraufkunft der Freiheit tatsächlich auf eine schwierige Periode einstellen müsse – natürlich von ganz anderer Art als die, der sie bisher ausgesetzt gewesen war –, daß seine wirtschaftliche Schwäche es für lange noch zu einem auf Unterstützung angewiesenen Land machen würde, denn auch die sogenannte liberale Welt, in die es in Kürze eintreten sollte, würde sich auf ihre Weise nicht minder unbarmherzig zeigen. Ich hatte auch angemerkt, daß die Deutschen nicht für alle Zeiten für einen schrecklichen Moment in ihrer Geschichte büßen dürften; daß jede Einmischung von außen in ihre Angelegenheiten ein entgegengesetztes und verheerendes Ergebnis zeitigen würde; daß dies im übrigen ihnen gegenüber nicht gerecht wäre und, ein halbes Jahrhundert nach Kriegsende, sogar beleidigend; daß den Ostdeutschen 1945 übel mitgespielt worden sei, daß man sie auseinandergerissen, unterdrückt, in eine Welt verstoßen habe, die nicht die ihre war, und daß wir im Westen etwas wiedergutzumachen hätten. Ich hatte damit erneut ein Thema aufgegriffen, das mir am Herzen liegt und das in Frankreich noch immer nicht verstanden wird, nämlich daß Preußen, Herd der Zivilisation und der Kultur, nicht zu trennen von der Zivilisation und der Kultur, auf die auch wir Franzosen uns berufen, nicht an sich selbst zu zweifeln brauchte. Am Ende unseres Gesprächs, abseits der anderen, vertraute ich Stolpe an, daß es nicht gut sei, in unserem gesitteten Dschungel schwach zu sein, und daß dies die Ostdeutschen sehr rasch lernen würden, auf ihre Kosten, aber daß ich der Überzeugung sei, Preußen werde noch vor Ende des Jahrhunderts in seiner wahren Dimension erscheinen, als eines der reichsten Reservoire an Menschen und Mitteln in Deutschland und Europa.

Diesen Glauben an die Zukunft hatte ich zwei Tage vorher unter ganz anderen Umständen bereits zum Ausdruck gebracht, beim offiziellen Toast und vor einem ganz anderen Publikum, der Nomenklatura. An den Staatsratsvorsitzenden Manfred Gerlach gewandt, hatte ich den Fall der Mauer gepriesen: »Das Volk der Deutschen Demokratischen Republik hat ein Ereignis von erheblicher Tragweite geschaffen. Dieses Ereignis hat Freude und Begeisterung in der Welt hervorgerufen. Es hat auch beunruhigt, wie Unvorhergesehenes immer beunruhigt. Ich gehören nicht zu denen, die sich vor der sich vollziehenden Geschichte fürchten. Die Botschaft, die ich Ihnen bringe, ist eine Botschaft der Freundschaft Frankreichs an das deutsche Volk, das deutsche Volk in seiner Gesamtheit. Es ist gleichermaßen eine Botschaft des Vertrauens in die Reife dieses deutschen Volkes, in Ost und West. Es ist schließlich eine Botschaft der Solidarität, denn wir haben den festen Willen, gemeinsam ein friedliches, offenes und freies Europa zu bauen.«

Beim Rückflug nach Paris – und entgegen den feindseligen Kommentaren zu meiner Reise, die in Frankreich und in der Bundesrepublik ins Kraut schossen – fühlte ich mich glücklich, diese Momente erlebt zu haben.

Die offene Debatte über Deutschlands Anerkennung seiner Ostgrenzen stand nunmehr im Zentrum meiner Gespräche mit Helmut Kohl und nahm auch in den Diskussionen einen Hauptplatz ein, in denen die vier Schutzmächte und die zwei Deutschland ihre Standpunkte austauschten, um zu einer Einigung zu kommen. Das war nicht der einzige Tagesordnungspunkt. Doch während die Vereinigten Staaten sich mehr um die Rolle sorgten, die Ostdeutschland in der NATO zugewiesen werden sollte, und wenn sich die Sowjetunion und Großbritannien bei ihren Forderungen hinsichtlich der Gesamtheit aller Verhandlungsgegenstände in derselben Weise unnachgiebig zeigten, so erachtete Frankreich, das Deutschlands Verzicht auf chemische und biologische Waffen sowie den Umständen, unter denen die Übertragung der Rechte vonstatten gehen sollte, keineswegs gleichgültig gegenüberstand, die Frage der Grenzen doch als die vorrangigste.

Ich habe mich in der Folge selbst befragt. Hatte ich nicht in übertriebenem Maße den juristischen Aspekt eines Problems herausgestrichen, das doch immer nur eine politische Lösung findet? Freilich erschöpft sich auch jede politische Lösung von selbst, sowohl unter dem Einfluß der Zeit als auch unter der Last der in ständigem Konflikt liegenden Interessen und Leidenschaften. Das unausgesetzte Durcheinander der Geschichte lehrt die Nichtigkeit der Verträge, sobald die Kräfteverhältnisse sich gewandelt haben. Seit meiner Jugend habe ich die Karte Europas mindestens viermal in Unordnung geraten und sich wieder neu organisieren sehen gleich dem Farbmuster eines Kaleidoskops. Was aus den Verträgen von Versailles, Trianon, Saint-Germain wurde, ist bekannt: kaum hatte sich der Wind gedreht, waren sie nur noch Makulatur. Was bleibt von Teheran und Jalta, von der Zweiteilung unseres Kontinents, von den dreißig Staaten dieseits und jenseits der Demarkationslinie, den Stücken eines wieder zusammengesetzten Puzzles, an das nie mehr zu rühren man gehofft hatte? 1989 und sein Getöse sind darüber hinweggegangen. Eines der beiden Reiche ist zusammengebrochen, und nun suchen 44 Staaten ihren Platz innerhalb desselben beschränkten Raums, ohne die Grauzonen zu zählen, in denen sich unter dem Gären von Revolten und Bürgerkriegen die nach Anerkennung strebenden Nationalitäten herausbilden. Doch ich kann mich nicht von der Vorstellung lösen, daß eine Gesellschaft nur durch ihre Institutionen überlebt. So auch Europa. Da bisher alles auf Macht beruht, die ihrerseits nur der Gewalt weicht: zerbrechen wir diese Logik und ersetzen wir sie durch die des frei eingegangenen Vertrags! Wenn die Europäische Gemeinschaft, diese Tochter der Vernunft, sich dauerhafte Strukturen zu eigen macht, dann werden Begriffe wie Sieger und Besiegte zu unserer Vorgeschichte gehören. Die geringe Größe unseres Kontinents, die Entstehung der EU, die zwei Drittel seiner Bewohner umfaßt, das in Ost wie West verspürte Bedürfnis, zu existieren und bei der Gestaltung der Zukunft unseres Planeten ein Wort mitzureden, indem Europa sich dem Schraubstock entwindet, der sich von Asien und Amerika aus immer enger um es legt: dies alles trägt zu diesem Bewußtwerdungsprozeß bei. Ich träume von der Vorherbestimmung Deutschlands und Frankreichs, daß sie durch die geographische Lage und ihre alte Rivalität dazu auserwählt sind, das Signal für Europa zu geben. Auch ich arbeite daran. Zum Glück gibt es keinen anderen Ausweg. Haben beide Länder in sich das Beste von dem bewahrt, was ich, ohne zu zögern, ihren Instinkt für Größe nennen möchte, werden sic begreifen, daß es sich dabei um ein Projekt handelt, dessen sie würdig sind. Ich entwerfe hier ein Modell, von dem ich durchaus weiß, daß es durcheinandergebracht, von Jahr zu Jahr über dieses Jahrhundert hinaus gefährdet bleiben wird. Deutschland und Frankreich werden sich zunächst einmal selbst überzeugen müssen. Frankreich, das stets der Versuchung ausgesetzt ist, sich auf sich selbst zurückzuziehen, der epischen Illusion von der Größe in Einsamkeit; Deutschland, das stets zwischen seinen Bestimmungen schwankt, einer in der Einheit Europas verankerten Nation oder uneingestandene Erbin imperialer Ambitionen, die der Hohenzollern oder die der Habsburger. Die Großmächte des Restes der Welt werden darauf lauern, das Entstehen einer Ordnung zu hintertreiben, die nicht die ihre ist. Die Nostalgiker des Todes an der Straßenecke, der Klinik, die unter Bomben zermalmt wird, der Autobomben, um der bloßen Ehre willen, jedes Fitzelchen Erde zur Nation zu erheben, mit Grenzpfählen an der ersten Hecke: sie werden sich in den Falten der Tausendundeinen Flagge entwickeln. Trübt sich mein Blick? Europa ist noch immer dabei auseinanderzufallen, und ich erwarte von ihm, daß es sich noch mehr sammelt. Aber womit beginnen, wenn nicht mit dem Schwierigsten? Von den Deutschen zu verlangen, ihre Grenzen zu Polen zu garantieren, ist dieses »Schwierigste«, setzt dies doch voraus, daß sie sich hinsichtlich ihrer Ambitionen endgültig entschieden haben. Aus Realismus sind sie dazu bereit. Sie haben sich dazu durch ihre Unterschrift unter die Helsinki-Verträge verpflichtet. Das europäische Gefüge würde auseinanderbrechen, würde man aus ihm einen Teil entfernen, zumal diesen: das wissen sie, und auch, daß damit wieder für alle die Unsicherheit auftreten würde, also auch für sie. Die Erinnerungen an Grauen und Vernichtung sind noch zu frisch. Die Rückkehr unter die Großen der Erde noch zu fragil.

Die Einheit zwischen den beiden Deutschland, nunmehr nahe, stößt noch an eine andere Mauer. Die schönen verlorenen Provinzen, Pommern, Ostpreußen, Schlesien und die alte Wiege Preußens – das ist heute Polen und zu einem kleinen Teil Rußland. Stettin heißt jetzt Szczecin, Breslau Wroclaw und Königsberg Kaliningrad. Nach tausend Jahren sind die teutonischen Ritter zu sich heimgekehrt. Wäre ich Deutscher, ich würde leiden, wie sie leiden, und die Aufforderung zum Verzicht zerreißen. So reagieren die Heimatvertriebenen, Flüchtlinge in ihrem eigenen Land, darüber trauernd, was einst ihr Boden und ihr Dach war. Sie sind in dem sehr aktiven Bund der Heimatvertriebenen organisiert, der lärmenden Druck auf Regierung und Presse ausübt, der die Verstümmelung Deutschlands ablehnt und Anhänger der Oder-Neiße-Grenze des Verrats bezichtigt. Nur zu normal, wenn Kohl und seine Minister zögern; daß ihnen abverlangt wird, das einseitig von Stalin aufgezwungene Gesetz als Prinzip des internationalen Rechts anzuerkennen, erscheint ihnen als zu weit gehende Forderung. Am liebsten würden sie uns sagen: »Laßt diese Angelegenheit doch einfach ruhen. Gebt unserer geschundenen Nation Zeit, sich daran zu gewöhnen. Überstürzt nicht die Bewegung, die, komme, was wolle, uns dorthin bringen wird, wohin ihr wollt.« Meine Beharrlichkeit stößt vor den Kopf. Die Zeitungen der Bundesrepublik prangern sie an. Eines ihrer Argumente zielt durchaus richtig: die deutsch-polnische Grenze von 1945 als eine vollendete Tatsache zu betrachten. Bedeutet das nicht gleichzeitig auch, das zu billigen, was später ethnische Säuberung heißen sollte, den neuen Grenzverlauf, der als Vorwand herhalten mußte für die massenhafte und zwangsweise Umsiedlung der Bevölkerung, wobei Deutsche aus den Gebieten vertrieben wurden, die Polen und Rußland zugesprochen wurden, während Rußland die von ihm annektierten Regionen von den Polen räumte?

Die Geschichte der Menschheit wimmelt von derartigen Beispielen, wo aus politischen, religiösen oder schlicht ökonomischen Gründen Bevölkerungen von einem Land zum anderen, ja selbst von einem Kontinent zum anderen verlegt wurden – eine Feststellung, die keineswegs die zeitgenössische Barbarei zu entschuldigen sucht. Vom 15. bis zum ausgehenden 18. Jahrhundert wurden zwischen zwölf bis fünfzehn Millionen Afrikaner, Frauen und Männer, als Opfer des Sklavenhandels mit Fußketten in Schiffe Richtung Amerika geworfen. Im 20. Jahrhundert konnte man glauben, diese Gebräuche überwunden zu haben. Doch als die Karte Europas durch die Verträge von 1919, 1920 und 1921 neu gezeichnet wurde, verfiel man bei der Lösung von Problemen der ethnischen Minoritäten erneut auf die massenhafte Vertreibung von Bevölkerungen, und zwar mit der Unterschrift der großen demokratischen Länder, denen das Wort Zivilisation doch so leicht von den Lippen ging. Auf der Grundlage des Vertrags von Neuilly, am 27. November 1919 zwischen den Westmächten und Bulgarien geschlossen, wurden 55 000 Bulgaren, die auf griechischem Territorium Fuß gefaßt hatten, gegen 44 000 Griechen ausgetauscht, die bulgarischen Boden verlassen mußten. In der Türkei löste das griechische Debakel von Smyrna 1922 den Exodus von nahezu 900 000 Griechen aus Kleinasien und von 250 000 Griechen aus Thrakien und Konstantinopel aus. Der Vertrag von Lausanne zwischen den Westmächten und der Türkei vervollständigte die Operation, indem er den Austausch der 190 000 in Kleinasien verbliebenen Griechen gegen die 388 000 Mohammedaner auf griechischem Boden bestimmte. In den Jahren 1944-1945 waren es Deutsche, die aus Preußen, Polen, Böhmen, dem Sudetenland, Ungarn und Österreich vertrieben wurden. Man schätzt deren Zahl auf fünfzehn Millionen. Nach der Konferenz von Jalta hatte die Sowjetunion am

21. April 1945 mit Polen ein Abkommen geschlossen, das diesem einen Teil von Ostpreußen zusprach (der andere Teil, um Königsberg, kam an die Sowjetunion) und die provisorische Verwaltung der Gebiete östlich der Oder-Neiße-Linie übertrug.

Auf der Potsdamer Konferenz wurde die Verlegung der in diesen Gebieten lebenden Deutschen beschlossen; man vertrieb mehr als 2 Millionen, während 1 Million Polen, die aus den der Sowjetunion überlassenen Territorien verjagt worden waren, die einstigen deutschen Ostgebiete besiedelten. Auch die Westmächte beugten sich »dem fait accompli« (eine Wendung Trumans), den Stalin geschaffen hatte. Das gleiche gilt für die Deutschen aus Estland (25 000 Personen) und Litauen (50 000), der nördlichen Bukowina und dem östlichen Bessarabien, den Siedlungsgebieten am Schwarzen Meer und dem serbischen Banat. Vermutlich vergesse ich einige. Die Deutschstämmigen aus dem Wolgagebiet, die man 1941 beschuldigte, »Millionen von Spionen und Saboteuren Unterschlupf zu bieten«, wurden nach Kasachstan und Sibirien verbracht. Dieser Behandlung wurden nicht nur Deutsche unterzogen. 400 000 Finnen wurden von den Russen aus Karelien vertrieben, die Polen aus der Westukraine und Weißrußland (mehr als eine Million) gezwungen, nach Polen zurückzukehren, während die östlich von Lublin, in Polen, heimischen Ukrainer die Grenze in umgekehrter Richtung passieren mußten.

Richtig ist, daß die Deutschen, in diesem Fall Hauptopfer dieser Methoden, genauso verfuhren, als sie siegreich waren, und daß die Russen überall in ihrem Herrschaftsgebiet dieses Vorgehen systematisch betrieben. Dies war jedenfalls die Realität, vor der wir standen, und so war die Rechtslage, wie sie am 5. Juni 1945 von den Alliierten in Berlin beschlossen worden war. An diesem Tag hatten die vier Siegermächte erklärt, die »oberste Gewalt« in und gegenüber Deutschland zu übernehmen. Weiter hatten sie beschlossen, die Grenzen sowie den Status Deutschlands oder jedes zum deutschen Territorium gehörenden Gebiets später selbst festzulegen.

Schließlich hatten sie die Evakuierung der deutschen Truppen aus allen Gebieten außerhalb der Grenzen Deutschlands, wie sie am 31. Dezember 1937 bestanden hatten, angeordnet. Kurzum, die Festlegung der Grenzen Deutschlands ging damit in den gemeinsamen Verantwortungsbereich der vier Mächte über. Die deutschen Autoritäten stimmten dem zu, und das Verfassungsgericht der Bundesrepublik, zu gegebener Zeit konsultiert, kann nur feststellen, daß ihm nichts anderes übrigbleibt, als alles einer Friedensregelung anheimzustellen. Am 2. August 1945 setzten die in Potsdam versammelten Regierungschefs der Sowjetunion, der Vereinigten Staaten und Großbritannien den Grenzverlauf im Osten Deutschlands fest (Oder-Neiße-Linie). Trotz der von ihm eingegangenen Verpflichtungen war Frankreich nicht nach Potsdam eingeladen worden; es trat fünf Tage später den Beschlüssen bei, ließ dabei aber wissen, daß das Problem der deutschen Grenzen ein Ganzes bilde, im Osten und Westen so gut wie im Norden und Süden, und erst nach gemeinsamer Prüfung durch die »interessierten Mächte« gelöst werden könne. Die Westmächte kamen im Rahmen der Pariser Verträge, die am 23. Oktober 1954 mit Beteiligung der Bundesrepublik unterzeichnet wurden, auf diesen Punkt zurück, indem sie erklärten, daß das wesentliche Ziel ihrer Politik eine Friedensregelung für Gesamtdeutschland sei, daß diese Regelung mit ihm ausgehandelt und danach die Festlegung der Grenzen vorgenommen werde. General de Gaulle, der bis dahin nachdrücklich für eine dauerhafte Teilung Deutschlands eingetreten war, nahm die Gelegenheit wahr, seine Position zu revidieren. Er tat es während einer Pressekonferenz mit folgenden Worten: »Die Wiedervereinigung der beiden Teilstücke zu einem Deutschland, das vollkommen frei wäre, scheint uns das normale Schicksal des deutschen Volkes, vorausgesetzt, dieses stellt seine gegenwärtigen Grenzen nicht in Frage und ist bestrebt, sich eines Tages in eine Vertragsorganisation Gesamteuropas für Zusammenarbeit, Freiheit und Frieden einzugliedern.«

Die Meinungsverschiedenheit zwischen Helmut Kohl und mir hinsichtlich der Anerkennung der deutsch-polnischen Grenze war das einzige, das in dieser schwierigen Periode unser einvernehmliches Klima, das wir gegen alles und jeden zu bewahren wußten, trübte. Nicht daß der Kanzler den wohlbegründeten Charakter einer Forderung zurückgewiesen hätte, die im Einklang stand mit den Helsinki-Verträgen und von der er zugab, daß sie sich früher oder später durchsetzen werde; aber aus verschiedenen Gründen wollte er den Moment, in dem er einwilligen mußte, hinauszögern. Hervorragender Lotse der Interessen seiner Mehrheit in der Bundesrepublik, der er war, wollte er sich nicht vorzeitig die Unzufriedenheit seiner Mitbürger zuziehen; dennoch wäre es ungerecht, auf diesen schlichten innenpolitischen Aspekt Charakter und Persönlichkeit eines Mannes zu verkürzen, den ich im Umgang mit den großen europäischen Themen als vorsichtig und entschieden, aufmerksam für die Details und treu seinen Überzeugungen gegenüber erlebt habe. Durch einen sehr sicheren Instinkt vermochte er zehn Jahre lang seine Macht beizubehalten, ohne dabei etwas von seinem doppelten Vorhaben aufzugeben, das ihn zum Kanzler der deutschen Einheit und der europäischen Einheit gemacht hat. Unsere gesellschaftlichen Vorstellungen, unser politisches Engagement, unsere Freundschaften und, wer weiß, unsere Charaktere: alles mußte uns a priori trennen. Doch wir haben das Einvernehmen zwischen unseren beiden Ländern auf ein höheres Niveau gehoben und kraft einer engen persönlichen Beziehung der Europäischen Gemeinschaft den ihr fehlenden Schwung gegeben. Ich stand der deutschen Sozialdemokratie nahe, wünschte ihren Erfolg und habe den Mann, der sie bekämpfte und von der Regierungsmacht verdrängte, zu schätzen gelernt. Ich war für seinen etwas rauhen Menschenverstand empfänglich, war beeindruckt von seiner Menschenkenntnis und von seiner Fähigkeit, Schläge einzustecken, beeindruckt auch von seiner Intelligenz, deren Schärfe von zu vielen Intellektuellen unterschätzt wurde. Gewiß kam es vor, daß wir nicht einer Meinung waren. Ein Beispiel: Beim Gipfeltreffen der sieben bedeutendsten Industrieländer im Juli 1985 in Bonn hatte mich Ronald Reagan vor Eröffnung der Konferenz sprechen wollen. Nach meiner Landung auf dem Kölner Flughafen hatte mich ein amerikanischer Militärhubschrauber abgeholt und eine Viertelstunde später im Garten eines Angehörigen der Botschaft der Vereinigten Staaten in der Bundesrepublik abgesetzt. Dort erwartete mich der Präsident, umgeben von seinem gesamten politischen Stab. Obwohl ausnehmend herzlich, verlor Ronald Reagan keine Zeit mit Höflichkeitsfloskeln und ließ mich unverzüglich wissen, daß er bei diesem Gipfeltreffen nur zwei Fragen wirkliche Bedeutung beimessen würde, die nicht auf der Tagesordnung standen. An erster Stelle die strategische Verteidigungsinitiative, gewöhnlich »Krieg der Sterne« genannt, die in jenen Jahren in Mode war und darin bestand, um unseren Planeten Satelliten kreisen zu lassen, die in der Lage sind, die Fußspur eines Wanderers auszumachen oder ein küssendes Liebespaar in den Straßen von Valparaiso oder den Schatten eines Gashahns in T'ien-Tsin, mithin jede als feindlich unterstellte Aktivität zu überwachen und auszukundschaften. Für dieses höchst ehrgeizige Unternehmen erhoffte man unsere Beihilfe. Zum zweiten die quasi sofortige Wiederaufnahme der Verhandlungen innerhalb des Allgemeinen Zoll- und Handelsabkommens GATT, mit dem Landwirtschaftspaket als zentralem, von Reagan als vorrangig erachtetem Punkt. Wenn man ihn hörte, dann war alles bereit, damit Arthur Dunkel, Leiter des GATT, die 103 Mitglieder der Organisation zur Sitzung einberufen konnte. Ich mochte mich noch so entschieden dagegen aussprechen, daß die Debatte über den Welthandel auf diesen einen Aspekt verkürzt und auf eine derart umstrittene Grundlage wie die von der Genfer Verwaltung ausgearbeitete gestellt wurde – sein Optimismus war durch nichts zu bremsen, und er versicherte mir auch, bereits die Zustimmung unserer hauptsächlichen Partner zu haben. Wir schieden ohne Einigung voneinander, wenig später trafen wir uns wieder bei der Plenarsitzung der sieben. Sobald sich die Gelegenheit dazu bot, während einer Unterbrechung der Sitzung, konsultierte ich Helmut Kohl hinsichtlich der beiden strittigen Angelegenheiten. Ich mußte feststellen, daß Frankreich isoliert bleiben würde. Aber da die sieben offiziell über andere Dinge zu reden hatten, wurde der Schock einige Monate hinausgezögert.

Einen ersten Riß hatte die französisch-deutsche Front während eines anderen Gipfels der Sieben 1983 in Williamsburg (Virginia) bekommen. Auf Wunsch Ronald Reagans sollte das Atlantische Bündnis seine unauflösliche Solidarität mit Japan verkünden. Abgesehen davon, daß diese improvisierte und brutale Politik mir mißfiel (den Text, der angenommen werden sollte, hatte man auf Papierzetteln zu verfassen begonnen), war ich doch verwundert, wie man derart mit der Geographie jonglieren konnte, so daß der Atlantik in der La-Pérouse-Straße versank, und verstohlen die im Westen geltenden Spielregeln ändern konnte, die vor vierundzwanzig Jahren entworfen und nach Monaten der Diskussion angenommen worden waren. An meinem Veto scheiterte ein Beschluß der Sieben. Durch ein laues Kommuniqué konnte das Gesicht gewahrt werden. Aber Ronald Reagan verbarg nicht seine Erbitterung, während Helmut Kohl, der vor allem wünschte, daß keine Brücke abgebrochen wurde, und der den ganzen Nachmittag als Schlichter zwischen den Streitenden gewirkt hatte, sich offen betrübt zeigte, daß er den Bruch der Solidarität mit Frankreich, an der ihm viel lag, nicht hatte verhindern können.

Das gleiche hatte sich ereignet, als die NATO 1991 in Brüssel eine Änderung ihrer Militärstrukturen in Europa beschloß. Die Allianz den neuen Gegebenheiten unseres Kontinents anzupassen war vernünftig, doch war ich mißtrauisch, was die Form der Änderung betraf. Dies um so mehr, als die Amerikaner in dem Maß, in dem ihr militärischer Apparat entlastet wurde, und mangels sichtbarer Gegner ihren politischen Druck verstärkten, damit ihnen nichts entging. Mein Wunsch war alles andere, als daß die Verflüchtigung des sowjetischen Imperiums einherging mit der verstärkten Präsenz unserer Verbündeten in allen politischen und militärischen Instrumentarien, die wir entwickelten. Die Vorschläge George Bushs, mit weitaus mehr Fingerspitzengefühl vorgetragen als die von seinem Vorgänger, schränkten nun aber den Spielraum der Institutionen der Europäischen Gemeinschaft ein, insbesondere des ersten Kettenglieds einer gemeinsamen Verteidigung, der Westeuropäischen Union. Helmut Kohl, der im Kern mit mir einig war, d.h. mit einem eigenständigen militärischen Vorgehen der EU, konnte sich dennoch meinen Vorbehalten nicht gänzlich anschließen. Einmal mehr erwies sich die NATO und deren Rolle in Europa als aufschlußreicher Indikator für latente Schwierigkeiten im Verhältnis zwischen der Bundesrepublik und Frankreich. Das war nicht verwunderlich. Wir waren noch nicht aus den letzten Turbulenzen des Krieges herausgetreten. Der Einfluß der USA wog stärker auf die Bundesrepublik als auf Frankreich – zumindest mit mehr Erfolg. Der Grund war einfach: Westdeutschland ließen die Probleme seiner Sicherheit nicht los, und wenn der amerikanische Präsident sich dazu äußerte, sah es keinen Spielraum für alternative Beurteilungen. Anders Frankreich. Daraus zu schließen, daß unsere Politik sich systematisch von der Politik der USA unterscheiden wollte, wäre ungenau. Das beweist der Golfkrieg wie auch, daß ich durch meine Rede 1983 im Bundestag dazu beitrug, die westliche Front, die in der Frage der Aufstellung der Pershing-Raketen gespalten war, wieder zu einen. Aber ich akzeptierte nicht, daß Frankreich, wie zu viele andere Länder, dem Willen und den Interessen unseres Bündnispartners unterworfen wurden. Kohl verstand diese geistige Unabhängigkeit und wartete, so glaube ich, nur auf den Moment, um seine zur Geltung zu bringen; aber die Nachwehen der zwei Weltkriege zwangen ihn zur Vorsicht, von der er sich, wäre er weniger von diesen Tragödien geprägt, wohl freigemacht hätte.

Wie auch immer, das Paar Frankreich-Deutschland hielt stand. Der Kanzler und ich hatten gleiche Ansichten über den Aufbau Europas und betrachteten dieses Ziel als Eckstein unseres Handelns. Vielleicht beruhte diese Übereinstimmung auf den Erfahrungen, die er wie ich im Krieg gemacht haben, er fünfzehnjährig, als er zusehen mußte, wie sein Vaterland unterging, ich, der ich daran teilnahm und den ungeheuren Schaden, den die Europäer dabei erlitten, ermessen konnte. Kohl hatte sich in der Folge die Person und den politischen Weg Konrad Adenauers als Vorbild genommen und betrachtete sich als späteren, authentischen Vollstrecker seines Denkens. Er brachte ihm ernsthafte Zuneigung entgegen, die nicht frei war von liebevoller Ironie, so wenn er mir erzählte, wie der einstige Kanzler nach der triumphalen Tournee, den Ovationen und Feierlichkeiten, die seine Pensionierung mit 84 Jahren begleiteten, ihn in seinem Haus in Rhöndorf empfangen und über die Undankbarkeit der Menschen geklagt hatte: »Schauen Sie, was sie mir angetan haben«, sagte er seinen Besuchern und zeigte mit vager Geste auf die Rosen in seinem Garten, augenfälliger Beweis für die Ungnade, in die er gefallen war. Was mich betraf, so fühlte ich mich wohl in dieser Dialektik von erlebter Vergangenheit und vorgestellter Zukunft. Ich war 1940 Soldat gewesen, und Gefangener. Nach meiner Flucht hatte ich in der Résistance gekämpft. Bei diesen rüden Kontakten lernte ich die Deutschen kennen. Ich respektierte sie. Als ich in den siebziger und achtziger Jahren vom »deutschen Wirtschaftswunder« reden hörte, ärgerte ich mich über einen Ausdruck, der die bewundernswerte Anstrengung dieses auf sich selbst zurückgezogenen Volkes, das auch in der schlimmsten Katastrophe seiner Existenz den Glauben an sein Schicksal bewahrt hatte, dem Irrationalen zuschrieb. Das Wort »Wunder« war ungerecht ihm gegenüber und schien mir, der ich kurz nach Kriegsende durch die deutschen Städte gekommen war, taktlos. Der damalige Anblick war mir noch immer gegenwärtig. Als Franzose, der noch ganz vom tödlichen Kampf gegen Hitler erfüllt war, wurde mir übel, mich ergriff Mitleid, als ich sah, was von den Straßen Frankfurts und Nürnbergs übriggeblieben war, freistehende Räume zwischen zwei Reihen verkohlender Häuserstummel, als ich die dunklen Schatten der Überlebenden sah, die aus den Kellern krochen, in den Ruinen umherirrten, nächtliche Alpträume, die sich vor dem Tag fürchteten. Warum ein Wunder? Ich hatte fünfundzwanzig Jahre die verbissene Anstrengung eines Volkes miterlebt, das, früher schon ein bedeutender Akteur der Abenteuer der Menschheit, es vermocht hatte, dies wieder zu werden, dank seiner Arbeit, seinem Mut, seiner Aufopferung. Ich sollte hinzufügen: seinem einzigartigen Genie. Wozu eine andere Erklärung im Himmel suchen?

Dieser Hintergrund wird meinen Lesern verständlich machen, wie Deutschland und Frankreich ohne gravierende Folgen für ihr neues Bündnis den Sturm überstehen konnten, der durch die Agonie der sowjetischen Welt ausgelöst wurde. Wie die so sensible Frage der deutsch-polnischen Grenze behandelt wurde, ohne daß die Spannungen sich zu einer Krise auswuchsen, bezeugt es. Bei jedem meiner Treffen mit Helmut Kohl – acht zwischen November 1989 und Mai 1990 – kam ich beharrlich auf dieses Thema zurück, und jedesmal hörte ich dasselbe Argument: Die Bundesrepublik könne nicht zu einer Frage endgültig Stellung nehmen, die einem vereinigten Deutschland vorbehalten sei. An diese Position klammerte sich der Kanzler acht Monate lang. Der Bundestagspräsidentin Rita Süßmuth, einem bedeutenden Mitglied der CDU, die verlangt hatte, daß die Oder-Neiße-Linie unverzüglich durch eine gemeinsame Erklärung der beiden deutschen Parlamente bekräftigt werde, hatte er geantwortet, diese Initiative sei »zur gegebenen Stunde unannehmbar«. Derselbe Vorschlag hatte innerhalb der parlamentarischen Mehrheit gegensätzliche Reaktionen hervorgerufen: dafür waren die Vertreter der FDP, bei den Christdemokraten überwog das Nein. Tatsächlich erhoben sich innerhalb seines eigenen Lagers Stimmen, die die Position des Kanzlers anfochten. Hans-Dietrich Genscher, Vizekanzler und Außenminister, äußerte sich am 6. Januar in Stuttgart in völligem Dissens zu seinem Kabinettschef: »Nichts aus verfassungsmäßiger Sicht kann uns hindern, jetzt sofort zu sagen, daß wir Deutsche – alle Deutschen – weder heute noch in Zukunft die Westgrenze Polens in Frage stellen.« Eine These, die er zunächst am 9. Februar in Potsdam wiederholte, als er vorschlug, die beiden deutschen Parlamente sollten eine Grenzgarantie nach der auf den 18. März festgesetzten Wahl in der DDR abgeben, dann am 27. Februar in Bonn, als er einen Dreiervertrag zwischen der BRD, der DDR und Polen ins Gespräch brachte. Graf Lambsdorff wiederum, Vorsitzender der FDP und dafür bekannt, daß er sich mit Nuancierungen schwertut, ließ in einer Radiosendung seinen Worten freien Lauf: »Wer nicht vor der Wiedervereinigung der beiden deutschen Staaten endgültig die Westgrenze Polens festlegen will, muß wissen, daß diese sich nicht wiedervereinigen werden, denn wenn vorher keine Entscheidung getroffen wurde, werden unsere Partner in der ganzen Welt uns ihre Zustimmung zur deutschen Einheit nicht geben.« Alfred Dregger dagegen, Fraktionsvorsitzender der CDU im Bundestag, und CSU-Generalsekretär Erwin Huber stellten sich auf die Seite des Kanzlers; Huber qualifizierte jede andere Haltung als »politisch leichtfertig«. Was den Bund der Heimatvertriebenen anbelangt, so geriet dessen Polemik um einige Töne schriller: Rita Süßmuth und andere ihrer Gesinnung wurden als »Totengräber Ostdeutschlands« betitelt.

Doch bald legte sich dieser Streit angesicht der Macht des Faktischen. Der Realismus Gorbatschows, als er begriffen hatte, daß die Sowjetunion ihren Haupttrumpf verloren hatte, nämlich die Drohung eines militärischen Eingreifens, woran niemand mehr glaubte, beseitigte die letzten Hindernisse für das Zustandekommen einer Konferenz, bei der die vier Schutzmächte und die beiden deutschen Staaten prüfen wollten, wie im Hinblick auf die Verwirklichung der deutschen Einheit, deren Unausweichlichkeit jeder sehen konnte, vorzugehen sei. Resigniert gab Margaret Thatcher klein bei, auf ihre Weise, nämlich indem sie ihre Enttäuschungen in einem Glorienschein darstellte. So verfährt heutzutage der Stein der Weisen, der so häufig in der alltäglichen Politik Scheitern in einen Erfolg verwandelt. Das gelang ihr um so leichter, als sie sich in dieser Art Alchemie trefflich auskannte, die sie nach jedem europäischen Gipfeltreffen anwandte, auf dem ihre Thesen regelmäßig abgewiesen wurden, was ihr dafür aber in ihrem eigenen Land nach einer stolz klingenden Rede vor dem Unterhaus gleichsam römische Triumphe einbrachte.

In den ersten Tagen des Jahres 1990 hatte ich Roland Dumas gebeten, eine gemeinsame Arbeitsgruppe von Élysée-Palast und Quai d'Orsay, d. h. dem Außenministerium, zusammenzustellen, in der beraten werden sollte, wie hinsichtlich der Probleme vorzugehen war, die sich durch die bevorstehende deutsche Einheit stellten. Die Gruppe war zu dem Schluß gelangt, daß es dringend geraten sei, die westdeutsche Führung nach ihren Absichten zu befragen, und zwar ohne die Wahlen vom 18. März abzuwarten, da es ihrer Einschätzung nach von größerem Nachteil war, vor diesem Datum nichts zu sagen, als jetzt sofort in aller Deutlichkeit miteinander zu reden. Ein sofortiger Gedankenaustausch war notwendig. Roland Dumas hatte mir eine Notiz zukommen lassen, in der es hieß, daß »eine solche Diskussion oder Verhandlung nicht öffentlich durch Frankreich gefordert werden kann, ohne die Entrüstung der öffentlichen Meinung in Deutschland und ein Aufflammen des Nationalismus zu provozieren, was das Nachfolgende noch erschwerte; es liefe anders, würde ein deutscher Politiker den Vier aus der Verlegenheit helfen«. Nachdem Roland Dumas von James Baker, dem amerikanischen Staatssekretär, erfahren hatte, daß dieser seine Ansichten teilte, hatte er bei Hans-Dietrich Genscher anfragen lassen, ob dieser im Interesse Europas willens sei, sich für die Idee einer Diskussion zwischen Deutschland und den vier Schutzmächten einzusetzen. Frankreich und seine drei Partner würden dann den Ball aufnehmen und einen Terminplan vorschlagen. Genscher reagierte positiv auf die Anfrage, und am 10. Februar in Moskau, wo er mit Kohl bei Gorbatschow weilte, brachte er den Wunsch zum Ausdruck, daß eine Konferenz der vier Mächte Frankreich, Großbritannien, USA,

Sowjetunion gemeinsam mit den beiden Deutschland über das Problem der Vereinigung zustande komme, wobei er darauf hinwies, daß diese Konferenz vor dem KSZE-Gipfel stattfinden und damit dem Prozeß der deutschen Wiedervereinigung einen paneuropäischen Rahmen geben würde. Hans-Dietrich Genscher dachte dabei eher an das Schicksal der NATO als an die polnische Grenze. Tatsächlich sprach sich ein Teil der deutschen öffentlichen Meinung militant dafür aus, daß das wiedervereinigte Deutschland in seinen politischen und militärischen Orientierungen wieder frei sein müsse. Andere plädierten für Deutschlands Eintritt en bloc in die NATO, wobei die Grenzen des Atlantischen Bündnisses bis zur Oder-Neiße-Linie verschoben wurden. Genscher brachte eine dritte Lösung ins Gespräch: Abzug der sowjetischen Truppen aus der DDR; diese tritt aus dem Warschauer Pakt aus; das vereinigte Deutschland bleibt Mitglied der NATO, aber innerhalb Deutschlands wird das Territorium der ehemaligen DDR entmilitarisiert, so daß die NATO-Einrichtungen den sowjetischen Grenzen fernbleiben. Im übrigen kam die Einberufung einer Konferenz der Vier plus Zwei den Wünschen Michail Gorbatschows entgegen. Er hatte mir am 2. Februar geschrieben: »Ich schätze, daß es in unser aller gemeinsamen Interesse ist, mit der gebotenen Aufmerksamkeit zusammen die Entwicklung der deutsch-deutschen Angelegenheiten zu verfolgen, um die Erschütterungen zu vermeiden, die unvermeidlich Europa in Mitleidenschaft ziehen würden.« Eine Botschaft Schewardnadses an Roland Dumas drei Wochen zuvor hatte bereits zu verstehen gegeben, daß Moskau über den Status Berlins hinaus »das deutsche Problem in seiner Gesamtheit« zu erörtern wünsche.

Es gab keinen Grund mehr, weiter zu warten. In Ottawa, anläßlich der Konferenz der Fünfunddreißig über ein Luftüberwachungsprojekt, »Offener Himmel«, verlautete ein Kommuniqué der Außenminister der sechs direkt betroffenen Staaten, daß »die verschiedenen äußeren Aspekte der Realisierung der deutschen Einheit, einschließlich der Sicherheitsfragen der Nachbarstaaten, im Verlauf eines in Kürze stattfindenden Treffens geprüft« würden. Und so begannen die Vier-plus-Zwei-Gespräche (Zwei-plus-Vier, korrigierten sofort die Deutschen): das erste am 5. Mai in Bonn, das zweite am 22. Juni in Ostberlin, das dritte am 17. Juli in Paris; am 12. September unterzeichneten schließlich die Außenminister in Moskau den »Vertrag über die abschließende Regelung in bezug auf Deutschland«.

Helmut Kohl, der weder eine Konferenz noch einen Vertrag, noch die von Warschau geforderte Präsenz Polens wollte, gab nur widerwillig nach, trug aber weiterhin die Befürchtung zur Schau, die Alliierten könnten sich zum Schiedsrichter Deutschlands aufschwingen. Das europäische Gleichgewicht drohte durch die Vereinigung erheblich erschüttert zu werden, und Helmut Kohl war sich dessen bewußt. Beide Verhandlungen mußten also getrennt, zugleich aber auch frontal angegangen werden. Ein Interview, das ich am 14. Februar acht regionalen französischen Tageszeitungen gab, bot mir Gelegenheit, dies zu sagen: »Von der bloßen Vertragsgemeinschaft über eine Konföderation oder eine Föderation bis zur Vereinnahmung der DDR durch die BRD: der Hypothesen sind viele. Wer wollte das Streben nach Einheit dieses so lange geteilten Volkes nicht verstehen? Franzose, der ich war, habe ich an den Kämpfen der Résistance teilgenommen, als Frankreich von den deutschen Streikräften besetzt und geteilt war. Es wäre ungerecht, die gegenwärtigen Generationen immer noch für eine nunmehr ein halbes Jahrhundert alte Vergangenheit verantwortlich zu machen. Dies um so mehr, als Franzosen und Deutsche, jetzt ausgesöhnt, seit dieser Epoche eine feste Freundschaft aufgebaut haben. Die Deutschen sollen wissen, daß ich wie die Mehrheit der Franzosen ihnen brüderlich wünsche, ihr Schicksal möge sich glücklich vollenden. Freilich wird die Vereinigung, in welcher Gestalt auch immer, Konsequenzen nach sich ziehen, die für Frankreich von unmittelbarem Interesse sind: der Inhalt der Friedensregelung, die Festlegung der Grenzen, die Integration in die Europäische Gemeinschaft, die Stationierung von Streitkräften, der Zustand der Bündnisse. Meine Pflicht ist es, über die Sicherheit Frankreichs zu wachen und dessen grundlegende Interessen wahrzunehmen.« Unter diesem Gesichtspunkt und geleitet von diesen Prinzipien ging unsere Diplomatie die Konferenz der Sechs an.

Die erste Hürde, die die Verhandlungsteilnehmer zu überwinden hatten, war Polen. Sollte es auf der Konferenz einen Sitz haben oder nicht? Der deutsche Kanzler hatte dagegen sein Veto eingelegt. Im Austausch für mehr Sicherheit hatte er die Ansprüche höher gesteckt und eine Regelung der Reparationen gefordert, die Polen Deutschland für die Schäden schulde, die die Heimatvertriebenen erlitten hätten; darüber hinaus forderte er für diese einen Sonderstatus. Da erreichte mich das Gesuch um eine Audienz des polnischen Präsidenten, General Jaruzelski, und seines Premierministers Tadeusz Mazowiecki. Ich schlug den 9. März vor. Die Ankündigung verfehlte ihre Wirkung nicht. Am Vorabend des Treffens stimmte der Bundestag in einer Resolution für die Beschleunigung des Anerkennungsprozesses der Grenzen; von Reparationen oder dem Sonderstatus war keine Rede mehr. Ich empfing meine Gäste im Beisein von Roland Dumas im blauen Salon des Élysée-Palastes. Es war General Jaruzelskis erster Paris-Aufenthalt nach dem Besuch, den er mir, begleitet von heftigen Polemiken, vor vier Jahren auf der Rückreise von Libyen und Tunesien gemacht hatte. Viel Wasser war derweil unter den Brücken der Weichsel geflossen. Ich hatte nicht mehr den Mann des »Kriegszustands« vor mir, der mir damals das Dilemma schilderte, in dem er steckte: Sollte er den Ruhm der Verweigerung wählen, um den Preis der Vernichtung seines Vaterlandes, oder davon retten, was zu retten war, indem er sich Moskaus Befehlen unterordnete? Held oder Verräter? Verräter, vielleicht, für seine Zeitgenossen, sicher Held für die Geschichte. Er wußte, daß er gegen den Widerstand seiner Mitbürger hart vorgehen mußte und daß er die Bürde des Hasses und der Verachtung zu tragen hatte. Er nahm sie auf sich. Das war, so sagte er mir, seine Pflicht. Statt die Sowjetarmee erneut sein Land besetzen und nach Willkür agieren zu lassen, diktierte ihm sein Pflichtgefühl, dem zuvorzukommen, um wenigstens das Schlimmste zu verhüten.

Im Westen wurde er überhäuft mit Vorwürfen. In einer heftigen Pressekampagne wurde er als der Henker seines Volkes dargestellt, als Ausführungsorgan niederträchtigster sowjetischer Machenschaften. Dennoch gab es nicht wenige westliche Politiker, die ihn beschworen, um jeden Preis eine Intervention der Roten Armee zu verhindern. Sie ließen ihn wissen, daß eine solche Wende dramatische Folgen für unseren Kontinent hätte. Das vernahm er aus dem Munde Claude Cheyssons, des französischen Außenministers, wie vom österreichischen Bundeskanzler Kreisky und dem deutschen Bundeskanzler Schmidt. Das gleiche hatte Josef Czyrek, der polnische Außenminister, von Alexander Haig, dem amerikanischen Staatssekretär, von Kardinal Casaroli, dem Staatssekretär des Vatikans, und von Lord Carrington, dem britischen Außenminister, gehört. Diese Schritte sind in Jaruzelskis Erinnerungen festgehalten: »Der Westen sagte uns: Alles, egal was, wenn nur die Sowjetunion nicht militärisch in Polen interveniert [...]. Alles? Aber was? Wie? Mit wem? Gegen wen? Leider hatte uns niemand eine Lösung anzubieten. Mehr noch, als wir die Schwere der Krise anführten, die unser Land durchmachte, die Streiks, Demonstrationen, die Anarchie und, vor allem, die Unmöglichkeit, den Dialog mit Solidarność fortzusetzen, gab man uns zu verstehen, man teile unsere Sorgen und daß die andere Seite möglicherweise ihr Teil an Verantwortung trage, aber in der Regel fiel doch dieselbe Ermunterung: ›Verständigen Sie sich mit Solidarność, wir bitten Sie, aber handeln Sie vor allem so, daß keine sowjetischen Panzer in den Straßen der polnischen Städte zu sehen sind...‹« Diese Zerrissenheit, diese Widersprüche lagen in der Logik dieser Person, ihres schrecklichen Lebenswegs, ihrer zerbrochenen Geschichte. Ich spürte sie. Und so zögerte ich auch nicht, ihn zu empfangen. Zur gleichen Stunde verhöhnten Umzüge in Paris mich und meinen Gast, unter den Fenstern der polnischen Botschaft nahe dem Invaliden-Dom, da ihnen der Zugang zu den Toren des Élysée-Palastes versperrt war. Unter ihnen die traditionellen Wasserträger der universellen Anprangerung von Rechtsverletzungen, aber auch einige meiner persönlichen Freunde, die eine chronische Empörung in einem Maße benebelte, daß sie nicht mehr wissen wollten, daß es mehrere Wege gibt, ein und derselben Sache zu dienen. Während das Stimmengemurmel dieses achtenswerten und nutzlosen Protests zu mir drang, beobachtete ich Jaruzelski. Unter seinem unerschütterlichen Aussehen, seinem bewegungslosen Gesicht und dem hinter dunklen Brillengläsern verborgenen Blick erkannte ich die Spur eines großen Schmerzes. Er erzählte von seiner Kindheit als Sproß einer adligen Gutsbesitzersfamilie, der im Alter von fünfzehn Jahre samt seinen Eltern und seiner kleinen Schwester deportiert worden war, von seiner Wirbelsäule, die durch die zu schwere Last der Mehlsäcke gekrümmt worden war, dem an Hunger und Erschöpfung gestorbenen Vater, der Trennung von der Mutter drei lange

Jahre über, seiner strengen, schweren militärischen Ausbildung bei den in die Sowjetarmee eingegliederten polnischen Truppen. Er klagte weder über die Russen noch über das Sowjetsystem, vertraute mir aber seine Hoffnung auf die Perestroika Gorbatschows an, dessen Freund er war. Warum all das? Man versteht es am Ende seiner Erinnerungen, wo immer wieder, gleichsam obsessiv, die Worte auftauchen: »Polen... mein Vaterland...« Als er den Élysée verließ, mit den militärischen Ehren, die seinem Amt und, davon war ich nunmehr überzeugt, auch seiner Person zukamen, sagte ich zu Roland Dumas: »Wir haben weder einen Diktator noch einen Abenteurer getroffen, sondern einen wahren Patrioten.« Dieses Urteil wurde später von Adam Michnik bestätigt, einem der vehementesten Widersacher Jaruzelskis, der unter dem Kriegsrecht festgenommen und inhaftiert worden war: »Es ist möglich, daß man eines Tages erfährt, daß die Leute, die ihren Namen auf diese Seite der Geschichte Polens eintrugen, faktisch Polen vor einer sowjetischen Intervention bewahrt haben [...]. Im Dezember 1981 war diese Gefahr durchaus real, wie auch die Gefahr eines Staatsstreiches von seiten der Konservativen, und indem sie sich gegen einen Staatsstreich und einen Putsch schützten, haben Jaruzelski und seine Mannschaft Polen gerettet.«

Die beiden polnischen Staatsmänner zeigten sich wenig beeindruckt von den Konzessionen des Bundestags und blieben natürlich skeptisch, was den guten Willen der Deutschen betraf. Wie um ihre Hartnäckigkeit zu begründen, breiteten sie auf dem Tisch des Salons eine Karte aus, die zwei zentrale Seiten einer Broschüre einnahm, welche von der Bundeszentrale der CDU in Bonn an die Vertriebenen, Flüchtlinge und Wähler aus der DDR, die acht Tage später zur Wahl aufgerufen waren, verteilt wurde. Diese Karte stellte in rot auf der einen, einem kräftigen rosa auf der anderen

Seite, ohne Grenzverläufe und graphische Unterscheidung ein vereinigtes Deutschland dar, das nicht nur die zwei Deutschlands umfaßte, sondern auch die 1945 verlorengegangenen Gebiete. Unter dem Titel »Was ist Deutschland?« gab das auf dem Bremer Parteitag der CDU vom 10. und 11. September 1989 verteilte Dokument zur Antwort: »Die Gebiete im Osten sind immer noch fester Bestandteil des deutschen Reichs.« Bereits das Bundesverfassungsgericht hatte am 7. Juli 1975 festgestellt: »Die östlich der Oder und Neiße gelegenen Gebiete [...] wurden Ende des Krieges nicht durch die Siegermächte annektiert. Wir gehen daher von dem Grundsatz aus, daß unter dem Gesichtspunkt des internationalen Rechts eine deutsche territoriale Einheit in den Grenzen vom 31. Dezember 1937 noch immer gültig ist.« Als ich meinen Gesprächspartnern gegenüber einwandte: »Das ist Wahlpropaganda«, wiesen sie mich auf den Ausspruch Genschers hin, den dieser unter dem Applaus der Abgeordneten vor dem Bundestag gemacht hatte: »Der Gedanke, Polen an einer Verhandlung zu beteiligen, ist nicht richtig.« Ich riet ihnen dennoch zu etwas mehr Geschmeidigkeit in ihrem diplomatischen Vorgehen. Frankreich, das die Erklärung des Bundestags zwar als Fortschritt, aber immer noch als zu unzureichend bewertete und die Teilnahme polnischer Bevollmächtigter an den Sitzungen, an denen über Belange ihres Landes diskutiert wurde, als unverzichtbar erachtete, würde ihnen beistehen, vorausgesetzt, es entwickelte sich ein ernsthafter Dialog mit Deutschland, der in jedem Fall einer Konfrontation, die niemandem nützen würde, vorzuziehen wäre. Das war unzweideutig. Ich erinnerte sie auch an die Rede Roland Dumas' vom 1. März in Berlin: »Bloße Erklärungen, so feierlich auch immer, genügen nicht. Derart wesentliche Fragen unterstehen vertraglichen Regelungen, die ratifiziert werden müssen.« Dagegen behielt ich die Mißstimmung Helmut Kohls für mich, der seither gegenüber unserem Außenminister eine gewisse Kälte zur Schau stellte. (»Was hatte der denn in Berlin zu tun?« hatte er vor mir gebrummelt. »Worum ich ihn gebeten hatte«, gab ich zur Antwort.) Diese Szene bestätigte mich jedenfalls in meinem Urteil über die extreme Zurückhaltung der Deutschen in dieser Angelegenheit. Wir kamen überein, vorsichtig vorzugehen, ohne auf das Hauptsächliche zu verzichten. Das tat ich auf der Pressekonferenz nach den Gesprächen mit den beiden polnischen Regierungsvertretern: »Frankreich unterstützt das polnische Ersuchen, wonach die Unantastbarkeit der Oder-Neiße-Grenze durch einen internationalen juristischen Akt sanktioniert und proklamiert wird, was bedeutet, daß die französische Position weiter geht als jene, die sich aus der vom Bundestag angenommenen Erklärung ergibt. Unseres Erachtens muß Polen auf jeden Fall zu den Arbeiten hinzugezogen werden, die sich dieser Frage widmen.« Beruhigt über die Haltung Frankreichs, kehrten unsere beiden Besucher nach Polen zurück. Eine offizielle deutsche Reaktion bleib aus. Das Duell der kleinen Phrasen brach hier ab. Das französisch-polnische Treffen hatte dessen Abschluß markiert, um so mehr, als es sich mit dem Verhandlungsfeld der Vier-plus-Zwei-Gespräche deckte, bei denen genau über dieses Thema diskutiert wurde. Am 17. Juli nahm Polen am Vier-plus-Zwei-Treffen teil. Am 12. September wurde dann der Vertrag über die abschließende Regelung, wie bereits berichtet, in Moskau unterzeichnet. Er spezifizierte, daß Deutschland und Polen die bestehende Grenze durch einen Sondervertrag bestätigen würden, dem durch internationales Recht bindende Kraft zukomme. Bereits im Juni hatten Bundestag und Volkskammer eine Polen-Entschließung angenommen, die in identischem Wortlaut Deutschland und Polen zu einer wechselseitigen Verpflichtung zur uneingeschränkten Respektierung ihrer territorialen Integrität aufforderte und eine vertragliche Bestätigung der bestehenden Grenzen vorschlug. Die beiden deutschen Regierungen hatten diesen Text übernommen, bevor sie ihn nach Warschau übermittelten. Polen erklärte sich befriedigt. Nach weiteren fünf Monaten wurde am 14. November 1990 ein diesen Verpflichtungen gemäßer polnisch-deutscher Vertrag unterzeichnet.

So endete eine Kontroverse, die die französisch-deutsche Freundschaft auf die Probe gestellt hatte. Auf der einen wie der anderen Seite durfte man sich freuen, sie ohne Schaden überstanden zu haben. Was hätte es genützt, wenn Frankreich eine grundlegende Forderung unausgesprochen gelassen oder darauf verzichtet hätte? Ich hatte gesagt, daß, solange die Frage der Grenzen nicht geregelt sei, auch die Akte der deutschen Einheit nicht geschlossen sei. Von nun an war sie es.

Belege

Weg von Jalta*

Das Europa, so wie es sich heute abzeichnet, ist das Erbe des letzten Weltkriegs und der dabei geschaffenen Kräfteverhältnisse. Es ist eine im Grunde künstliche Teilung, der nichts entspricht, weder die Geographie noch die Geschichte, noch die Kultur. Allerdings ist es ein zu einem bestimmten Augenblick festgeschriebenes Kräfteverhältnis, das noch andauert. Ich habe oft gesagt, daß es ein Glück für Europa wäre, wenn es sich eines Tages freimachen würde vom Europa Jaltas, wie ich es genannt habe, auch wenn dieser Ausdruck noch eingehender zu prüfen ist. Nun, für die öffentliche Meinung bezeichnet es folgendes: das zweigeteilte Europa, mit einem vorherrschenden Einfluß einerseits der Sowjetunion, andererseits der Vereinigten Staaten von Amerika. Ich selbst glaube an oder setze meine Hoffnung in die Unabhängigkeit Europas. Mein Wunsch ist, daß es eins wird. Ich bin sehr für die wirtschaftliche Europäische Gemeinschaft, mein Wunsch ist, daß sie sich noch mehr in Richtung auf eine politische Einheit, gegebenenfalls eine Verteidigungsunion hin entwickelt.

Allerdings glaube ich, daß es allzu kurzsichtig, geschichtslos wäre, wollte man Europa nicht in seiner vollen Realität betrachten. Wir müssen enge Vereinbarungen, unabhängig vom jeweiligen wirtschaftlichen und sozialen System, zwischen den sogenannten Staaten des Ostens und den sogenannten Staaten des Westens aufbauen. Schließen wir uns

---

* Interview für das Fernsehen der Deutschen Demokratischen Republik, Élysée-Palast, 6. Januar 1988, Auszug.

nicht in Kategorien ein, die uns den Dialog, Austausch und schließlich gemeinsame politische Perspektiven verbieten. Niemals werde ich eine Politik unterschreiben, die dieser Hoffnung, der Hoffnung, an der ich arbeite, die Tür verschließt.

Ich sage es ganz klar: Wir haben unsere Freunde, wir haben unsere Verbündeten, wir haben jene, die zur selben Gemeinschaft gehören wie wir, insbesondere die Bundesrepublik Deutschland, aber ich möchte, daß die Tore geöffnet und nicht geschlossen werden.

Die Zukunft Deutschlands*

Welche Zukunftsvision haben Sie von Deutschland?

Ihre Frage ist zu weit gefaßt, als daß ich sie jetzt beantworten könnte.

Meinen Sie, daß ein Wiedervereinigungsversuch unternommen werden wird?

Ganz gewiß. Die Wiedervereinigung ist ein Anliegen aller Deutschen. Das ist verständlich. Dieses Problem, das seit fünfundvierzig Jahren auf seine Lösung wartet, fällt mit der zunehmenden Stärke Deutschlands immer mehr ins Gewicht. In der Wirtschaft ist diese Stärke bereits erwiesen, in der Politik ist sie im Kommen.

Könnte die Bundesrepublik in die Versuchung geraten, mehr mit dem Osten als mit den EG-Ländern zu liebäugeln?

Gleichsam umzukippen? Das denke ich nicht. Daß die Bundesrepublik bessere Beziehungen zur Sowjetunion und ihren Nachbarländern im Osten unterhalten möchte, ist nicht verwunderlich. Ihre geographische Lage und ihre Geschichte treiben sie dazu. Ich sehe nicht, wie man daran Anstoß nehmen könnte. Deutschland hat kein Interesse daran, das Lager zu wechseln und seine Europapolitik einer Wiedervereini-

* Interview mit *Nouvel Observateur*, *The Independent*, *El País*, *La Repubblica*, *Die Süddeutsche Zeitung*, Paris, 27. Juli 1989. Auszug.

gung zu opfern, zu der die UdSSR nicht bereit ist. Und es denkt auch nicht daran, so glaube ich zumindest.

Haben Sie mit Präsident Gorbatschow darüber gesprochen?

Die Einheit ist in meinen Augen ein berechtigtes Anliegen der Deutschen. Aber sie kann nur auf friedliche und demokratische Weise verwirklicht werden.

Aber Sie meinen, das ändere nichts an dem sowjetischen Veto?

Ich weiß nicht, ob man das ein Veto nennen kann. Sehen Sie sich dazu einmal das Kommuniqué nach dem Treffen zwischen Gorbatschow und Kohl in Bonn an. Ich habe nicht den Eindruck, daß sich die Außenpolitik der beiden Länder aufgrund des verbesserten Klimas grundsätzlich ändern wird.

Können Sie sich vorstellen, daß die deutsche Frage ohne Zustimmung aller europäischen Ländern geregelt wird?

Nein. Nicht ohne die Zustimmung der Mächte, deren Aufgabe es ist, aktuell über die Anwendung der Verträge und die Sicherheit der Bundesrepublik zu wachen. Die Deutschen müssen sich natürlich frei entscheiden können, aber das Einverständnis der Sowjetunion und der Westmächte setzt einen echten Dialog voraus.

Ist das seit Gorbatschows Besuch in Deutschland wieder vieldiskutierte Selbstbestimmungsrecht der Völker nicht ein erster Schritt zu einer Lösung?

Einst steht fest: So unbestreitbar dieses Recht auch ist, es wird nicht zu einer Zangengeburt veranlassen – um mit den Medizinern zu sprechen. Zunächst müssen sich die beiden deutschen Regierungen einig sein. Keiner der beiden deutschen Staaten kann dem anderen seine Standpunkte aufzwingen. Dieser deutsch-deutsche Aspekt ist von grundlegender Bedeutung. Die Regierenden der Bundesrepublik, denen ich begegnet bin, haben auch nie behauptet, über eine Verschärfung der Spannungen in Europa die Vereinigung bekommen zu können.

Versucht die Bundesrepublik nicht, eine Sonderrolle zu spielen, den sogenannten Sonderweg mit Blick auf Mitteleuropa und die Sowjetunion selbst auf die Gefahr des Neutralismus hin zu beschreiten?

Die ein geübtes Auge für die Bundesrepublik haben, vermerken in der Tat einen Meinungswandel. Aber nichts deutet darauf hin, daß die gewählten politisch Verantwortlichen, die Regierung, der Bundeskanzler ihre Position geändert haben – allein schon deshalb nicht, weil die Europapolitik der Bundesrepublik innerhalb der Zwölfergemeinschaft weiterhin sehr rege ist. Darf ich wiederholen, was ich Ihnen bereits über die geographische Lage Deutschlands, über seine historische Vergangenheit geantwortet habe? Aufgrund seiner Öffnung zum Mittelmeer, zu Afrika und zum Nahen Osten tendiert Frankreich stets zu einer Mittelmeerpolitik. Wer könnte Deutschland daraus einen Vorwurf machen, dem Osten, Polen, der Sowjetunion, der Tschechoslowakei sein Augenmerk zu schenken? Das zu einer großen Wirtschaftsmacht, einer der größten der Welt, wiedererstarkte Deutschland möchte natürlich auch eine größere politische Rolle spielen. Nichts davon überrascht mich. Für mich gehört diese Gegebenheit mit zu der Vorstellung, die ich mir von der

Europa- und Weltpolitik mache; sie veranlaßt mich auch, Frankreichs Präsenz und Einsatz im Konzert der Nationen zu verstärken.

Erste Überlegungen zu den Umwälzungen im Osten*

Jeder dürfte der Aussage zustimmen, daß das wichtigste Ereignis für Europa, vielleicht für die Welt, seit dem letzten Weltkrieg das ist, was sich in Osteuropa ereignet. Seit nahezu einem halben Jahrhundert haben wir im starren Rahmen einer Ordnung gelebt, die sich vor unseren Augen auflöst. Das war das Europa von Jalta, ein anerkannter, wenn auch historisch nicht ganz genauer Ausdruck. Das zwei- oder dreigeteilte Europa: das Europa der Blöcke und Systeme. Noch ist damit nicht Schluß. Die Geschichte ist kein ruhig dahinfließender Strom. Aber von einem Gleichgewicht in ein anderes zu kippen birgt in sich Staus, Rückstöße, Störungen und Krisen. Sind wir darauf vorbereitet?

Die alte Ordnung kannten wir. Damit lebten wir. Sie war markiert, wie die Sportler, hatte ihre Regeln gefunden, wie die Juristen sagen würden, ihre Gewohnheiten, wie es ganz einfach heißen könnte. Das neue, unbedingt wünschenswerte Gleichgewicht würde ein Außmaß an Einbildungskraft, Willen, Anstrengungen und Kontinuität erfordern, das wenige Generationen vor uns gekannt haben. Dieses Gleichgewicht wird vielfältig sein. Auf die Fragen, die sich stellen, wird es nicht nur eine Antwort geben. Kurzum, es wird komplexer. Doch welcher Schwung und welche Hoffnung! Wie zu den Glanzzeiten von 1789 ist es der Lärm des Volkes, der zu hören ist. Es ist die Entschlossenheit des Vol-

* Rede vor dem Europaparlament, Straßburg, 25. Oktober 1989. Auszug.

kes, die das Ereignis, das die Mauern und Grenzen zusammenbrechen läßt, anführt. Es ist das Volk, das den Weg vorzeichnet, den das seinem Ende zugehende Jahrhundert nehmen wird, den die künftigen Zeiten einschlagen werden. Das ist das große Novum. Von neuem sind die Völker in Bewegung geraten, und wenn sie einmal in Bewegung geraten sind, dann entscheiden sie.

Im Namen wessen? Im Namen der Freiheit, ganz einfach der Freiheit. Der zu leben, zu denken, zu handeln, zu dienen oder zu lieben. Zwei Ländern lösen sich als Avantgarde aus dieser Bewegung: Polen und Ungarn. Doch verlieren wir nicht aus dem Blick, daß dies nur möglich ist, weil die Sowjetunion, zumindest ihre Regierenden, um eine Entwicklung weiß und sie akzeptiert, die sie selbst in neue Schwierigkeiten stürzen wird; die sie nun, weitab von jenem klaren Gang, der ihr in der alten Ordnung vorgegeben war, unsicheren Schritts einem Morgen entgegenführt, von dem noch keiner weiß, ob er so rosig sein wird.

Michail Gorbatschow spielt hier eine herausragende historische Rolle. Ihm muß geholfen werden. Ich weiß, daß die Strategen, ein wenig überall, bereits seine Erfolgschancen überschlagen und daraus den Schluß ziehen, daß es vielleicht geschickter wäre, mit seinem Nachfolger zu verhandeln. Wir wissen, was wir haben. Wir wissen nicht, was wir haben werden. Auch die Sowjets nicht. Helfen, wenn man kann, wie man kann. Den Autoritäten dieses Landes helfen, mithelfen, ohne natürlich den Anspruch zu erheben, sich an deren Stelle zu setzen, noch Verantwortlichkeiten zu übernehmen, die nicht die unseren sind. Wir müssen helfen, auf daß alle Chancen, seien sie noch so gering, bestehen. Ich glaube an den Willen der Menschen. Ich glaube daran, daß sie das Schicksal meistern können, und ich beobachte, daß dort viel Mut aufgebracht wird, auch wenn sich vor den Schritten immer mehr

Abgründe auftun. Wie es erreichen, daß die zahllosen und vielfältigen Völker sich den Wandel der Disziplin zu eigen machen? Wie verhindern, daß die neu erworbene Freiheit nicht einem Wirbelsturm gleich alles auf ihrem Weg ausreißt, selbst das, was sich zu bewahren lohnte?

Die Situation ist je nach Land verschieden. Schauen Sie sich die Schrecken in Ostdeutschland an, und dabei verfügen die Ostdeutschen über eine höhere Kaufkraft als manches Mitgliedsland der Europäischen Gemeinschaft. Nicht das Elend treibt sie also zur Revolte. Es ist etwas anderes, das bereits benannt wurde: Hoffnung auf Freiheit.

Und plötzlich kann dem nichts mehr widerstehen: kein noch so abgeschottetes, noch so verhärtetes Gesellschaftssystem, keine noch so alte Geschichte, keine noch so starke ideologische Tradition, kein noch so kohärentes Denksystem. Plötzlich läuft alles davon, weil etwas Neues kommt, und dieses Etwas zu besitzen haben wir das Glück: es ist die Freiheit.

Wir sehen diese Bewegung in Ostdeutschland, aber wie könnten wir auch nur einen Augenblick annehmen, die anderen, die noch nicht genannt wurden, vermöchten ihr zu widerstehen? Und das Problem stellte sich lediglich in Warschau oder Budapest?

Bundeskanzler Kohl, mit dem ich gestern in Paris zu Abend aß, sagte mir: »Bei den ungarischen Demonstrationen für die neue Republik gab es in vorderster Linie ein Transparent mit der Aufschrift: ›Ungarn hat wieder zu Europa gefunden.‹« Wachen wir darüber, daß Ungarn es wiederfindet, wie es sein soll. Es ist ansteckend. Von einem Land zum anderen, von einer Hauptstadt zur anderen, in diesem gesamten Europa wird die Bewegung dieselbe Richtung nehmen, auch auf dieselben Widersprüche stoßen, wohl auch dieselben Hemmnisse erfahren. Nichts ist im voraus niedergeschrieben. Doch alles ist auf Distanz niedergeschrieben. Hoffen wir, daß diese Seite der Geschichte rasch beendet ist und wir etwas dazu tun können! Nehmen wir einmal die Unterstützung für Polen. Allein diesen konkreten Fall möchte ich hier behandeln. Was braucht es? Soforthilfen. Frankreich hat in den letzten achtundvierzig Stunden, besonders aber an diesen Morgen in seinem Ministerrat beschlossen, Tempo und Summe der als Soforthilfe gewährten Kredite zu erhöhen. Und was macht Europa? Dasselbe wie Frankreich. Einige Länder mehr, andere weniger als Frankreich. Es geht nicht darum, sich in einen Wettkampf untereinander zu werfen. Wie von einigen von Ihnen angeregt, sollten wir die jeweiligen Summen an Soforthilfe, die jedes Land bereitstellt, zusammenlegen.

Ich komme zum Schluß. Wer von Ihnen hat nicht Intellektuelle, Journalisten und Politiker darüber diskutieren hören? Da ist Osteuropa, das sich auflöst, sich auch öffnet. Könnte das nicht auch ein Vorspiel für grundlegende Veränderungen, für die Zerrüttung und den Zerfall Westeuropas sein? Natürlich dreht sich diese Diskussion immer um die beiden Deutschland. Da ist etwas, was ich nicht verstehe. Es wird gedacht, als befände man sich in der Epoche der Gleichgewichtsdiplomatien, wo ein Land – im vorliegenden Fall Deutschland – unter schwerwiegenden Umständen von einem Bündnis zu einem anderen wechselte. Aber welches andere Land, das in diesen letzten Jahrhunderten vor allem in Europa eine weltgeschichtliche Rolle spielte, hat nicht genauso gehandelt? Die wechselnden Bündnisse waren gerade der augenfälligste Beweis für die Treue zu sich selbst. Sind wir immer noch da, wo doch die Gemeinschaft Europas bereits mehrere Jahrzehnte hinter sich hat? Muß die Zerstörung der Strukturen im Osten automatisch zum Zerfall der Strukturen im Westen führen? Sollte das nicht gerade die entgegengesetzte Wirkung zeitigen? Im Namen wessen wollte man das deutsche Volk anklagen, daß es sich wieder zusammenzufinden wünscht, wo es sich doch um einen Appell handelt, der vom Osten herüberschallt und der sich auf Werte beruft, die die unseren sind? Kurzum, meine Schlußfolgerung ist einfach: Der politische Aufbau Europas muß entworfen, verstärkt und beschleunigt werden, das ist die einzige Antwort auf das Problem, das uns gestellt ist.

Die deutsche Einheit muß sich auf friedliche und demokratische Weise vollziehen*

Ich werde je nach den Fragen, die Sie mir gleich stellen werden, Gelegenheit haben, den einen oder anderen Punkt zu präzisieren. Sie werden mich sicher entschuldigen, wenn ich jetzt keine umfassende Erklärung abgebe. Dies hat ja bereits Bundeskanzler Kohl getan, und ich stimme seinen Ausführungen voll zu.

Er hat von Beginn an den Willen zum Aufbau Europas hervorgehoben, während sich zugleich die uns bekannten Ereignisse in Osteuropa vollziehen. Er hat dabei einen grundsätzlichen Gesichtspunkt zum Ausdruck gebracht, und ich möchte ihn gerne noch einmal betonen: Je rascher sich die Ereignisse in Osteuropa entwickeln, um so schneller und stärker müssen wir die Europäische Gemeinschaft aufbauen. Wir müssen Europa einen soliden, homogenen, widerstandfähigen Pol bieten, um all die Bewegungen, die heute die Völker leidenschaftlich beschäftigen, zu kanalisieren. Aus diesem Grunde werde ich, wenn ich als Präsident des Europäischen Rates nach Straßburg gehe, den Akzent – wie ich es bereits kürzlich in derselben Stadt vor dem Europaparlament getan habe – auf einige mir wesentlich erscheinende Achsen legen. Ich habe sie bereits benannt und will mich nicht wiederholen. Sie sind im übrigen sehr einfach, und Sie kennen sie auch schon. Lassen Sie mich wenigstens sagen, daß die Wirtschafts- und Währungsunion neu in Gang

---

* Gemeinsame Pressekonferenz mit Bundeskanzler Helmut Kohl nach den 54. französisch-deutschen Konsultationen, 2.-3. Novemer 1989. Auszug.

gesetzt werden muß, wie auch die Sozialcharta; vergessen wir auch nicht andere Fragen, die sich stellen und die Umwelt, das Audio-Visuelle, das sogenannte Lomé IV betreffen, d. h. unsere europäischen Übereinkünfte mit einer großen Zahl von Staaten aus Afrika, der Karibik und dem Pazifik. Ich werde den Europäischen Rat in Straßburg ersuchen, sich über die Abhaltung der Regierungskonferenz auszusprechen, die einen neuen Vertrag diskutieren soll. Diese Konferenz sollte im Laufe des Jahres 1990 unter italienischem Vorsitz beginnen.

Dies sind die allgemeinen Überlegungen, auf die mich die bereits erwähnten Ereignisse überall in Europa und speziell in Ostdeutschland gebracht haben.

Man hört hier von deutschen Politikern, daß Deutschlands Nachbarn und Verbündete gar nicht so begeistert wären von der Wiedervereinigung, daß sie sogar Furcht davor hätten. Haben Sie Angst vor einer eventuellen Wiedervereinigung Deutschlands?

Nicht nur die Politiker sprechen darüber, auch die Journalisten, besonders in Deutschland, aber auch in Frankreich.

Das ist ganz normal, da es sich um ein Phänomen handelt, das dieses ausgehende Jahrhundert beherrscht. Ich messe diesem deutschen Problem eine große Bedeutung bei. Aber die Wiedervereinigung darf sich nicht auf der Ebene von Befürchtungen oder der Zustimmung abspielen. Was vor allem zählt, ist der Wille und die Entschlossenheit des Volkes, ob die Ereignisse sich sofort oder später vollziehen; das ist die Tatsache, daß die Deutschen nur ein einziges Volk sind, ob in einem einzigen Staat oder in einem noch zu bestimmenden Gefüge – auf dieses Gebiet möchte ich mich überhaupt nicht begeben. Das ist der Wille der deutschen Bürger, der es wird sagen können. Und niemand darf sich an dessen Stelle setzen. Natürlich wird sich das nicht irgendwie und unter beliebigen Umständen vollziehen. Gewöhnlich sagt man: Der Friede darf nicht aufs Spiel gesetzt werden. Es muß also friedlich vorgegangen werden. Andererseits muß das demokratisch verlaufen, was vorausgesetzt ist, da wir von der Entschlossenheit des Volkes selbst gesprochen haben. Das geht auch die anderen Länder an, insbesondere die Länder Europas. Wie Sie wissen, gibt es besondere Garantien, die durch die Nachkriegsübereinkünfte festgeschrieben sind, aber auch durch den Tatbestand, daß wir in einer Gemeinschaft leben.

All das muß auf den Tisch gelegt werden. Aber was zählt, das ist, was die Deutschen tun wollen, was sie wollen und was sie können. Es gibt Probleme, zu denen ich mich zu gegebener Zeit äußern werde. Aber wo steht die DDR? Welche Entwicklungen wird sie nehmen? Was wollen diejenigen, die an ihrer Spitze stehen? Was wollen diejenigen, die von ihnen regiert werden? Mit welchem Tempo, um zu welchem Status oder welchen Strukturen zu kommen? Ist auch in diesen Kreisen die Rede von Wiedervereinigung? Ich warte ab, daß die Fakten erst einmal vor uns liegen, um diese Ausführungen abzuschließen.

Zu Ihrer Ausgangsfrage: Ich habe keine Angst vor der Wiedervereinigung. Diese Art Frage stelle ich mir in dem Maße nicht, wie die Geschichte voranschreitet. Die Geschichte ist da. Ich nehme sie, wie sie ist. Ich denke, der Wunsch nach Wiedervereinigung seitens der Deutschen ist legitim. Wenn sie die Wiedervereinigung wollen und wenn sie sie verwirklichen können. Frankreich wird seine Politik so anpassen, daß sie zum Besten der Interessen Europas und Frankreichs selbst handeln wird. Ich werde nicht noch einmal von vorne beginnen, ich sage nur: die Antwort ist einfach. In dem Maße, wie Osteuropa sich entwickelt, muß

Westeuropa stärker werden, seine Strukturen stärken und seine Politik definieren.

Sie fragen mich nach einer Prognose...

Ich bzw. mein Leben beginnt jetzt, ernsthaft kürzer zu werden... Während es zur gleichen Zeit länger wird... Ich bin also außerstande, eine Prognose abzugeben, aber bei dem Tempo, mit dem die Dinge voranschreiten, würde es mich wundern, wenn die kommenden zehn Jahre vorübergingen, ohne daß wir mit einer neuen Struktur Europas konfrontiert wären. Ich verstehe sehr gut, daß viele Deutsche dies wünschen. Nur müssen sie einfach begreifen, daß die Geschichte sich nicht so abspielt. Es gibt Länder, die bereits gewohnt sind – die einen seit Tausenden, die anderen seit Hunderten von Jahren –, miteinander als Nachbarn zu leben, sich zu streiten, ausgewogene Beziehungen herzustellen. Diese Gegebenheiten sind zu berücksichtigen, wenn über dieses Problem geredet wird ... Meine Prognose beruht auf einer offensichtlichen Feststellung: Es geht schnell, sehr schnell. Es wird in der Folge nicht so schnell gehen, wie es jene wünschen, die bereits von Wiedervereinigung sprechen. Aber kein verantwortlicher Politiker in Europa kann jetzt noch Überlegungen anstellen, ohne diese Dinge mit einzubeziehen, das erscheint mir offenkundig. Ich fälle keine genaue Prognose; die Wiedervereinigung wirft so viele Probleme auf, die ich in dem Maße überdenken werde, wie die Fakten sich einstellen.

Können Sie Ihren nahe bevorstehenden Besuch in der DDR bestätigen?

Seit einer Reihe von Jahren schon habe ich es unternommen, auf staatlicher Ebene Begegnungen herbeizuführen mit den meisten sogenannten osteuropäischen Ländern. Das habe ich verschiedentlich mit der Sowjetunion getan, mit Ungarn und in jüngerer Zeit mit der Tschechoslowakei, Bulgarien und Polen. Ich habe die Absicht, das fortzusetzen. Ich hatte auch schon vorgesehen, in meinen Zeitplan einen Staatsbesuch in der DDR einzubeziehen. Das war noch zu Zeiten Erich Honeckers, als er die Regierungsverantwortung trug. Es gibt keinen Grund, mein Programm zu ändern. Ich besuche nicht die oder jene Person, ich besuche ein Volk und seinen Staat. Die Umstände können natürlich eine Reihe von Zweckmäßigkeiten schaffen, aber ich sehe nicht, was mich hindern sollte, in die DDR zu fahren. Das Problem ist jetzt nur, ein Datum festzulegen; ich weiß nicht, wann es stattfinden wird, aber lange wird es nicht mehr dauern.

Denken Sie, daß Sie aufgrund des großen Einflusses, über den Sie verfügen, während Ihrer Reise in das »andere Deutschland« darauf dringen können, freie Wahlen zu erreichen?

In allen Ländern, in die ich gehe, verteidige ich, wobei ich durchaus die Regeln der Höflichkeit einhalte, die Ideen, die mir am Herzen liegen. Ich verhehle nie meine Präferenz für ein demokratisches System. Ich will denen, die mich empfangen, keine Lektionen erteilen, aber ich will Zeugnis ablegen für die Völker und für die friedliche und demokratische Entwicklung in der Welt. Dies um so mehr, als ich, wenn ich in ein bestimmtes Land fahre, in dem sich diese Art von Problemen stellt, nicht nur die offiziellen Vertreter treffe, sondern auch die Vertreter anderer Meinungsspektren. Das habe ich auch in den zuvor genannten Ländern so gehalten. Ich habe die Regierenden getroffen und Oppositionelle. Das werde ich auch weiterhin tun, auch in der DDR.

Hat Ihr »Alleingang« gegenüber Ostdeutschland nicht Bonn verärgert?

Eingedenk der besonderen Situation der Bundesrepublik Deutschland innerhalb dieser Debatte um die Beziehungen zwischen den beiden deutschen Staaten meine ich anders als sie, daß es kein unterschiedliches Vorgehen gibt. Ich habe es nicht gezählt – sie könnten es Ihnen besser sagen als ich –, wie oft sich die Herren Genscher und Dumas schon getroffen haben. Ich glaube, es vergeht wohl kaum mehr als eine Woche, ohne daß sich die beiden irgendwo in Europa treffen; und dazwischen gibt es ja auch noch ein Telefon. Wir hören von einer deutschen Maßnahme, einer deutschen Aktion nicht durch die Presse. Gemeinhin werden wir vorher informiert. Genauso spielt sich das auch in umgekehrter Richtung ab. Daß wir unterschiedliche Ansichten, Interessen, instinktive Reaktionen haben, ist natürlich, das erklärt sich aus der Geschichte heraus. Deshalb unternehmen wir ja auch Anstrengungen, um Europa nicht nur in sich zu versöhnen, sondern zu einen. Das Vorgehen ist nicht nur wirtschaftlich und monetär, nicht nur sozial, es ist politisch. Wir arbeiten bereits so, als wären wir imstande, schneller voranzuschreiten. Wir arbeiten also gar nicht so unkoordiniert. Nun kann es die eine oder andere deutsche Initiative geben, der gegenüber ich dann auch einmal meine Vorbehalte hätte. Bisher ist das noch nicht passiert. Wenn es passierte, würde ich es dem Bundeskanzler sagen, und Herr Dumas würde es Herrn Genscher sagen. Umgekehrt, wenn unsere Partner finden, daß Frankreich einen anderen Weg einschlägt, werden sie wohl kaum zögern, es uns zu sagen. Im Augenblick ist der Dialog wirklich etwas Positives.

Den Aufbau Europas fortsetzen*

Ich danke Ihnen, daß Sie mich in Ihrer Universität empfangen, der, wie ich gehört habe, größten und ältesten der DDR. In dieser Stadt fanden sich Gelehrte und Händler. Sie hatte alles, um sie zu einem der ersten Orte der deutschen Kultur zu machen, nun, das ist sie denn auch geworden. Zu erfahren, daß an diesen Pulten Menschen wie Goethe, Lessing, Fichte, Wagner, Liebknecht und viele andere gestanden haben, ist für einen Franzosen höchst beeindruckend. Sie haben in diesen Räumen drei Nobelpreisträger empfangen; kurz nach Gründung dieses Staates haben renommierte Forscher sich hier niedergelassen, wie Ernst Bloch, Werner Krauss, Walter Markov, dessen Arbeiten zur Französischen Revolution jeder Historiker kennt. Wenn man das weiß, wundert man sich auch nicht, daß alles in diesem Herbst hier, in dieser Stadt der Bildung, des Denkens und des Glaubens, begonnen hat. »Heldenstadt«, so sollte Leipzig heißen, und dies ist für eine Stadt, die derart von der Vergangenheit geformt und heimgesucht wurde, durchaus gerechtfertigt. Hier wird heute zu einem Großteil die Geschichte Ihres Landes und damit die Geschichte Europas geschrieben.

Ich möchte keine Geschichtsvorlesung halten, darüber wissen Sie, nehme ich an, genug. Sie kennen jedenfalls – seine Magnifizenz, der Rektor, hat soeben daran erinnert – die Tragweite und den Widerhall, den die Französische Revolution hatte, deren Zweihundertjahrfeier wir gerade begangen

* Begegnung mit Studenten, Intellektuellen und Künstlern, Karl-Marx-Universität Leipzig, 21. Dezember 1989. Auszug.

haben. In der Tat ist es zweihundert Jahre her, daß das französische Volk sein Schicksal in die Hand nahm und sich machtvoll versammelte, mit jener Macht, die die Zahl und das Geltendmachen gerechter Forderungen verleiht, daß es begann, das Land hin zu Freiheit, Gleichheit und Brüderlichkeit zu führen, die es noch immer und immer wieder zu erringen gilt.

Heute nun wie vor zweihundert Jahren unternehmen Völker den Versuch, sich frei zu äußern, eine gerechtere Gesellschaft aufzubauen, in der alle gleich sind, zumindest vor dem Gesetz und so weit wie möglich auch faktisch. In der auf einem der Einheit geweihten Boden eine bestimmte Brüderlichkeit aller innerhalb eines Staates, einer Nation, eines Kontinents herrscht. Wir in Paris wissen, daß die revolutionäre Botschaft von 1789 bei Ihnen vernommen wurde. Und mein Land ist sehr gut in der Lage, die Begeisterung für die Freiheit zu verstehen und zu teilen. In seinem Namen komme ich, um Ihnen und darüber hinaus dem deutschen Volk in seiner Gesamtheit zu sagen, daß Frankreich ihm zur Seite steht in einem historischen Augenblick, in dem es Ereignisse durchlebt, die es im Tiefsten seiner Geschichte und seiner Seele berühren. Frankreich und die Bundesrepublik Deutschland auf der anderen Seite der Grenze arbeiten seit nahezu zwei Generationen, seit Ende des letzten Weltkriegs zusammen. Dies war notwendig, um ein Friedensgebäude zu errichten, das den Antagonismen und Kämpfen der Geschichte eine Schicksalsgemeinschaft entgegenstellt. Es waren zunächst sechs, dann neun, schließlich zwölf. Wir bauen auf, was Europäische Gemeinschaft genannt wird, und wir denken sehr wohl, daß die Staaten Osteuropas in der einen oder anderen – und von ihnen zu wählenden – Form darin an unserer Seite Platz nehmen werden.

Dies wird natürlich Zeit brauchen, aber wenn man will,

kann man bereits erste Schritte tun. Jedenfall kann man sich auf verschiedenen praktischen Ebenen bereits Gedanken machen, etwa den des Austauschs zwischen den Universitäten. Die freie Zirkulation der Studenten überall in Europa, das wurde unter uns zwölf Ländern beschlossen. Jetzt kann jeder Student dort studieren, wo er will. Dazu wurden von der EG Kredite bereitgestellt, so daß ein Student sein Studium z. B. in Bologna beginnen, in Paris an der Sorbonne fortsetzen und in Oxford seinen Abschluß machen kann. Warum nicht eines Tages auch in Leipzig?

Es ist klar, und hier, an dieser Stelle, spürt man es auch, daß sich an der Wende zu einem neuen Jahrtausend in Europa eine breite demokratische Revolution vollzieht. Tiefgreifende Wandlungen in Ihrer, aber auch in unserer Gesellschaft sind zu erwarten. Ich bin überzeugt, daß der Geist, der die Jugend, Ihre Jugend, beseelt, sich nicht darauf beschränkt, Modelle zu kopieren; und so freue ich mich denn auch auf Ihre Antworten. Es ist mir wirklich ein Bedürfnis, Ihre Antworten auf die geschichtlich gestellten Fragen zu hören.

Wir kennen Ihre antifaschistische Vergangenheit. Sie waren in einem Kriegsgefangenenlager interniert und haben in der Résistance gekämpft. Der Antifaschismus ist auch ein Fundament unseres Staates. Würden Sie mit mir übereinstimmen und sagen, daß der Antifaschismus als legitime Konsequenz die Existenz eines Staates hatte: der DDR, eines souveränen Staates innerhalb Europas?

Sie rühren da an Erinnerungen. Das erste Mal kam ich nach Deutschland, da war ich Kriegsgefangener in Thüringen. Schauen Sie, der einzige Ausweg für einen Gefangenen ist, zu fliehen – was ich getan habe. Da ich zu Fuß geflohen bin, habe ich Gelegenheit gehabt, mir Deutschland anzuschauen. Ich kann nicht sagen, daß es mir in schlechter Erinnerung geblieben ist. Mir sind die gröbsten Härten und schlimmsten Brutalitäten des Krieges erspart geblieben. Ich habe unter Ihren Landsleuten viele redliche Menschen kennengelernt. In der Regel waren es bereits etwas ältere Arbeiter oder verwundete Soldaten, die die Kriegsgefangenen zu überwachen hatten.

Sehr viel später bin ich wiedergekommen, um genau diese Gegend Thüringens zu besuchen und mit meinem Freund Willy Brandt, dem ehemaligen Bundeskanzler, denselben Weg noch einmal zurückzulegen. Das erste Mal war ich ihn zu Fuß gegangen, beim zweiten Mal nahmen wir ein Auto, schließlich konnte ich von Willy Brandt nicht verlangen, daß er das alles zu Fuß macht! Ich sah die Deutsche Demokratische Republik; ich konnte mit Bewohnern des Dorfes und der Stadt nahe dem Ort, wo ich Gefangener war, sprechen. Ein wenig war ich schon erstaunt, als ich während eines Essens, zu dem uns politische Verantwortliche und Vertreter der Verwaltung eingeladen hatten, Fragen stellte wie: »Hier muß es doch Dinge geben, die nicht ganz so gut funktionieren… ? Das gibt es in Frankreich wie überall«, lapidar zur Antwort erhielt: »Nein.« Das Essen dauerte über eine Stunde. Alles verlief gut. Am Ende dieses Gesprächs hatte mein Gastgeber eine Eingebung und sagte mir: »Doch, da ist etwas, was nicht sehr gut funktioniert: in der Führung sind zuwenig Frauen.« Er hatte recht, das war ein Fehler; aber vielleicht gab es noch andere Probleme, die man mir hätte anvertrauen können? Kurzum, der Austausch war nicht so leicht. Ungeachtet dessen sind wir sehr gut, freundschaftlich empfangen worden. Wenn man an die beiden Weltkriege denkt, die uns getrennt haben, so finde ich, daß das deutsche Volk sehr offen für humane und pazifistische Diskussionen ist; dafür bin ich den Deutschen dankbar.

Dies jetzt ist mein dritter Besuch in diesem Teil Deutschlands, der zweite in der DDR. Das ist natürlich nicht viel, um Ihr Land zu kennen, und Bücher sind nicht genug.

Der Antifaschismus ... Dann, natürlich, als ich wieder in dem von den Deutschen besetzten Frankreich war, Ende 1941, im Dezember, in diesem nun zweigeteilten Land, konnte ich gar nicht anders als den Kampf wählen. Ich bin in alle Provinzen Frankreichs gefahren, eine bestimmte Zeit nach England, dann nach Algerien. Anfang 1944 war ich wieder in Frankreich und sah die großen Etappen dieses schrecklichen Krieges. Kurz nach dem Waffenstillstand ging ich in die Westzonen, und dort sah ich die grauenvolle Katastrophe der Städte: Frankfurt, Nürnberg und die anderen, niedergewalzt. Wahrlich, der Krieg war abscheulich. Wir haben uns gegenseitig wie verrückt vernichtet. Deshalb ist das, was Sie Antifaschismus nannten, auch eine bestimmte Form der Verteidigung des Friedens und der Ablehnung einer durch Gewalt aufgezwungenen Ideologie. Das verstehe ich darunter. Ideologien sind in gewisser Weise heilsam, man braucht nun mal Ansichten. Es ist sogar gut, wenn man ein Lehrgebäude hat, um sich die Welt zu erklären, die Rolle des Individuums in der Gesellschaft, das Verhältnis von Staat und Bürger, je nach eigener Präferenz. Doch wer seine Ideologie anderen aufzwingen will, begeht ein Verbrechen wider den Geist. Darin beruht der Faschismus und der Nazismus. Es gibt wohlgemerkt noch andere Beispiele. Ich fühle mich mit Ihnen also völlig einig. Aber vielleicht müßte man in diesem Zusammenhang die deutsche Einheit nennen, zumindest die mögliche Einheit.

Meine Position dazu ist ganz einfach. Die Einheit in der oder jener Form – wir kommen darauf noch zurück –, die Einheit der Deutschen ist Sache zunächst einmal der Deutschen. Nur durch freie, offene, demokratische Wahlen läßt sich erfahren, was die Deutschen beider Seiten wollen. Bevor für die Deutschen entschieden wird, muß man erst diese Prüfung durchmachen, die eine gute Prüfung ist. Es ist an den Deutschen zu sagen, was sie wollen.

Sicher gibt es eine Menge Demonstrationen, die anzuzeigen scheinen, was die Deutschen wollen. Aber es ist an ihnen, sich in freien und geheimen Wahlen demokratisch zu äußern. Im Augenblick existieren zwei Staaten. Beide Staaten sind souverän. Jeder Staat ist Herr bei sich selbst. Die europäische Realität, so wie sie sich nach dem Zweiten Weltkrieg ausgebildet hat, läßt sich nicht mit einem Pinselstrich auslöschen. Das ist nicht Ihr Fehler, auch nicht meiner, aber es ist nun einmal so. In Europa hat sich – wenn man so sagen kann – eine bestimmte Ordnung gebildet, um zwei Militärblöcke, zwischen denen ein Gleichgewicht herrscht, und auf der Grundlage von Grenzen, die durch internationale Übereinkünfte festgelegt und anerkannt wurden, deren letzte vor vierzehn Jahren zustandekam: die Verträge von Helsinki.

Wenn man beginnt, an der hiesigen Grenze zu rühren, kommt überall etwas in Bewegung. Allerdings meine ich, daß die Grenze zwischen den beiden deutschen Staaten andersgeartet ist als die übrigen, denn sie wurde innerhalb ein und desselben Volkes und nicht, wie sonst in Europa, zwischen unterschiedlichen Völkern errichtet, auch wenn in letzterem Fall die Grenzverläufe nicht immer gerecht sind. Sie kennen die Forderungen z. B. in Transsylvanien und Moldawien. Sie kennen die Forderungen der baltischen Staaten, Sie kennen die Forderungen, die sich in bezug auf Polen manifestiert haben. Bevor man an diesen zerbrechlichen Bau rührt, muß man, wenn man den Frieden schützen will, seine Kaltblütigkeit bewahren. Man hat durchaus das Recht, unter dem Trommelschlag der Leidenschaft und der Hoffnung zu handeln, aber eine gewisse Dosis Vernunft sollte man doch auch wieder einführen. Ich sage also, daß die deutsche Einheit wesentlich vom deutschen Volk abhängt. Wenn das deutsche Volk beschließt, daß dem so sein soll, wird sich Frankreich einem solchen Votum nicht entgegenstellen.

Freilich muß das deutsche Volk bei seiner Entscheidung das europäische Gleichgewicht berücksichtigen. Es kann nicht von einer Realität absehen, die es im Osten zu einem höchst aktiven Mitglied des sogenannten »Warschauer Pakts« macht, mit schlagkräftigen ausländischen Armeen auf seinem Boden; wie auch die Bundesrepublik nicht von einer entsprechenden Situation mit seinen Westverbündeten abstrahieren kann. Ich sage also, daß die deutsche Einheit auch die Angelegenheit seiner Nachbarn ist, die sich nicht an die Stelle des Willens der Deutschen zu setzen haben, aber deren Pflicht es ist, über das Gleichgewicht Europas zu wachen. Da ist fast ein Widerspruch. Zwei unterschiedliche analytische Elemente, gleichsam These und Antithese in Erwartung einer Synthese. Ich glaube, daß dies möglich ist, d. h., daß zur gleichen Zeit die Formen der deutschen und der europäischen Einheit vorangebracht werden müssen. Anders gehen wir einem Ungleichgewicht entgegen, das Sie bei Ihrer Wahl mitbedenken müssen.

Wenn es sich um tiefsitzende Bestrebungen des deutschen Volkes in dem einen oder anderen Sinn handelt, müssen wir Franzosen es begreifen und stets die Partei der Freiheit ergreifen. Das also ist, was ich, etwas vereinfacht und rasch, über das deutsche Problem, so wie es sich jetzt stellt, denke.

In diesem Prozeß wird die Europäische Gemeinschaft eine wichtige Rolle zu spielen haben, denn diese Institution kann mit Ländern wie dem Ihren Verträge schließen. Im übrigen muß sie sich verstärken, damit das deutsche Problem nicht nur ein deutsches, sondern ein europäisches Problem ist. Dann werden wir uns auch gut verstehen und die richtige Lösung finden.

Die Oder-Neiße-Linie ist unangreifbar*

Erscheint Ihnen die Erklärung, die der Bundestag gestern zur Frage der Grenzen abgegeben hat, völlig zufriedenstellend, und erlaubt sie, einen Schlußstrich zu ziehen unter die Zweideutigkeiten, die in bezug auf diese Angelegenheit eine Zeitlang im Schwange waren?

Gestatten Sie mir, daß ich, bevor ich auf eine derart wichtige Frage angemessen antworte, sie in ihren Zusammenhang stelle. Zunächst einmal liegt mir daran, dem, der es vielleicht nicht weiß, in Erinnerung zu rufen, daß die Bundesrepublik ein Freund Frankreichs ist. Wir sind Verbündete und in umfassenden Unternehmungen assoziiert, insbesondere der Europäischen Gemeinschaft. Wir haben also immer den Willen, ihre Interessen, mehr noch, die Personen zu respektieren, die Deutschen, die nach einer langer Zeit der Feindschaft unsere Partner geworden sind; wir würden sogar gern die Art und Weise, in der die Bundesrepublik und Frankreich die dramatischen historischen Auseinandersetzungen, die sie bis zum Aufbau eines tragfähigen Einverständnisses durchlebten, überwunden haben, als ein Vorbild für andere vorschlagen. Natürlich bedarf eine solche einleitende Erklärung, die vom Herzen kommt, dann eine Präzisierung und schärfere Bestimmung, wenn weitergehende Belange und insbesondere das europäische Gleichgewicht angesprochen sind.

Ich antworte zunächst mit einer einfachen Formulierung: Frankreich betrachtet die Oder-Neiße-Grenze, d.h. die

* Gemeinsame Pressekonferenz mit Präsident Wojciech Jaruzelski sowie den beiden Ministerpräsidenten Tadeusz Mazowiecki und Michel Rocard, Élysée-Palast, 9. März 1990. Auszug.

Grenze zwischen Deutschland, heute Ostdeutschland, und Polen als unantastbar, und so ist jede Erklärung, die dies nicht eindeutig zum Ausdruck bringt, unbefriedigend.

Frankreich unterstützt also das polnische Verlangen nach der Proklamierung und Anerkennung kraft eines internationalen juristischen Akts dieser Unantastbarkeit, was bedeutet, daß unsere, die französische, Position weiter geht als die, die sich aus der Erklärung des Bundestags ergibt. Auf jeden Fall sind wir der Auffassung, daß Polen an den Arbeiten beteiligt sein soll, die dieser Frage gewidmet werden. Von wem werden diese Arbeiten begonnen? Da ich einen internationalen juristischen Akt wünsche, wünsche ich zugleich, daß um diesen Akt so rasch wie möglich und jedenfalls vor der wahrscheinlichen Vereinigung der beiden deutschen Staaten Verhandlungen geführt werden. Da erscheint es uns normal, daß Polen an all den Arbeiten assoziiert wird, daran teilnimmt, die sich auf seine eigene Grenze beziehen, das ist das Mindeste. Wir werden dieses polnische Ersuchen bei der Sechsergruppe geltend machen. Die Sechsergruppe, das ist die Summe aus Vier und Zwei.

Ich bin mit der Entscheidung der deutschen Organe, des deutschen Parlaments sehr zufrieden gewesen; sie entspricht, so meine ich, sowohl unseren wechselseitigen Interessen sehr viel stärker als auch dem europäischen Gleichgewicht und der Zukunft Gesamteuropas. Aber ich denke, daß diese Erklärung einige Konturen noch klarer umreißen muß. Insbesondere – das ist selbstverständlich, sollte aber doch besser explizit auch so gesagt werden – daß es sich dabei nicht um irgendeine Grenze handelt, sondern eben genau die Oder-Neiße-Grenze. Wenn wir dies sagen, wollen wir nicht die geschichtlichen Dramen auslöschen. Wir wissen sehr gut, wie schmerzhaft die durch die Kriege verursachten Wunden sind. Es liegt vielmehr im Interesse Europas und des Friedens.

Sie haben auf die enge Zusammenarbeit zwischen Frankreich und Deutschland angespielt. Haben Sie bereits Bundeskanzler Kohl Ihre Bewertung der Bundestags-Erklärung wissen lassen?

Ich habe letzten Montag, also vor der Erklärung, mit Kanzler Kohl telefoniert. Er hat sie mir angedeutet. Ich kannte den genauen Text nicht im voraus, und wir haben für Ende dieser Woche oder Anfang nächster, d.h. morgen oder am Montag, ein Telefongespräch verabredet. Wir haben dieses Gespräch bereits seit Monaten angeschnitten, und ich habe ihm immer wieder freundschaftlich gesagt, ich hielte es für unabdingbar und für eine Voraussetzung, daß klar zum Ausdruck gebracht wird, daß die Unantastbarkeit der Grenzen auch ein Prinzip der Deutschen ist.

Wie denken Sie, Ihren Standpunkt, Ihre Position zu dieser Grenze der deutschen Regierung, Kanzler Kohl so zu vermitteln, daß er sie teilt? Fürchten Sie nicht, daß diese Affäre zwischen Paris und Bonn ein Problem schafft?

Nein, ich sehe nicht, warum. Ich denke, daß das auch seine Auffassung ist. Es muß einfach nur ausgesprochen werden.

Nach der Entscheidung in Ottawa zu dieser Vier-plus-Zwei-Konferenz hat Premierminiser Mazowiecki verlangt, daß auch Polen daran teilnimmt. Die Sowjets, Minister Schewardnadse haben sofort zugestimmt, auch Frankreich; aber wie wird sich das Ganze konkret abspielen? Werden es dann Fünf-plus-Zwei-Gespräche oder Vier-plus-Zwei, dazu einen Nebentisch für die Frage der Grenzen?

Ihre Phantasie ist zu üppig oder zu beschränkt. Je nachdem. Richtig ist, daß es Sache der Polen und der Deutschen ist, über eine Regelung der Grenzfrage zu debattieren. Sie sind die unmittelbar Betroffenen. Es ist aber auch Sache der »Vier«, ihre Meinung dazu abzugeben, man könnte sogar sagen, in einer bestimmten Weise für diesen internationalen Akt Garantie zu tragen. Sicher ist es Sache der Sechs, die Initiativen in Gang zu setzen und die Orientierungen zu präzisieren. Warum »die Sechs« und nicht die »Fünf«? Weil es zwei deutsche Staaten sind. Es geht genau darum, so vorzugehen, daß diese Diskussion über die Grenze entschieden ist, ich sage nicht »für rechtsgültig erklärt«, »verkündet«, und zwar entschieden ist vor der Einheit, vor der Vereinigung. Solange die Vereinigung noch nicht stattgefunden hat, sind es sechs; von dem Tag an, da es die Vereinigung gibt, werden es fünf sein, aber dann wird man in eine andere Etappe übergehen. Das ist die Antwort, die ich Ihnen geben kann.

Ich möchte zu diesem heiklen Problem noch einige zusätzliche Klärungen beitragen. Die Grenz- und Garantiefragen standen im Zentrum unserer Gespräche, aber das war nicht alles. Wir haben regelmäßige Treffen beschlossen, insbesondere auf der Ebene der Außenminister, um eine kontinuierliche Abstimmmung zu erarbeiten, vielfältige Formen der Zusammenarbeit in allen, vornehmlich aber technologischen und wirtschaftlichen Bereichen. Wir haben beschlossen, so gut wir können beizutragen zu vorbereitenden Arbeiten mit dem Ziel, so rasch wie möglich den von Premierminister Mazowiecki so genannten »Rat zur europäischen Zusammenarbeit« zu schaffen und in das einzumünden, was ich die »Europäische Konföderation« genannt habe, um zu versuchen, eine gemeinsame Existenzweise der Länder Europas zu finden, sofern sie einem offen demokratischen, repräsentativen System beigetreten sind.

Zweitens möchte ich daran erinnern, daß alle diese Diskussionen nur in bezug auf einige Petitiones principii Sinn haben. Frankreich hat von Anfang an seine Position dargelegt: Die Einheit der zwei deutschen Staaten unterliegt der Selbstbestimmung der Bürger dieser beiden Staaten. Und wir haben viel zuviel Respekt für die Deutschen, um diese freie Entscheidung an irgendwelche Bedingungen zu knüpfen. Dies um so mehr, als die Geschichte uns seit nahezu einem halben Jahrhundert nicht zu Gegnern, sondern zu Freunden gemacht hat. Allerdings, und auch das haben wir gesagt, diese Entscheidung darf sich nur im Rahmen der gegenwärtigen Grenzen der beiden Staaten vollziehen. Also der Rahmen wurde sofort festgelegt. Er darf keine Verwirrung stiften, was die Anerkennung der deutsch-polnischen Grenze, der sogenannten Oder-Neiße-Linie, voraussetzt. Hüben wie drüben gibt es also keine Überraschung. Die Gründe, die die deutschen Regierenden dazu gebracht haben, diese für sie schwierige Frage in einer bestimmten Weise anzugehen, liegt in ihrer Kompetenz und Autorität. Frankreichs Position freilich wurde kürzlich in Berlin durch Roland Dumas zum Ausdruck gebracht. Und genau weil wir in aller Klarheit miteinander gesprochen haben, muß die französisch-deutsche Freundschaft daraus gestärkt hervorgehen. So miteinander zu sprechen ist für Staaten, die sich wechselseitig respektieren, unabdingbar, da alle aus der wahrscheinlichen Vereinigung erwachsenden Konsequenzen der Zuständigkeit aller Staaten Europas und selbstredend zunächst der Nachbarstaaten unterliegen. Polen und Frankreich nun sind derartige Nachbarstaaten, die in die grausame Geschichte dieses Jahrhunderts verstrickt waren.

Deshalb denken wir auch an diese Konsequenzen, die da heißen Sicherheit, also Grenze, Bündnisse, Handlungsfeld. Und für uns Franzosen ist da noch das Problem der Europäischen Gemeinschaft der Zwölf, entsprechend den Verfahren, die im Hinblick auf die Einheit der zwei Staaten von den Deutschen übernommen werden, und dem Tempo, in dem sich dies alles vollziehen wird. Das also waren die Präzisierungen, die ich Ihnen geben wollte. Das alles dreht sich um das Hauptproblem des europäischen Gleichgewichts. Deshalb habe ich auch das Projekt der Europäischen Konföderation angedeutet, über das ich mich schon mehrfach geäußert habe.

Nach Tadeusz Mazowieckis Aussage ist die deutsche Vereinigung dasjenige, was Polen am meisten fürchtet. Verstehen Sie diese Besorgnis?

Ich habe bereits auf diese Frage geantwortet, am 3. November in Bonn, zum Abschluß des französisch-deutschen Gipfels, der dem Fall der Berliner Mauer direkt vorausging. Ich sagte damals, daß ich keine Angst vor der deutschen Vereinigung habe, insoweit sie sich auf demokratische und friedliche Weise vollzieht. Dem habe ich heute wirklich nichts weiter hinzuzufügen. Ich vertraue dem deutschen Volk.

Wird Polen an den Debatten der Sechs beteiligt werden?

Nein, Polen ist nicht Mitglied der Sechs, das ist klar. Aber was die polnischen Angelegenheiten und in erster Linie die Grenzen Polens berührt, ist für Polen natürlich von Interesse. Es ist klar, daß Polen an den getroffenen Entscheidungen beteiligt sein muß, d.h. an dem internationalen juristischen Akt, der, wenn die Dinge sich folgerichtig entwickeln, mit einem Meinungsaustausch zwischen den beiden deutschen Staaten und Polen beginnen muß. Nach meiner Kenntnis werden noch diese Woche Treffen und Konsultationen der Sechs stattfinden, und ich denke, daß dieses Thema im Zentrum ihrer Gespräche stehen wird.

Für eine europäische Konföderation*

Als Christoph Borgel kam und mir vorschlug, wenn nicht an Ihren Arbeiten, so doch an der Eröffnung der Konferenz europäischer Studenten teilzunehmen, habe ich sofort die Notwendigkeit dieses Treffens empfunden. Mir lag nicht nur daran, mein Einverständnis mit dieser Initiative, mit allen von der UNEF-ID geleisteten Arbeiten deutlich zu bekunden; das Thema selbst schien mir der Mühe wert. Die Gelegenheit war gut, sie erlaubte freien, die meisten europäischen Länder repräsentierenden Studenten, sich für einige Tage ohne Grenzen zusammenzufinden.

Es ist in meinen Augen bedeutsam, daß dies auf Initiative Frankreichs stattfindet. Es ist bedeutsam, daß dieses Treffen, diese Konferenz hier in Frankreich abgehalten wird. Ich sehe darin den Lohn für mannigfache Anstrengungen, unternommen von vielfältigen Assoziationen und Verantwortlichen, die begriffen haben, daß das Schicksal eines jeden unserer Länder sich in allererster Linie in Europa abspielt. Und wenn ich Europa sage, dann denke ich wohlgemerkt nicht an ein Europa auf Kosten eines anderen.

Ich möchte von Europa im eigentlichen Sinne sprechen. Denn die Entwicklung des Hochschulwesens in unseren Ländern, die Kontakte zwischen unseren Universitäten: nichts von alldem wird geschehen, wenn es kein hinreichend strukturiertes Europa gibt, wenn jedes unserer Länder sich hinter seinen Grenzen verschanzt und wir wieder in die Men-

* Rede anläßlich der Eröffnung der Tagung der Studenten Europas, Cité des Sciences, Paris, 10. Mai 1990. Auszug.

talität vor den beiden Weltkriegen zurückfallen, wo jedes Land sich als das beste wähnte und aufgerufen, die anderen auszustechen: wohin das geführt hat, ist ja bekannt.

Meine Generation hat begonnen, dies zu begreifen, kurz nach dem letzten Weltkrieg, an dem wir teilnahmen, und wir haben daraus die Lehren gezogen. Ich selbst war, aufgrund meines Alters, 1939 und 1940 Soldat der ersten Stunde. Der erste Tag eines neuen Weltkriegs, was stellen sich da einem für Fragen! Zunächst: Wird man überleben? Und dann: Was bleibt von unserem Land, unserer gemeinsamen Zivilisation? Und: Wer ist dieser Feind, warum ist er unser Feind? Worauf beruhen diese Antagonismen, sind sie permanent, ewig?

Das erste Mal, zwanzig Jahre früher, hatten einundeinhalb Millionen Tote in Frankreich keine Gelegenheit, darauf zu antworten. Und wie viele weitere Hunderttausende, weitere Millionen Tote waren es 1945 in Europa? In der Sowjetunion fast zwanzig Millionen. Und in Deutschland, was für ein Desaster! Jeder von uns hat für diese vehemente Wiederkehr der Barbarei bezahlt. Einige Männer und Frauen haben da begriffen, daß mit diesem Gewaltzusammenhang gebrochen werden muß, und sich erste Annäherungen ausgedacht, die sich tatsächlich nur auf die Versöhnung der überkommenen Feinde gründen konnten. Das war der gelungene Versuch der französisch-deutschen Aussöhnung, denn in weniger als einem Jahrhundert waren Deutschland und Frankreich in drei kriegerischen Auseinandersetzungen aufeinandergestoßen.

Diese Aussöhnung konnte natürlich nur auf der Grundlage bescheidener, gleichwohl realer Strukturen gedeihen. Strukturen des Austauschs, der Kommunikation, des gemeinsamen Arbeitens, psychologisch untermauert. Wie würden sie sich zusammenfinden, die gestern noch auf den Schlachtfeldern Todfeinde gewesen waren, auf dem Buckel die historische Last einiger Jahrhunderte, wie würden sie sich verhalten? Am Ende hat man gemerkt, daß die Erlebnisse und der Wille zum Erfolg leichter, als man hätte glauben können, über die unbewußten feindlichen Reaktionen obsiegten.

Ich erinnere mich, beim ersten Zusammentreffen des den Weg der Aussöhnung beschreitenden Europas dabei gewesen zu sein. Das war 1948 in Holland, unter dem Vorsitz von Winston Churchill. Da waren Deutsche, Italiener, Engländer, Franzosen, Belgier und viele andere. Innerhalb von drei Jahren hatten sie es fertiggebracht, sich derart zu wandeln, daß sie für ein neues, ein großes Abenteuer bereit waren, das des Friedens. Es gab stete Fortschritte. Ausgehend von der französisch-deutschen Aussöhnung wurden die ersten Institutionen, dann die Europäische Gemeinschaft aufgebaut, bestehend aus sechs Ländern: den drei Benelux-Staaten Holland, Belgien, Luxemburg, dann Westdeutschland, Italien und Frankreich. Nach und nach wurde dieser Bau erweitert. Wir waren sechs, jetzt sind wir zwölf. Die letzte Erweiterung betraf Spanien und Portugal. Und schon stehen weitere Gesuche ins Haus. Welches europäische Land, das zumindest Nachbar der EU ist, wünschte dann und wann nicht, sich diesem Bau anzuschließen? Er umfaßt, einschließlich des anstehenden Beitritts von etwa 17 Millionen Ostdeutschen, ungefähr 340 Millionen Einwohner. Das stellt nicht nur eine gewaltige Summe an Humankräften dar, sondern auch eine Institution, die sich mit Strukturen und Machtbefugnissen ausgestattet hat. Machtbefugnisse in bezug auf Landwirtschaft, Industrie, Handelspolitik, Technologie, Transportwesen, Kommunikationsmittel, Forschung, Hochschulwesen… Das bildet den umfassendsten Markt, die erste Handelsmacht der Welt. Und damit ist die Hoffnung noch nicht zu Ende. Gäbe es eine noch stärkere wirtschaftliche

Einheit, ließen die der Forschung zufließenden Mittel diese Gemeinschaft zur ersten Industriemacht werden. Gäbe es eine noch stärkere politische Einheit, gäbe es keinen Grund, warum Europa nicht, gemeinsam mit den wenigen großen politischen und wirtschaftlichen Mächten, zu den Akteuren der Weltgeschichte zählen sollte. Jedenfalls wird die Perspektive von 1993, dieses Datum haben wir uns gesetzt, die Perspektive des sogenannten Binnenmarktes zwischen den Zwölf es den Bürgern unserer zwölf Länder erlauben, freizügig zu zirkulieren, sich ohne Beschränkungen nach Wunsch niederzulassen, zu arbeiten, ihr Berufs- und Familienleben aufzubauen.

Das wirft vielfältige Probleme auf. Sie zu nennen erspare ich Ihnen. Im Augenblick steht das an, und die kommenden zwei Jahre werden uns eine schwere Aufgabe abverlangen. Wir haben darüber hinaus gedacht, daß wir zur Krönung dieses Gebäudes unbedingt über wirtschaftliche Instrumente verfügen müssen, und so haben wir, unter Festlegung eines Programms und Zeitplans, mit der Diskussion eines auf der Währungseinheit begründeten wirtschaftlichen Europas, des monetären Europas, begonnen. Von da aus stellen sich natürlich weitere Fragen: Wie wollen Sie die Wirtschaft, die Technik, die Wanderung zwischen den Ländern, die vielfältigen Austausche, die Universitäten lenken, wenn Sie nicht wenigstens eine gemeinsame Politik haben? Von daher das Projekt – das letzte, neueste kommt von Deutschland, Belgien und Frankreich, aber viele andere Ländern denken auch daran – einer größeren politischen Einheit, die auf gemeinsamen Strukturen begründet ist und nicht nur auf den wie immer freundlichen und wohlwollenden Treffen der Regierenden jedes Landes, Treffen, die regelmäßig unter dem wechselnden Vorsitz eines Landes stattfinden und die es, wie unlängst in Dublin, ermöglichen, die Standpunkte der

Zwölf auszutauschen. Man muß aber noch weiter gehen. Freilich betreffen diese meine Ausführungen nicht direkt die anderen Länder Europas. Einige davon haben Assoziationsverträge oder sonstige Übereinkommen mit der EG, darunter die sechs Länder der Europäischen Freihandelsassoziation (EFTA) – Norwegen, Schweden, Österreich, Portugal, Schweiz und Island. Diese Staaten haben andere Konzeptionen als wir und weigern sich, einengende Wirtschaftsstrukturen einzurichten, sind deshalb aber nicht weniger Länder mit großer demokratischer Freiheit und an ästhetischen, moralischen und zivilisatorischen Werten ausgerichtet, die den unseren sehr nahestehen. Der Dialog mit ihnen ist leicht, auch wenn die Traditionen unterschiedlich sind.

Es gibt auch die Länder Mittel- und Osteuropas. Keins schließe ich aus. Es gibt jene, die sich schon frühzeitig von diesem Block gelöst haben, so wie Jugoslawien; die abseits geblieben sind, so wie Albanien. Es gibt eine bestimmte Anzahl von Ländern, die sich in besonderen Schwierigkeiten befinden, wie Zypern, von denen zwei offiziell um Aufnahme in die EG ersucht haben: Österreich und die Türkei. Es gibt schließlich die Sowjetunion und die verschiedenen Länder, aus denen Sie stammen, und die während dieses letzten halben Jahrhunderts eine ganz andere Geschichte erlebt haben. Ich sage das letzte halbe Jahrhundert, aber für einige mag das noch mehr sein; das kann auf die Revolution 1917 zurückgehen und auch auf das Ende des Ersten Weltkriegs.

Da wir dabei sind, diesen gewaltigen Gemeinschaftsbau der Zwölf erfolgreich zu errichten: Werden dann all diese Länder ihrem Schicksal überlassen? Wird dann vergessen werden, daß die Geschichte, die geographische Lage, die Kultur, unsere konvergierenden Interessen uns auffordern, unsere Kräfte zu bündeln und nicht zu trennen?

Freilich erhebt sich ein Problem: Sollte die Initiative für diese Union allein Sache der Zwölf sein, eine Art neuer Macht, die ihre Gunst je nach Lust und Laune vergibt und selbstherrlich über das Schicksal Ihres Landes verfügt? Kurzum, wäre Ihr Land also in der Lage des Gedemütigten, aufgrund seiner wirtschaftlichen und politischen Krise dazu verdammt, zu betteln?

Besitzen Ihre Länder nicht eine der unseren gleichwertige Geschichte? Ist deren Beziehung zur Kultur und ist deren Würde von geringerem Wert? Warum sollte auch nur eines aus dem gemeinsamen europäischen Werk ausgeschlossen werden?

Dieses Problem muß mit klarem Kopf angegangen werden. Keines dieser Länder ist gegenwärtig in der Lage, jene einengenden Strukturen auf sich zu nehmen. Und um zu vermeiden, daß sie die Bumerangeffekte einer schwierigen wirtschaftlichen Lage erleiden, könnten sie dann nicht Märkte für die Zwölf sein? Doch welche Möglichkeit hätten sie dann, zu verteidigen, was sie sind, ihre Identität, etwas anderes zu sein als Klienten, die dem Willen ihrer Kreditgeber unterworfen sind? Da liegt das Problem. Wenn sie nur Nachfrager, Bittsteller sind – sie haben durchaus das Recht, dies zu sein, um die Lage ihres Volkes zu retten –, werden sie sich nicht in diesem Abhängigkeitsverhältnis einrichten wollen: Bald wird dann ein Wille zur Revolte, zur Rebellion zu beobachten sein gegen eine unerträgliche Situation bei Völkern, deren Geschichte, Möglichkeiten, Fähigkeiten, Aussichten durchaus unseren gleichwertig sind.

Deshalb auch mein Aufruf zu dem, was ich – ohne freilich etwas oktroyieren zu wollen – als Europäische Konföderation bezeichnet habe. Ich wandte mich damals, es war der 31. Dezember 1989, an die Franzosen, wir hatten gerade die Zweihundertjahrfeier unserer Französischen Revolution, die ein wenig zur Revolution der gesamten freien Welt geworden ist, abgeschlossen, und mir lag daran, unsere europäischen Perspektiven ins Licht zu rücken. So wie es auch schon die ersten französischen Revolutionäre unternommen hatten. Ich sagte einleitend: »Uns muß da, wo wir sind, zunächst eines gelingen: die Europäische Gemeinschaft. Sie muß vervollkommnet, sie muß verbessert werden, sie muß besser funktionieren, sie muß ihre immer noch bestehenden Widersprüche, Nationalismen und Protektionismen überwinden.« Von daher die Wirtschafts- und Währungsunion, die Perspektive einer politischen Einheit. Es muß rasch vorgegangen werden, da der Termin für den europäischen Binnenmarkt auf den 31. Dezember 1992 festgelegt ist, was bedeutet, daß nur noch zweieinhalb Jahre zur Verfügung stehen, um das begonnene Werk abzuschließen. Und in diesen zweieinhalb Jahren darf tatsächlich keine Zeit vergeudet werden, soll das Ganze nicht in ein riesiges Kommerz-Europa münden, ohne Seele, ohne Perspektive, ohne Eigenstolz, ohne eigene europäische Identität. Unter dem Ansturm der Interessen würde dies alles sehr rasch auseinanderfallen. All das: das Blut, das vergossen, die Mühen, die aufgebracht, die Tränen, die vergossen, und die Opfer, die gebracht wurden; all das ist doch nicht geschehen, damit man jetzt ein Europa wiederaufbaut, das gleichsam die Imitation dessen ist, was man entweder vor 1914 oder nach 1919, nach dem Zusammenbruch des Habsburger Reichs, gekannt hat. Man muß mit seinem Jahrhundert, fast wäre ich versucht zu sagen: mit seinem Jahrtausend voranschreiten. Wir haben 1990, und alle unsere Gedanken müssen auf die kommende Zeit gerichtet sein, auf seine spezifische Symbolik, die sich dem Kommen eines neuen Jahrhunderts, eines neues Jahrtausends verdankt – das spricht die Phantasie an.

Ausgehend von diesem Europa der Gemeinschaft entwerfe ich also die zweite Zielsetzung: sich an die Völker Gesamteuropas wenden, sich an die anderen wenden und ihnen eine Perspektive vorgeben, nicht nur einen Traum. Eine politische Konstruktion auf wirtschaftlicher und kultureller, nicht zu vergessen auch technologischer Grundlage. Ich sehe im Zuge der Zeit und je rascher, desto besser ein Europa entstehen, in dem zunächst alle Völker zusammenkommen, in dem ihre Regierenden über gemeinsame Interessen diskutieren, in dem jeder von gleich zu gleich seine Sache vortragen kann. Gewiß geht es nicht darum, diesen Ländern zu sagen: »Morgen seid Ihr in der Gemeinschaft der Zwölf, Dreizehn, Fünfzehn, Zwanzig«, sie wären nicht in der Lage, diesen Schock zu überstehen, und die EG selbst ist in ihren Unternehmungen noch nicht so erfolgreich, daß sie andere Partner in einer weiträumigen Freihandelszone aufnehmen könnte, die zudem gerade an der ursprünglichen Idee der Gründer der Europäischen Gemeinschaft Verrat beginge. Wir sind darauf noch nicht vorbereitet. Dazu braucht es noch Zeit. Die Wirtschaften müssen weiter entwickelt, reformiert werden. Denn es muß ja doch möglich sein, die Entwicklungsniveaus zu vergleichen. Sie aber, die Sie Studenten in diesen Ländern sind, Sie können es, wenn Sie nur wollen, Sie sind dazu in der Lage. Sie besitzen eine Geschichte, haben Traditionen, unter Ihnen sind Männer und Frauen, die durchdrungen sind von unserer gemeinsamen Kultur.

Wir haben uns so viele Male auf den Schlachtfeldern getroffen, sind uns aber auch in den Universitäten begegnet. Wir haben alle Arten des Austausch, kriegerische wie friedliche, praktiziert. Wir sind aufeinandergestoßen, haben unter uns Vergleiche angestellt. Unsere Intellektuellen haben sich mit anderen getroffen, wenn sie Lust dazu hatten. Wurde man zu einer bestimmten Epoche besonders hier in Frankreich verfolgt, flüchtete man nach Berlin. Wenn unsere großen Geister des 18. Jahrhunderts so etwas wie mangelnde Ausdrucksmöglichkeit in ihren Ländern verspürten, wenn sie ihre Gedanken- und Schreibfreiheit gefährdet sahen, gingen sie außer Landes. Nicht unbedingt in ein demokratisches Land, das gab es zu jener Zeit noch nicht, aber doch mit entsprechenden Traditionen. Eine solche Tradition gab es in Berlin, ein entsprechendes Verständnis aber auch in Rußland. Bedenken Sie, daß wir durch Jahrhunderte geformt sind, in deren Verlauf die Grenzen, Völker, die geographischen Karten den wechselnden Kräfteverhältnissen ausgesetzt waren und wir hundertfach Gelegenheit hatten, aufeinanderzustoßen und uns zu vergleichen, um uns gut zu kennen.

Eine Konföderation – was heißt das? Das heißt, daß ein Pakt geschlossen werden muß zwischen den Ländern, die das wollen und die – wie ich bereits ausgeführt habe, aber ich wiederhole mich gern – repräsentative, will heißen, demokratische Institutionen aufweisen. Den anderen ist der Zutritt nicht verboten, aber sie müssen wohl oder übel warten, denn wenn man zusammenarbeiten will, muß man über dasselbe sprechen können, dieselben Werte teilen. Es gibt andere Gelände, auf denen man jenen begegnet, die diese Werte nicht teilen, aber mit denen über unsere Interessen zu diskutieren angebracht ist. Ich komme darauf kurz vor Schluß noch zurück.

Warum sollte man sich unter diesen Umständen nicht eine flexiblere Struktur als die EG ausdenken, in deren Rahmen über wirtschaftliche und kulturelle Belange diskutiert werden könnte? In der Diskussionen über Sicherheit stattfinden könnten, bei denen von gleich zu gleich auf Ministerebene debattiert würde, zwischen Außen- oder Handelsministern, je nach Bedarf den Fachministern, zuweilen den Staatschefs?

Jedenfalls könnten mindestens drei oder vier Treffen jährlich zwischen zuständigen Regierungsvertretern die Gewohnheit vermitteln, gemeinsam zu arbeiten. Notwendig wäre ein ständiges Organ, ein ständiges Sekretariat, das repräsentativ für alle Staaten Europas, zugleich aber nicht schwerfällig wäre, das die gemeinsame Akte vorbereiten, über die da und dort zu leistenden Fortschritte und angetroffenen Schwierigkeiten informieren würde. Es stellte eine Art Erfahrungsfeld dar, auf dem zu lernen wäre, wie sich die Mittel der Annäherung vertiefen lassen, wie man im Interesse eines jeden Landes, aber auch im gemeinsamen Interesse nützlich sein kann.

Wenn dies eines Tages beschlossen werden sollte, dann werden die Länder, die sich von einer auf sie lastenden Vormundschaft befreit haben, die ihre Entscheidungsfreiheit und echte Souveränität wiedergefunden haben und die nach noch mehr Freiheit streben, nicht isoliert bleiben. Man darf sich nicht auf – sicher sympathische und nützliche – Versuche regionalen Einvernehmens beschränken, wie es gegenwärtig zwischen der Tschechoslowakei, Ungarn und Polen zu sehen ist, auch die Union mit den Ländern in Schwierigkeiten muß vorangetrieben werden. Das wäre dann eine riesige Gemeinschaft mit ihren 340 Millionen Einwohnern, in der die reicheren und einige weniger reiche Länder vereinigt sind, die sich wechselseitig unterstützen. Dafür braucht es eine Institution, müssen die Staaten an einer institutionellen Permanenz arbeiten, die voranzuschreiten erlaubt und Alarm gibt, wenn die Interessen gefährdet sind.

Der Bereich ist riesig. Es wurde bereits gesagt, und ich wiederhole es gerne: Die Kultur ist und bleibt das Bindemittel Europas. Ich erinnere an den Satz, den Jean Monnet, einer der Gründer des gemeinschaftlichen Europas, geprägt hat: »Wenn noch einmal angefangen werden müßte, würde ich, statt mit dem wirtschaftlichen Europa, mit der Kultur beginnen.« Da ist wirklich der Bereich, in dem die Verantwortlichen Gesamteuropas sich frei ergehen können. Wobei nicht die Sicherheitsfragen außer acht gelassen werden dürfen, die nicht schwerwiegender, aber zahlreicher werden.

Es bleibt abzuwarten, ob die einzelnen Länder, die jetzt berauscht die Rückkehr der Freiheit erfahren, nicht, da gedrängt, Vereinbarungen zu treffen, in Versuchung geraten, jeweils nur für sich selbst tätig zu werden. Einige Staaten des gemeinschaftlichen Europas erweisen sich so als Rivalen in der weltweiten Konkurrenz, vor allem wenn es darum geht, auf Ihren Ländern herumzutrampeln, ihnen den letzten Rest Substanz herauszuziehen, ihrer Intelligenz Avancen zu machen, um sie bei sich arbeiten zu lassen. Wie eine bestimmte Migration der westeuropäischen Geistesarbeiter wegen mangelhafter hiesiger Ausstattung nach Amerika zu beobachten war – und weiter zu beobachten ist –, werden wir bald auch Ihre Eliten sehen, angezogen vom Westen Europas, weil man hier besser lebt, größere Chancen hat? Das darf nicht eintreten, aber eben dafür bedarf es einer Stätte, wo man sich begegnet, miteinander spricht, sich abstimmt, Beschlüsse faßt, wo man die Zukunft hin auf stärkere Institutionen vorbereitet. Das nenne ich eine Konföderation.

Deshalb empfehle ich auch allen Ländern, die dazu in der Lage sind, den Beitritt zum Europäischen Rat. Der Europäische Rat in Straßburg ist eine gut funktionierende Institution, er ist sehr offen und besitzt die Kompetenz, über die hier von mir angeschnittenen Themen zu debattieren. Zur Behandlung der Sicherheits- und einer Anzahl politischer Probleme gibt es die Konferenz für Sicherheit und Kooperation in Europa: die KSZE in Helsinki, wo sich alle europäischen Länder sowie die USA und Kanada zusammenfinden. In diesem Zusammenhang erwartet uns viel Arbeit. Das ist eine erfolgreiche Institution, der einzige Ort, an dem sich wirklich alle Europäer treffen. Da muß weitergemacht werden. Ein Treffen ist vorgesehen, das von der Sowjetunion vorgeschlagen wurde; Frankreich hat als erstes Land zugesagt, einige Vorbehalte wurden laut. Heute ist diese Angelegenheit geregelt: die KSZE-Konferenz wird vor Ende des Jahres stattfinden, vermutlich in Paris. Das ist eine gute Sache.

Es wird notwendig sein, über die Abrüstung zu sprechen, die konventionelle Abrüstung muß einhergehen mit der atomaren sowie der chemischen Abrüstung. Es wird notwendig sein, das System der Bündnisse abzuklären: Wenn es keine Feinde mehr gibt, worauf gründen dann noch die Bündnisse? Daneben gibt es noch die territorialen Probleme, insbesondere das spezifische Problem des wiedervereinigten Deutschlands. Da gehören die Truppen zum Warschauer Pakt, hier zum Atlantischen Bündnis. Diese faktischen Probleme sollten in den nächsten Monaten geregelt werden, und es ist gut, daß es eine Institution, die KSZE, gibt, die uns ermöglicht, in Anwesenheit der Vereinigten Staaten und Kanada, die beide ja zum Atlantischen Bündnis gehören, zu diskutieren.

Ich hatte mit dem sogenannten Eureka-Programm die Schaffung einer Art von technischem Europa verlangt, das jetzt seine Fortsetzung erfährt im audiovisuellen Bereich um ein hochauflösbares Fernsehen, das den Vergleich mit der japanischen und amerikanischen Technologie standhalten kann. Von Anfang an habe ich gefordert, daß dies nicht auf die Länder der EG beschränkt bleibt, so daß wir jetzt, statt zwölf, achtzehn europäische Länder sind, die daran beteiligt sind. Es geht darum, daß den Unternehmen Hochtechnologieverträge im Bereich der Biologie wie in dem der Mechanik und der Optik erleichtert werden. Kein Bereich wird ausgeschlossen, und die besten Unternehmen, Techniker, Forscher, Wissenschaftler schließen sich in Verträgen zusammen, wobei nicht immer alle achtzehn Länder vertreten sein müssen, sondern es auch, je nach Belieben, drei oder vier sein können: da mal Dänemark, Schweden, Spanien und Frankreich, hier Finnland, Großbritannien usw. Warum sollte dieses technologische Eureka nicht noch stärker allen Ländern Ost- und Zentraleuropas geöffnet werden? Auf diese Weise wären die leistungsstarken Unternehmen Ihrer Länder, mehr noch aber Ihre Forscher und Techniker an einer der interessantesten Formen des europäischen Aufbaus beteiligt.

Eine Menge anderer Probleme sind gemeinsam anzugehen: die Umwelt – Umweltverschmutzung macht an den Grenzen nicht halt –, die Kommunikationsmittel usw. Dafür muß die Gemeinschaft erstellt werden, unter Einbeziehung des Faktors Zeit, der sich unserer Kontrolle mehr oder minder entzieht. Innerhalb der Gemeinschaft gibt es große Industriestaaten wie Deutschland, Italien, England, Spanien; dann gibt es Portugal, Irland oder Griechenland, die weniger reich sind; dennoch haben die drei zuletzt genannten Ländern dieselben Rechte wie die anderen. Wenn sie innerhalb des Europäischen Rates »nein« sagen, hat ihr »Nein« dasselbe Gewicht wie das der großen Industrieländer. Wenn nicht gleich an Mitteln, die ihnen zur Verfügung stehen, sind sie doch gleich an Würde. Dasselbe muß auch innerhalb dieser Konföderation gelten: daß die am stärksten von Fehlschlägen und Rückschritten betroffenen Länder gleich an Würde sind und folglich die gleiche Qualifikation haben, akzeptiert oder abgelehnt zu werden, wie die reichsten und prosperierendsten Staaten. Wenn diese Vorbedingung, die der gleichen Würde, nicht besteht, werden sich die Wunden sehr schnell wieder öffnen. Werden die Dispute, die Streitigkeiten, die

Antagonismen, die Konflikte, die Revolten der Minderheiten an Schärfe gewinnen und wir uns in dem schlechten Europa wiederfinden, diesem Europa, das, als Ergebnis der Konflikte des 19. Jahrhunderts, seinen eigenen Verfall mit vorbereitet hat und für lange bei den Entscheidungen, die über das Geschick der Welt bestimmen, nicht mehr zählte.

Und schließlich müßte Schluß gemacht werden mit der Trennung der Militärblöcke. Dies alles muß vorbereitet, diskutiert werden, wird auch diskutiert, aber nur in engen Zirkeln und Versammlungen, die sicher keine universelle Kompetenz, sondern nur beschränkte Kompetenzen aufweisen. Auch der Raum muß gemeinsam erobert werden und so weit wie möglich von Grenzziehungen verschont bleiben. Das unternehmen wir außerhalb Europas in der Antarktis, mit dem Schutz dieses letzten Kontinents mit Reservatscharakter. Angesichts der Bedürfnisse, die wir haben, ist es dermaßen absurd, jeweils auf eigene Faust zu handeln, daß ich die Einrichtung von Organen fordere, in denen eine dauerhafte Debatte ermöglicht wird, damit der Dialog nicht endet. Die Perspektiven sind riesig, und man wird sicher nicht auf Anhieb dahin gelangen. Deshalb ermutige ich ja auch energisch die bestehenden Institutionen, jene von mir bereits genannten wie Europäischer Rat, KSZE, Eureka usw., in ihren Anstrengungen nicht nachzulassen. Nur wird einmal der Augenblick kommen, wo alle diese Experimente und Erfahrungen zusammengefügt werden müssen, damit Europa zu sich selbst findet.

Ich habe mich mit Freude und sogar Leidenschaft an Sie gewandt, Studenten aus allen Teilen Europas, denn ich glaube an das Schicksal Europas; glaubte ich nicht daran, würde ich meine Verpflichtungen gegenüber dem französischen Volk verfehlen. Und so sage ich denn: »Auf, gehen

Sie weiter, treffen Sie sich und diskutieren Sie, setzen Sie Ihren Willen gegenüber zögerlichen Regierungen durch, schaffen Sie in Ihrem jeweiligen Land eine Begeisterung und einen Willen, Sie sind frei, zeigen Sie es.« Ich danke Ihnen.

Das Paar Frankreich – Deutschland*

Wir können, meine ich, mit einigem Stolz den zurückgelegten Weg betrachten. Die Rekapitulation der beiden letzten Jahre belegt es ausführlich: Zu keinem Zeitpunkt haben Deutschland und Frankreich so eng und andauernd zusammengearbeitet. Ich bin überzeugt, daß nie zuvor unsere beiden Länder so viel positive Ergebnisse heimgebracht haben, für sie selbst und für ganz Europa. Ich glaube sagen zu dürfen, daß es kein anderes Land gibt, mit dem wir Franzosen Beziehungen von so außergewöhnlichem Niveau unterhalten.

Und doch ist die französisch-deutsche Freundschaft keine Selbstverständlichkeit. Sie ist weder natürlich noch automatisch. Die Geschichte unserer beiden Länder ist sehr verwikkelt und bisweilen sogar sehr dramatisch. Die prästabilierte Harmonie, eine Lieblingskonzeption eines Ihrer großen Philosophen, regelt eben doch nicht den Lauf der Geschichte. Zumal wenn die Geschichte so alt und so komplex ist wie Ihre und unsere und es darin, seit Jahrhunderten, mehr Gelegenheiten gab, die Schwerter zu kreuzen, als sich die Hand zum Einverständnis zu geben. Unsere Beziehung ist folglich eine fortwährend aufzubauende, angetrieben von einem steten politischen Willen und durch jene Instrumentarien und Verfahren gefördert, die unsere Vorgänger entwickelt und wir zu perfektionieren versucht haben.

---

* Ansprache anläßlich der Überreichung des deutschen Medienpreises, Baden-Baden, 25. November 1994. Auszug.

Dazu mußten die unterschiedlichen Interessen und Empfindsamkeiten transformiert und transzendiert werden durch unser Bewußtsein von einem höheren Interesse, für das wir vor unseren Völkern und der Welt verantwortlich sind. Wir haben Initiativen ergriffen. Einige mochten in einem Augenblick, da die Geschichte zögerte, und das tat sie mehrfach, höchst kühn erscheinen.

Wir haben mit ansehen müssen, wie Europa Anfang der 80er Jahre Europa mit der sowjetischen Drohung versank, haben die Erschütterungen in Osteuropa miterlebt, die jugoslawische Tragödie, die Währungsturbulenzen, die wirtschaftliche Krise – und ich unterbreche hier eine Aufzählung, die noch viel weiter gehen könnte. Nie haben wir die Arme sinken lassen. Es war im Namen dieses höheren Interesses, das mich glauben ließ, die Solidarität Frankreichs mit Deutschland vor dem Bundestag 1983 proklamieren zu dürfen; das Helmut Kohl die Wirtschafts- und Währungsunion in Maastricht unterstützen hieß; das uns an den Gräbern Verduns 1984 der Getöteten gedenken ließ; das uns unsere Länder auf den Weg einer immer engeren militärischen Zusammenarbeit führen ließ. Einige dieser Initiativen haben in einer ersten Phase naturgemäß negative Reaktionen ausgelöst. Aber letztlich haben sie die Idee einer Schicksalsgemeinschaft aus Deutschland und Frankreich vorangebracht, die sich immer stärker mit der Kraft der Evidenz durchsetzt.

Der Anteil an Freundschaft innerhalb dieser Geschichte: das ist nicht nur eine gut geölte Mechanik oder eine Abfolge politischer Fähigkeiten, die sich im übrigen als grobe Fehler erweisen könnten. Es gibt darin vielmehr eine menschliche Dimension, die ich für unverzichtbar halte.

Ich denke an die Hunderte von Stunden der Diskussion, an die Schlachten, die wir Seite an Seite geführt haben, an die

Momente intensiver Emotion. Sie haben eine davon erwähnt, Ihre Anwesenheit als deutscher Bundeskanzler auf den Champs-Élysées, am vergangenen 14. Juli. Wir wohnten der Parade unserer Soldaten bei. Und über unsere Personen hinaus waren es Generationen, die sich begegneten.

Was Wunder, wenn heute das, was als das »Paar Frankreich-Deutschland« bezeichnet wird, gleichsam zu einem Barometer Europas geworden ist. Wir werden beobachtet und abgehört. Die allerkleinste vermeintliche Verstimmung alarmiert Zeitungsredaktionen und Regierungskanzleien. Die Bekräftigung unseres Einvernehmens löst Neid oder Argwohn aus. Und doch – und alle unsere Partner wissen es, und wenn sie es nicht wußten, wiederhole ich es ihnen heute abend: Das französisch-deutsche Einverständnis gewinnt seine ganze Bedeutung nur deshalb, weil es im Dienste der europäischen Einheit steht.

Das sagte im übrigen Bundeskanzler Kohl, als er in den Tagen des Jahres 1989 die Sache der deutschen Einheit zu verteidigen gedachte. Ja, die deutsche Einheit im Rahmen der europäischen Einheit, die französisch-deutsche Freundschaft im Dienste der Europäischen Union.

Das Problem heute besteht darin, diese Union voranzubringen. Denn noch ist nicht alle Gefahr ausgeräumt, nicht aller Pessimismus verschwunden. Die wirtschaftliche Aufhellung, wenn sie sich denn bestätigt, wird uns dabei helfen. Die Errungenschaften sind erheblich. Sie müssen konsolidiert werden. Dabei werden Augenblicke des Zögerns auftreten. Die öffentliche Meinung wird sofortige Resultate erwarten. Innenpolitische Probleme, äußere Komplikationen werden die Stunde des Zusammentreffens verzögern. Man wird starke Nerven brauchen und standhaft bleiben müssen. Wird imstande sein müssen zu warten, um zu entscheiden und mit Erfolg zu handeln.

Die Zwölf haben kollektiv diesen Weg beschritten. Wir werden die Ergebnisse der Maastrichter Verträge, jetzt ins Werk gesetzt, beurteilen. Vergessen wir, unter dem Vorwand der Wiederankurbelung oder der Neuheit, nie das Programm, das wir uns gesetzt haben. Es ist schon ehrgeizig genug. Wir können neue Baustellen eröffnen, beenden wir aber auch die noch offenen.

Die Prioritäten setzen sich von selbst: wir müssen weitergehen zur Wirtschafts- und Währungsunion; der Außen- und Sicherheitspolitik Bestand verleihen; die ersten Keime der gemeinsamen Verteidigung verstärken; den Wirtschaftsaufschwung durch großangelegte infrastrukturelle Programme begleiten; unseren nationalen Identitäten und unseren durch die weltweite kommerzielle Banalisierung bedrohten Kulturen, unseren Sprachen und all dem, was wir sind und das sich um so besser wird verwirklichen lassen, je einiger wir sind, alle die ihnen gemäßen Chancen einräumen; Systeme einrichten, die es ermöglichen, Freizügigkeit und Sicherheit zu versöhnen: von Herzen wünsche ich mir die, wie ich hoffe, baldige Realisierung des Schengener Abkommens, ohne daß wieder neue Hindernisse errichtet werden.

Während Europa seine Strukturen verstärkt, ist es zugleich aufgerufen, sich zu erweitern. Als neue Mitglieder stehen quasi schon fest Österreich, Finnland, Schweden. Norwegen diskutiert noch darüber; andere Länder bewerben sich. Das wirft das Problem der Institution auf, das im Zentrum der Regierungskonferenz stehen und jetzt schon heftig debattiert wird.

Helmut Kohl wird dabeisein. Ich selbst werde das etwas von ferne betrachten, aber meine Wünsche werden Sie begleiten. Es muß gelingen! Diese Regierungskonferenz wird schwierig zu führen sein. Unseren spanischen Freunden obliegt dann die Verantwortung. Aber es ist an uns, Deutsche und Franzosen, da wir nacheinander die Präsidentschaft innehaben, das Gelände zu ebnen. Wir müssen die Legitimität der Institutionen mehren. Wir müssen uns darauf vorbereiten, den Beitritt der Länder Mittel- und Osteuropas sowie der Mittelmeerländer, die sich an der Pforte zur Union drängen und die daraus ein Mehr an Sicherheit und Wohlstand für ihre Völker erwarten, so erfolgversprechend wie möglich zu gestalten.

Die Union wird zu zwanzigst oder mehr nicht mehr so funktionieren wie zu zwölft. Das Wesentliche ist, daß Europa, wenn es sich erweitert, nicht seine Handlungsfähigkeit verliert. Natürlich stellen die künftigen Erweiterungen die gegenwärtigen Mitgliedsländer, zumal die eindeutigen Beiträger – ich denke an Deutschland, Frankreich und England –, die Europa mehr Finanzmittel zuschießen, als sie wiederbekommen, vor erhebliche Probleme. Diese drei Länder tragen bereits eine weit höhere Last als die neun weiteren Partner des Europas der Zwölf. Und mit jenen Ländern, die beitreten wollen – denn jedes hat das Recht, eines Tages Mitglied der Europäischen Union zu sein –, werden je nach ihrer wirtschaftlichen Lage komplizierte Diskussionen zu führen sein, damit nicht unsere wenigen Länder die ganze wirtschaftliche Bürde des Wiederaufbaus von Europa zu tragen haben. Über all das muß mithin ernsthaft geredet werden. Das sind keine Fragen, die einfach übergangen werden können.

Die Institutionen selbst müssen immer demokratischer werden. Darüber herrscht zwischen uns Einigkeit. Sie müssen immer mehr danach streben, Formen gemeinsamer Politik zu organisieren. Schauen Sie doch nur, wie Europa heute bei den Versuchen fehlt, den sich entwickelnden Konflikten vorzubeugen oder sie zu lösen! Schauen Sie doch nur, was sich im ehemaligen Jugoslawien abspielt, was sich morgen in anderen Ländern abspielen kann! Ich könnte jetzt schon meinen Finger auf die Landkarte legen und sagen, wo das sein wird! Auch wenn meine Prognosen nicht immer richtig wären. Diese Abwesenheit, dieses Fehlen kann freilich der Europäischen Union nicht vorgeworfen werden, denn erst seit Maastricht hat sich Europa eine Verantwortung zugestanden, die es vordem nicht hatte. Aber es ist gut zu sehen, daß es eilt.

Ich möchte Sie nicht mit Europa von A bis Z unterhalten. Aber da von Europa und der französisch-deutschen Freundschaft die Rede ist, möchte ich auf die Rolle der Presse eingehen. Denn die Verantwortung der Medien ist in der Wahrnehmung des europäischen Aufbaus durch unsere öffentliche Meinung sehr groß, da dies jetzt zu einer öffentlichen Debatte geworden ist und nicht mehr nur Besitz einer kleinen Gruppe, einer Elite, einer sozialen Klasse oder Berufsgruppe ist. Diese haben sich in der Vergangenheit große Verdienste erworben, denn sie haben die Maschine in Gang gebracht. Doch jetzt ist es Sache aller, Sache der Bürger. Und das Europa der Bürger ist schließlich doch die Krönung aller technischen und politischen Organisationen.

Ich selbst habe versucht, diese Entwicklung in meinem Land bestätigen zu lassen, als ich zur Überraschung nahezu aller ein Referendum forderte – zu dem mich keine verfassungsmäßige Regel zwang –, um den Maastrichter Vertrag zu billigen. Ich wußte, daß das riskant war, wie es in allen Ländern Europas riskant gewesen wäre. Die öffentliche Meinung ist nicht immer mit der gleichen Sorgfalt geformt, von der jene zeugen, die sich für die Geschichte begeistern oder die sie durch ihre Reisen oder ihre geschäftlichen Kontakte kennen und die eine Ahnung besitzen von der Zukunft Europas.

Frankreich hat sich also engagiert. Aber gerade so! Mir wurde denn auch die geringe Zahl der Befürworter vorgeworfen. Aber hätten wir verloren, wäre mir entgegengehalten worden: Das ist nun mal die Demokratie! Wir haben gewonnen: Es ist noch immer die Demokratie! Das französische Volk hat sich engagiert. Dieses Werk sollte nicht durch das Handeln einiger kaputtgemacht werden können. Man kann schließlich nicht bei jeder Zufallswendung der Innenpolitik das Wort des Volkes wieder in Frage stellen.

Ich habe Vertrauen in die Entwicklung der öffentlichen Meinung, auch wenn alle drei Monate Meinungsumfragen, Wellen des Ressentiments, politische Schwierigkeiten oder internationale Proteste dazu beitragen, daß zahlreiche Berufsgruppen Europa, den Europäischen Rat, die Kommission usw. anprangern. In solchen Augenblicken ist man versucht zu sagen: »Lassen wir doch die öffentliche Meinung, sonst müssen wir womöglich noch mit ansehen, wie der Bau, den wir mit so viel Mühen errichtet haben, niedergemacht wird.« Aber das wäre ein Fehler! Wir müssen gerade im Gegenteil die Debatte und die Auseinandersetzung suchen. Die Presse, die audiovisuelle wie die geschriebene, ist in der Lage, der öffentlichen Meinung die zu ihrer Reflexion notwendigen Elemente bereitzustellen.

Wir haben ein Werk begonnen, das einen langen Atem braucht. Nur mit einem gewissen Abstand werden sich die erreichten Fortschritte beurteilen lassen. Phasen der Entmutigung wie Phasen der Euphorie werden noch durchzumachen sein. Wichtig ist, daß wir den Faden nicht verlieren. Überlassen wir es der Zeit und der Geschichte, die Ordnung der Dinge zu klären, das Wesentliche vom Zufälligen zu scheiden! Der Bundeskanzler erinnert sich noch wie ich, wie die Debatten über Europa vor zehn Jahren beschaffen waren. Das Europa von 1982 lag darnieder und fürchtete sich vor dem Übergang von zehn auf zwölf Mitglieder. Heute debattiert man über Souveränität, einheitliche Währung, Verteidigung; man zieht in Betracht, die Union allen Demokratien des Kontinents zu öffnen. Kurz, der Wagemut wird nunmehr getragen vom Traum und von der Kenntnis der gemeinsamen Interessen.

Ich möchte denjenigen danken, die dazu beigetragen haben, und ganz besonders Bundeskanzler Kohl. Er war für mich, so kann man sagen, ein Gefährte, der mir bei der handwerklichen Arbeit wie beim schöpferischen Denken zur Seite stand, da der Zufall es wollte, daß wir zwölf Jahre politische Verantwortung teilten. Sie sollen wissen, daß ich für seine Zeichen von Freundschaft und zuweilen Zuneigung empfänglich bin, daß sie mich nicht kalt noch gleichgültig lassen. Für mich kann die politische Verantwortung auf affektive Momente nicht verzichten. Man baut nicht nur mit Steinen und Zement.

Manchmal erzähle ich die folgende Geschichte, die nicht von mir stammt: Im Mittelalter sieht ein vorbeiziehender Fremder, wie Arbeiter Steine aufeinanderlegen. Er hält an und fragt die Maurer: »Was tut ihr?« – »Nun, Sie sehen doch, wir setzen Stein auf Stein!« Er wendet sich daraufhin zu einer anderen Gruppe, die, etwas entfernt, dasselbe tut. Auch sie fragt er: »Was tut ihr?« Da antworten die Arbeiter: »Wir bauen eine Kathedrale.« Darin liegt der ganze Unterschied. Wir haben versucht, eine Kathedrale zu bauen. Ich danke Ihnen, daß Sie es bemerkt haben.

Der Geist in Frieden*

Ich bin heute abend in meiner Eigenschaft als Präsident der Republik Frankreich hier zu Ihnen nach Berlin gekommen, und als solcher spreche ich zu Ihnen. Da dies eine meiner letzten Handlungen in diesem Amt ist, bin ich stolz, daß sie hier mit Ihnen stattfindet.

Das war wirklich das mindeste, was ich Deutschland schuldig war. Dem Deutschland von heute, aber auch dem Deutschland von jeher, das Geschichte, Geographie und Kultur so untrennbar mit Frankreich verbunden haben. Ein eigenartiges, grausames, schönes und großes Abenteuer ist die Geschichte dieser Brudervölker, die mehr als ein Jahrtausend gebraucht haben, um sich so anzuerkennen, wie sie sind, um sich anzunehmen, um sich zu vereinen, um beim jeweils anderen die Lehren der Wissenschaft, der Philosophie und der Politik zu suchen, um gemeinsam zu ihrem Ursprung zurückzukehren.

Über dieses Thema könnten wir selbstverständlich lange reden. Es kam bereits in den vorherigen Ansprachen zum Ausdruck. Sie kennen den Tenor, aber man muß es immer wiederholen. Wir haben noch einmal Glück gehabt.

Europa wurde in einem halben Jahrhundert aufgebaut oder wiederaufgebaut, auf so vielen Ruinen, Katastrophen und Toten. Das gilt es zu erklären. Das ist nicht nur das Ergebnis des guten Willen oder guter Absichten. Das ist

* Ansprache aus Anlaß des 50. Jahrestages des Endes des Zweiten Weltkriegs in Europa, Berlin, 8. Mai 1995.

auch die Folge dessen, daß die Generationen vorher die Last zweier Weltkriege getragen haben. Ich glaube, unter Ihnen bin ich einer der wenigen – und das ist um so besser für Sie –, die den Zweiten Weltkrieg als Soldat erlebt haben. Und am 8. Mai 1945 war ich als Soldat in Paris. Es ist vielleicht interessant zu erfahren, was ein junger Mann von fünfundzwanzig Jahren darüber denken mochte. Erst eine Schlacht verloren, dann eine Schlacht gewonnen, gegen wen und warum? All diese Fragen stellten sich. Es war leicht, da stehenzubleiben, wo wir waren. Leicht, zu denken, man könnte all diese Probleme mit Kraft, mit Gewalt, mit dem Gesetz des Stärkeren lösen. Und genau ein Bewußtwerdungsprozeß hat den Lauf der Geschichte verändert.

Ich bin gekommen, um bei Ihnen des 8. Mai 1945 zu gedenken, genauso wie der deutsche Bundespräsident und der deutsche Bundeskanzler heute morgen in Paris. Ich möchte den Gedanken über den Sinn dieses 8. Mai vertiefen, denn ich glaube, daß unsere Söhne mit Verwunderung diese Versammlung so vieler Völker betrachten, die sich einst so bekriegt haben, diese Gedenkfeier eines Ereignisses, in dem sich Sieg und Niederlage vermischen, wo jeder seine Toten zählt und beweint, wo manchmal vergessen wird, sich zu wundern und zu freuen, daß aus diesen Toten die Erkenntnis dessen erwachsen ist, was eine Zivilisation tun kann und was sie nicht tun darf, was die Zukunft erwartet und was sie verbietet. Kurz, diese Erkenntnis, die sich Triumph des Lebens nennt.

Ich sagte soeben, daß ich den 8. Mai 1945 in Paris erlebt habe. Fünfzig Jahr danach sind wir in Berlin. Wenn ich von meiner Aufgabe spreche, meinem Amt, das zu Ende geht, das ich aber noch wahrnehme, an der Spitze der Geschicke der französischen Nation, dann muß ich unwillkürlich an die außerordentlichen Anstrengungen denken und an die großen Erfolge, die die politisch Verantwortlichen unserer verschiedenen Länder auf der einen und der anderen Seite erreicht haben.

Nichts wäre möglich gewesen ohne die ersten Aufrufe Churchills. Ich hatte das Glück, sie selbst noch zu hören. Nichts wäre möglich gewesen ohne diese paar Dutzend Europäer aus unseren einzelnen Ländern; man spricht natürlich von Schuman, Monnet, Adenauer, de Gasperi und vielen anderen, die zum selben Zeitpunkt dieselben Schlüsse aus demselben Unheil gezogen haben, das sie erlebt hatten, und zwar über ihre Grenzen hinweg. Der Feind von gestern war der Freund von heute. Was war geschehen? Ich weiß, daß in Deutschland darüber diskutiert wird. Das kann nicht anders sein. Gedenken wir einer Niederlage? Oder eines Sieges? Und welches Sieges? Es ist der Sieg der Freiheit über die Unterdrückung, ganz zweifellos. Aber es ist in meinen Augen vor allem – und das ist die einzige Botschaft, die ich hinterlassen möchte – ein Sieg Europas über sich selbst.

Und in diesem Lager sind wir alle vereint und versammelt. Ich kann im Rahmen der vierzehn Jahren, die ich an der Spitze meines Landes gestanden habe, nicht unterscheiden zwischen dem Beitrag dieses oder jenes Staatsmanns, dieses oder jenes Volkes zum Aufbau der Europäischen Union – um nur von ihr zu sprechen, denn über die Europäische Union hinaus gibt es seit November 1989 die Öffnung auf ganz Europa, auf den Kontinent. Jeder weiß, daß vor fünfzig Jahren aus der Notwendigkeit heraus eine provisorische Struktur entstanden ist, aber daß sie nur das Vorspiel zu dem ist, was morgen gebaut werden und was Europa endlich seinen Sinn geben wird.

Ich möchte, bevor ich schließe, noch etwas hinzufügen. Ich habe alle Etappen beim Aufbau der Europäischen Union miterlebt, mit allem, was dazu gehört und was John Major vorhin so eindrücklich aufgeführt hat. Ich habe auch den Krieg selbst miterlebt, und ich weiß, daß der Sieg nur auf vielen Umwegen in mein Land zurückgekehrt ist.

Den Umweg über den englischen Himmel, den Umweg über afrikanische Landstriche, den Umweg über die riesigen russischen Weiten und das russische Heldentum, den Umweg über die Tiefen der amerikanischen Neuen Welt, die ihrer ursprünglichen Bestimmung folgte, um der Freiheit dort, wo sie verloren oder bedroht war, zu Hilfe zu kommen. Aber auch mein Land, das zunächst besiegt und besetzt wurde, hat den Sieg erlebt, mit seinen Bündnispartnern, dank seiner Bündnispartner, aber auch durch das Aufbegehren von Körper und Geist gegen die Schrecken der Konzentrationslager, des Holocausts, die Mißachtung aller menschlichen Werte und Tugenden, des Lebens, der Achtung vor dem Leben und mithin der Hoffnung: Mißachtung all dessen, was atmet, was wächst, was von Jahr zu Jahr neu entsteht, denn der Frühling ist nicht nur für die Pflanzen und die Dinge gemacht. Deshalb will ich heute Zeugnis ablegen, ohne abschließend zu urteilen. Sieg, Niederlage, Sieg für wen? Niederlage für wen? Ohne abschließend zu urteilen, will ich doch mich erinnern an das, was ich selbst gesehen habe, als Hitler Herr über Europa und ich selbst jener verwundete und gefangene Soldat in Deutschland war. In der Einsamkeit eines Gefängnisses in Deutschland, nachdem ich alles verloren hatte, bis hin zu meiner Identität, und das viele Monate lang ohne jede Hoffnung. Der Himmel war dunkel. War das nicht der Sieg der schrecklichen Ideologie, die gerade einen Teil Europas unter ihre Knute gebracht hatte? Wie sollte ich auf andere als mich hoffen, die sich an anderen Orten befanden? Wie sollte ich überhaupt dort hoffen, mitten im tausendjährigen Nazi-Deutschland? Nun, ich bekam wieder Hoffnung, weil ich Deutsche kennenlernte.

Ja, ich habe sie kennengelernt. Manchmal waren es meine Wächter. Es waren die deutschen Soldaten, die Befehl hatten, mich davon abzuhalten, meine Freiheit wiederzufinden, und denen dies übrigens nicht gelungen ist. Es war ein Teil Ihres Volkes, der sich in Wirklichkeit den Befehlen, Anweisungen, den trügerischen Faszinationen, den Versammlungen, der Leidenschaft, der Begeisterung der anfänglichen Siege entzog; Deutsche, die Widerstand leisteten, vielleicht ohne es zu wissen, ganz einfach weil sie anständige Menschen waren. Wann habe ich sie kennengelernt? Während des Kriegs. Und wo? In Deutschland. Später, als ich nach Frankreich zurückgekehrt war, in das besetzte Frankreich, dachte ich über diese Feindschaft zwischen Deutschland und Frankreich nach. Mir wurde klar, und das habe ich auch schon andernorts gesagt, daß ich in meinem eigenen Land gelernt hatte, womit die künftigen Kriege gegen Deutschland und andere Staaten genährt werden konnten, und daß dasselbe auch für die meisten Länder Europas galt, haben wir doch durch die Jahrhunderte hindurch angehäuft, was wir einfältig »Erbfeinde« nannten. Und die Erbfeinde, da sind sie!

Die Erbfeindschaft hat nicht gehalten, die Gesetze der Biologie haben nicht denen einer anderen Notwendigkeit widerstanden, die viel weiter geht, nämlich der eines menschlichen Gedächtnisses und einer Solidarität zwischen den Völkern, die gezwungen sind, auf einem Planeten zu leben, der täglich kleiner wird, der täglich mehr zerstört wird, einem Planeten in Gefahr: unser gemeinsames Gut, das es gemeinsam zu retten gilt, statt es mit Luftangriffen, mit Bomben, mit Vernichtungswaffen, die, wenn man nur wollte, die gesamte Erde vernichten könnten, zugrunde zu richten.

Ich lege Ihnen also nicht meine Erfahrung als Staatschef dar. Die europäische Politik wird nach mir fortgeführt, so wie sie vor mir begonnen hat; vielleicht nicht auf dieselbe Art, aber schließlich verpflichtet die Geschichte, die Geschichte befiehlt, und man wird immer da sein, um die anderen daran zu erinnern. Was wir getan haben, muß und wird fortgeführt werden. Ich sagte vorhin: Der erste gemeinsame Sieg ist der Sieg Europas über sich selbst.

Morgen also wird man das Erreichte, das noch nicht zu Ende geführt ist und es im übrigen nie sein wird, vervollkommnen müssen. Meinungsverschiedenheiten, Rivalitäten, Konkurrenzdenken, Blutrünstigkeit, Mordlust – sehen Sie, wie sich das selbst in Europa in manchen Ländern fortsetzt, in manchen Regionen dieses Kontinents, wenige hundert Kilometer von uns entfernt. Deshalb muß sich unsere Geisteshaltung auf der Erfahrung gründen, auf der Erfahrung derer, die gekämpft haben. Das ist die letzte Botschaft, die ich hinterlassen kann. Ich wollte schon 1947, 1948 an der ersten europäischen Versammlung teilnehmen, weil ich Soldat gewesen war und weil ich den Haß um mich herum kennengelernt hatte, weil mir klar wurde, daß dieser Haß weniger stark sein durfte als die Notwendigkeit, für Europa und für die Europäer zu leben. Und daß diese Brüder, auch wenn sie Feinde waren, in erster Linie doch Brüder waren. Ich spreche hier nur von Europa, von dem Kontinent, auf dem ich lebe; aber ich denke, daß diese Erkenntnis eines Tages für alle Menschen dieser Erde gelten wird.

Das wollte ich Ihnen sagen. Ich bin nicht gekommen, um den Sieg zu feiern, über den ich mich 1945 für mein Land gefreut habe. Ich bin nicht gekommen, um eine Niederlage herauszustellen, weil ich wußte, welche Stärken das deutsche Volk hat, welche Tugenden, welcher Mut in ihm stecken – wenig bedeutet mir dabei seine Uniform, ja selbst die Vorstellungen in den Köpfen dieser Soldaten, die in so großer Zahl gestorben sind. Sie waren tapfer. Sie nahmen den Verlust ihres Lebens hin. Für eine schlechte Sache, aber diese ihre

Heldentat hatte damit nichts zu tun. Sie liebten ihr Vaterland. Das muß man sich klarmachen. Europa bauen wir auf, wir lieben unsere Vaterländer. Bleiben wir uns selbst treu. Verbinden wir die Vergangenheit mit der Zukunft, dann können wir ruhigen Gewissens den Stab denen übergeben, die uns nachfolgen werden.

Mai 1981:
Reaktionen des Auslands

Wenige wichtige Wahlen in Frankreich haben soviel Enttäuschung und Kälte in den Regierungssitzen ausgelöst wie jene vom 10. Mai 1981, die meinen Erfolg erlebte.

Die Depeschen unserer Botschafter zu diesem unerwarteten Ereignis bestätigten und verschärften zugleich den Eindruck, den bei mir die Lektüre der sogenannten wohlinformierten Presse hinterlassen hatte. Sie erwies sich als erstaunlich einmütig, ob in Washington, Moskau, Bonn, Peking oder London, ob in Rom oder Damaskus. Überall herrschte Besorgnis. Denn Veränderung ist nirgends erwünscht. Auch da schließt sich das Bündnis der Orthodoxien enger, sobald die etablierte Ordnung in Frage gestellt wird. Man hatte sich an ein konservatives Frankreich gewöhnt, man hatte gelernt, seine Akteure zu erkennen, hatte einige Grundlagen des Einvernehmens gefunden, wie man es in den diplomatischen Milieus immer findet, wo es genügt, sich zu bücken. Wohingegen mit dieser Umkehrung der Lage die Kompromisse neu überprüft werden mußten. Wo aufgehört werden mußte, so zu tun und glauben zu machen, als sei Uneinigkeit Einigkeit und als stehe alles zum besten in dieser besten aller Welten.

Bei dieser Wende war die Rolle der Amerikaner die folgerichtigste und am meisten voraussehbar. Wie hätten sie sich auch freuen können über den Sieg eines Kandidaten der Linken, der die Unterstützung der Kommunisten genoß – was deren Eintritt in die Regierung eines der wichtigsten westlichen Verbündeten, Mitglieds von zumal militärischen Kooperationssystemen, wahrscheinlich machte? Man hatte geglaubt, sich dieser Obsession vierunddreißig Jahre vorher ein für allemal entledigt zu haben – und jetzt war sie wieder da. Mit der Gefahr, auf Südeuropa überzugreifen. Die Auflösung der französischen Nationalversammlung würde Neuwahlen zur Folge haben. Alles ließ voraussehen, daß, wenn ich mich einverstanden erklärte, die Kommunistische Partei nach fünfzehn Jahren Abwesenheit wieder in die Regierung zurückkehrte. Das war das Thema aller Pressedebatten. Kein Interview, in dem mir nicht sofort diese Frage gestellt wurde: Nehmen Sie Kommunisten in die Regierung auf?

Das Wahlbündnis und das Gemeinsame Programm mit diesen hätten die Frager darüber aufklären müssen. Aber ich hütete mich zu antworten, um die Kommentare nicht endlos umherirren zu lassen. Ich gab lediglich vage die Richtung an bei einem weitschweifigen Gespräch mit Journalisten während des jährlichen Gedenktags am 26. Juni zum Massaker von Dun-les-Places, in der Nièvre, durch deutsche Truppen: »Man lasse mich zunächst gewinnen. Dann wird man weitersehen.« Tatsächlich hing meine Entscheidung im Fall eines Sieges davon ab, wie hoch er ausfiel. Wenn ich keine kommunistischen Stimmen brauchen sollte – bei absoluter Mehrheit der sozialistischen Abgeordneten –, würde ich Minister aus dieser Partei nehmen. Im anderen Fall blieb es zu prüfen. Andererseits hatte ich kein Interesse, daß sich die Attacken auf dieses Thema einschossen, hinter dem sich meine Gegner sammelten. Ich beließ es bei beharrlichem Schweigen. Was natürlich die Besorgnisse noch schüren mußte. Vor allem im Ausland. Es wunderte mich nicht, noch weniger empörte es mich. Ich nahm mir nur vor, in Wort und Tat den Amerikanern begreiflich zu machen, daß ich ihr loyaler Bündnispartner war, daß sie die historischen Epochen und Situationen verwechselten, daß Frankreich zu vielen Arrangements bereit war, außer dem, der es dazu führen sollte, sich dem politischen und ideologischen Diktat eines Verbündeten zu unterwerfen, der es gewohnt war, daß seine Partner sich ihm unterwarfen oder ihm schmeichelten. Ich fügte hinzu: »Ich habe eine Politik definiert und nehme die mit mir, die sie akzeptieren. Ich nehme die nicht, die sie ablehnen. Daß die Kommunistische Partei von den meinen unterschiedene Ziele hat, ist evident, aber kommunistische Minister wären nicht da, um die Politik ihrer Partei umzusetzen. Ich will Geschichte machen, indem ich vorwärtsgehe.«

Das wollte ich auch George Bush sagen, den Ronald Reagan in höchster Not schickte. Begleitet war die Initiative von einer Pressemitteilung des State Department, in der es hieß, daß die »Beziehungen zwischen den Verbündeten Frankreich und Vereinigte Staaten durch den Eintritt von Kommunisten in die Regierung in Mitleidenschaft gezogen« würden. Dazu befragt, hatte ich geantwortet, daß »ich mir nicht die Frage gestellt« hätte, »ob meine Entscheidung dem Wunsch oder Willen dieses oder jenes Landes entspricht, und daß ich sie mir auch nicht stelle«. Die Reaktion der Amerikaner war ihre Sache, die Entscheidung meine. Und ich war fortgefahren: »Meine Überzeugung ist, je freier die Entscheidungen Frankreichs sind, um so mehr wird Frankreich auch geachtet. Ich werde also auch in Zukunft nicht mehr Vorsichtsmaßnahmen ergreifen.« Frankreich ist ein »guter Verbündeter« der USA, einer Nation, die der unseren nahesteht. Die Geschichte der letzten zweihundert Jahre bezeugt es. Wir haben gemeinsame Interessen, die nicht der Gunst des Augenblicks unterliegen. Die Amerikaner sind fern von uns und verstehen unsere Entwicklungen nicht. »Alles das«, hatte ich gesagt »ist eine Augenblicksstimmung.«

»Der Staatschef«, so schrieb eine Presseagentur, »brachte andererseits seine Einschätzung zum Ausdruck, daß Ronald Reagan ›sehr viel feinsinniger und offener‹ sei, ›als man denke‹, und daß George Bush ›sehr sympathisch‹ sei‹; ›Die Vereinigten Staaten‹, so erklärte er, ›mögen eine bestimmte Form der Ansteckung (Portugal, Italien …) fürchten, ich verstehe sie sehr gut, aber ich möchte auch, daß sie mich so verstehen, wie ich sie verstehe.‹ Im Verlauf dieses Gesprächs auf die Haltung der USA eingehend, bekräftigte François Mitterrand: ›Man hat geschrieben: Reagan ärgert sich. Und dann? Reagan niest. Und dann? Ich werde nicht sofort den kleinen Finger an die Hosennaht legen.‹ Auf Gerüchte, wonach er auf seinem Rückflug vom Gipfeltreffen der Industrieländer am 20. und 21. Juli eventuell in Washington Zwischenstation machen werde, hat der Präsident der Republik geantwortet: ›Davon kann keine Rede sein.‹«

Die Reaktionen der amerikanischen Presse gaben die Einstellung der offiziellen Kreise wieder. Wie zu erwarten, war die pessimistische Note vorherrschend. »Das Wirtschaftsprogramm des neuen Präsidenten repräsentiert nicht den Weg der Zukunft, sondern den der Vergangenheit«, schrieb das *Wall Street Journal*, alles andere von diesem Organ hätte allerdings auch verblüfft. Die *Washington Post*, politisch nuancierter, brachte aber eine noch schärfere Note ein: »Die radikalen Reformen, die Verstaatlichungen, eine bestimmte Feindschaft gegenüber ausländischen Investitionen, einschließlich den amerikanischen – alles das wird die Währungs- und Handelsbeziehungen erschüttern.« Joseph Kraft, einer der meistgehörten Leitartikler, mit dem ich freundschaftliche Beziehungen pflegte und der mich als einen »melancholischen Idealisten« beschrieb, machte darauf aufmerksam, daß »die Vereinigten Staaten mit Giscard d'Estaing den am stärksten pro-amerikanischen französischen Politiker verloren [haben]«; ein Gedanke, den Jim Hoagland in der *Washington Post* wiederaufgriff, ihn dabei auf die ganze Welt ausdehnte: »Drei aufeinanderfolgende amerikanische Administrationen haben in Giscard d'Estaing den europäischen Staatschef gesehen, der am befähigtsten und entschiedensten war, mit den USA für die Verteidigung der westlichen

Interessen in der Dritten Welt zu arbeiten. Die Europäer, die die Notwendigkeit einer Selbstbestimmung der Palästinenser betonten, haben mit Giscard einen Führer verloren. Breschnew wiederum hat die besondere Beziehung verloren, die er mit dem französischen Präsidenten unterhielt, genauso wie Helmut Schmidt, dessen linker Parteiflügel sicher bei der Wahl von François Mitterrand gewinnen wird. Letzterer unterhält auch gute Bezehungen zu den sozialistischen Führern Spaniens, Italiens, Portugals, was der französischen Politik eine latino-europäische Färbung geben wird, die nicht nach dem Geschmack Giscards war.«

Dieser Journalist schien vergessen zu haben, daß das französische Volk sich nicht allzusehr um den Geschmack von Monsieur Valéry Giscard d'Estaing geschert hatte, als es ihm ein zweites Mandat verwehrte. Aber was soll's. John Wallach vom *Los Angeles Examiner* faßte sehr gut das Klima in den Worten zusammen: »Washington ist entschieden nervös.« Eine Einschätzung, die vom Leitartikler des *Baltimore Sun* abgeschwächt wurde: »Die Amerikaner haben schon immer besser mit den französischen Rebellen verhandelt als mit ihren Königen oder ihren Generälen. Vielleicht setzt Mitterrand diese Tradition fort.«

Doch die Spekulationen kamen zur Ruhe; am 22. Mai 1981 löste ich per Dekret die Nationalversammlung auf, und am 21. Juni wählten die Franzosen von 589 Sitzen 285 sozialistische Abgeordnete, gaben ihnen damit die absolute Mehrheit und mir Entscheidungsspielraum. Am 23. Juni 1981 bildete ich meine zweite Regierung mit Pierre Mauroy als Ministerpräsident und vier kommunistischen Ministern: Charles Fiterman, Staatsminister zuständig für Transport; Jack Ralite, Gesundheitsminister; Marcel Rigout, zuständig für Berufsbildung; und Anicet Le Pors, Minister für Öffentliche Funktion und Verwaltungsreformen. Ich meinte damit die politische und moralische Verpflichtung zu erfüllen, die ich gegenüber den kommunistischen Wählern eingegangen war, die mich, zuweilen gegen ihre Führungskader, treu unterstützt hatten, und die Einheit der Linken zu stärken, Quelle der Mobilisierung des Volkes. Der Zufall hatte es damals gewollt, nahezu vierzig Jahre früher, daß ich einer der letzten Zeugen einer denkwürdigen Szene geworden war: der Entlassung von fünf kommunistischen Ministern der Regierung Ramadier, an ihrer Spitze Maurice Thorez. Ein Kreis hatte sich geschlossen. Damit waren auch alle Fragen beantwortet. Ich konnte handeln, ohne die Augen vor den Schwierigkeiten zu verschließen, die mich erwarteten.

Als ich George Bush empfing (während zur gleichen Zeit Claude Cheysson nach Washington flog), war die Lage geklärt. Das tat der Herzlichkeit und Nützlichkeit der Gespräche keinen Abbruch. Bush erwies sich als der, der er war und bis zum Ende seines Mandats bleiben sollte: ein wohlwollender Partner und ausgezeichneter Kenner der Akten. Ich möchte nicht behaupten, daß er von der Wohlbegründetheit meiner Positionen überzeugt war, aber er vertraute meinen Prognosen, und weder er noch ich hatten es je zu bereuen, vor allem nicht, als er selbst Chef der amerikanischen Exekutive geworden war. Ich kann sagen, daß wir von diesem etwas besonderen Treffen an Freunde wurden.

In Washington blieb das State Department weiterhin zögerlich, Heiß und Kalt wechselten sich ab, doch der Schock war vergangen. Die Vorbereitung des Industriegipfels von Ottawa, der für Anfang Oktober vorgesehen war, drängte die Klagen in den Hintergrund. Die internationalen Emotionen dauerten einen Seufzer lang. Im Osten war es genauso.

Eine übereilte Schlußfolgerung wäre es zu sagen, die Politik der Blöcke hätte einem gewissen Parallelismus der Gegensätze gehorcht: Des einen Freud, des anderen Leid. Falsch.

Das ist zu einfach. In Wahrheit waren die Spiele weitaus komplexer, drängte der Schein die Realität in den Hintergrund. Das störte niemand. Das galt auch für die sowjetischen Reaktionen nach meiner Wahl. Die meisten Kommentatoren zogen es vor, den Weggang Valérie Giscard d'Estaings zu beklagen, als sich, wie zunächst zu vermuten gewesen wäre, befriedigt zu zeigen über den Sieg der Linken in Frankreich. Die *Prawda* machte sich zum Sprachrohr dieser Enttäuschung. Den Ansatz einer Erklärung für dieses Verhalten, das nur den Novizen erstaunt, habe ich bereits geliefert. Was sich bewegt, beunruhigt. Man hatte sich an sieben Jahre einer französischen Präsidentschaft gewöhnt, die Zeit gehabt hatte, sich Freundschaften aufzubauen und Alibis zu schaffen. So hatte man es in Paris zum Beispiel vermieden, die russische Aggression in Afghanistan allzu hart zu verurteilen oder sich Sorgen zu machen über das nukleare Ungleichgewicht in Europa. Es war leicht zu erkennen, daß diese Milde nur Schein war, denn natürlich wußten die Russen sehr wohl, daß Frankreich die Ansicht seiner westlichen Bündnispartner teilte, auch wenn dessen Präsident aus Opportunismus seine Verurteilung moderat zum Ausdruck brachte.

Afghanistan, die Raketen-Nachrüstung in Europa: das waren zu jener Zeit die einzigen zwei Fragen, die das Sowjetimperium wirklich interessierten, weil sie das Kräfteverhältnis zwischen West und Ost betrafen. Alles andere waren nur Lappalien und Bauchtanz. Doch in der Politik wie in der Liebe haben Worte häufig mehr Gewicht als Dinge. Das galt auch für die von meinem Vorgänger noch unlängst auf der europäischen Konferenz in Venedig eingenommene Position zu den Forderungen der Palästinenser. Die arabischen Interessen hatten dabei die Freundschaft zu Israel in den Hintergrund gedrängt. Die Sowjetunion aber hatte die Entscheidung Valérie Giscard d'Estaings aufgenommen, wie andere das Abendmahl empfangen. Sie ermöglichte Kommuniqués, in denen die Fortschritte der sowjetischen Diplomatie herausgestrichen wurden – und wie wichtig solche rein formalen Texte für die erstarrte Welt des Kremls waren, ist bekannt. Ich habe andernorts beschrieben, wie penibel diese Dokumente ausgearbeitet wurden, von denen doch jeder Unterzeichner wußte, daß sie gleich danach im Papierkorb landeten. Die Sowjets kamen in die Sitzung mit einem fertigen, bis in die kleinsten Einzelheiten ausgearbeiten Text. Darin war von all dem die Rede, über das während der Verhandlungen geschwiegen worden war. Es war die Rumpelkammer alles Nicht-Gesagten. Natürlich wurden ihre Partner, da weniger mit diesen Methoden vertraut, kalt erwischt und blieben, wenn sie diesen oder jenen Vorbehalt äußerten, gleichwohl der Logik dessen verhaftet, was ihnen vorgesetzt worden war; bei der Lektüre des Abschlußtextes konnten sie dann vage etwas akzeptieren, das sie zwei Stunden vorher noch verurteilt hatten. Da ich selbst dieses Verfahren praktiziert hatte, als ich an der Spitze der sozialistischen Partei stand, ließ ich wissen, daß ich fortan derartige Täuschungsmanöver nicht mehr hinnehmen würde. Die Sowjets insistierten nicht, und die Komödie hörte auf.

Zu alldem kam die Palästina-Frage hinzu und die Vorbehalte, die ich gegenüber diesen Projekten geäußert hatte. Die in Venedig versammelten Europäer hatten zum erstenmal die palästinensische Forderung nach Autonomie anerkannt. Meiner Einschätzung nach hatte man sich zuwenig Gedanken über die Sicherheit Israels und die Mittel zu seiner Verteidigung gemacht, und ich hatte dies auch gesagt. Zumal die West-Vertreter als Gegengabe nur mit leeren Worten abgespeist worden waren. Breschnew hatte Valérie Giscard d'Estaing gegenüber den fortschreitenden Abzug mehrerer russischer Divisionen aus Afghanistan in Aussicht gestellt, was letzterer für bare Münze genommen und ausposaunt hatte, wo sich doch die Information als unbegründet erweisen sollte. Ich hatte gegen dieses Ablenkungsmanöver protestiert, zum Ärger der Russen. Es war nicht das erste Mal, daß unsere Standpunkte über dieses Thema auseinandergingen. So hatte ich die Übellaunigkeit des sowjetischen Botschafters in Paris, Abrassimow, über mich ergehen lassen müssen, den irritiert hatte, daß ich vehement dafür eingetreten war, russischen Juden, die aus der Sowjetunion ausreisen wollten, Visa zu erteilen. Man war am Ende ärgerlich geworden. Die Russen waren sogar so weit gegangen und hatten einen geplanten Besuch der Sozialistischen Partei Frankreichs in Moskau abgesagt. Ich hatte mich auch den Kampagnen für Aljutsch und Bukowski angeschlossen. Schließlich hatte ich auch noch als einziger französischer Politiker meiner Couleur Camp David gutgeheißen.

Kein Wunder also, wenn meine Wahl in Moskau keine Freudenfeuer entfachte. Dabei entsprangen meine Gesten keiner systematischen Feindschaft einem Land gegenüber, dem Frankreich viel verdankte und an dessen weiterer Freundschaft ihm viel gelegen sein mußte. Nur mußte das eben verständlich gemacht werden. Ich widmete mich dieser Aufgabe mit viel Eifer. Ein Jahr zuvor hatte ich an der Spitze einer Delegation Moskau besucht und Wert darauf gelegt, diese grundlegende Entscheidung unserer Diplomatie nochmals zu bekräftigen. Die sowjetische Delegation, an ihrer Spitze Suslow und Ponomarew, hatten eine ungewohnte Freundlichkeit zur Schau gestellt. Alles war auf den Gesichtern gemalt. Und die Farbe dieses Morgens war grau.

Doch die Atmosphäre entspannte sich rasch. Suslow, mit dem Gesicht und der Frisur eines Mathematiklehrers, praktizierte einen ganz eigenen Humor. Auf die Frage: »Denken

Sie, daß Frankreich mehr Erdöl in seinem Boden hätte, wenn es über ein kommunistisches Regime verfügte?« hatte er seine Brille zurechtgerückt, einige Augenblicke geschwiegen und dann in einem großen Lachen die Versammlung mit einem sonoren und überzeugenden »Aber ja doch!« erfreut. Alle waren in Gelächter ausgebrochen. Suslow, mit seinen Büschelhaaren beidseits seines akkurat gezogenen Scheitels, hatte dann, fortgerissen von seinem eigenen Schwung, das Theater des riesigen sowjetischen Erfolgs im Vergleich zum Auf-der-Stelle-Treten Westeuropas entfaltet. Suslow las von einem Papier ab, das seine beiden Nachbarn je nachdem korrigierten. Als er seinen Überblick beendet hatte, wurde mir klar, daß er weitaus stärker auf den Streitfall Portugal eingegangen war als auf den Afghanistan-Konflikt und Cunhal als im Augenblick erstrangige kommunistische Persönlichkeit einstufte, wobei er nicht zögerte, jedem zu drohen, der versuchen sollte, die eventuelle Trennung der Azoren von Portugal zu verhindern, jene gehörten zum Einflußbereich der USA, dieses fiel in den der Sowjetunion. Ich informierte sofort unsere Verbündeten darüber, damit sie diese Annahme in ihre Überlegungen einbezogen.

Breschnews Empfang war äußerst herzlich. Er hatte sich in Lobgesängen auf meine Qualitäten ergangen und meine Verdienste in einem Maße gerühmt, daß ich auf der Hut blieb. Was zuviel war, war zuviel. Titel und Untertitel des *Monde* vom 12. Mai gaben sehr genau diese Lage der Dinge am Tag nach meiner Wahl wieder: »Washington: Verwirrung und Fragen. Moskau: Ratlosigkeit und Nuancen.« Besser konnte man es nicht sagen.

Es wäre übertrieben, wollte ich schreiben, daß die amerikanische und russische Zurückhaltung durch die Zustimmung Deutschlands kompensiert worden wäre. Auch von dieser Seite überwog der Vorbehalt gegenüber der Begeisterung. Allerdings war Begeisterung hier ohnehin nicht angesagt. Mit Bundeskanzler Schmidt hatte ich im Rahmen der Sozialistischen Internationale immer wieder sichtbare Schwierigkeiten gehabt... Ich wußte um die persönlichen Beziehungen, die ihn freundschaftlich mit Valérie Giscard d'Estaing verbanden. Diese guten Beziehungen hatten sich durchaus erfolgreich ausgewirkt und dazu beigetragen, den Aufbau Europas vorwärtszubringen, insbesondere durch den Zuwachs an Machtbefugnis, die dem Europäischen Rat zuerkannt worden war, sowie die allgemeine Wahl seiner Mitglieder. Die Freundschaft der beiden Männer, ihre ähnlichen Anschauungen hatten die Weiterentwicklung der Europäischen Gemeinschaft erleichtert, und auch ich wollte auf diesem Weg fortfahren, auch wenn meine Beziehungen zu Schmidt sich durch keine besondere Wärme auszeichneten. Immer wieder die Kunst der Überschriften... *Le Monde* verspekulierte sich kaum, als sie schrieb: »Nuancierte Befriedigung in Bonn.«

Ein erstes Treffen zwischen dem Kanzler und mir fand am 24. Mai in Paris statt. Betont wurden die Kontinuität und der privilegierte Charakter des französisch-deutschen Verhältnisses. Der Kanzler versprach seine Stützung der französischen Währung, und die Bundesbank kaufte einige Hundert Millionen Francs. Tatsächlich hätte sich die deutsche Wirtschaft nur mühsam an Währungsturbulenzen anpassen können, die das europäische System gefährdeten. Die *Frankfurter Allgemeine Zeitung* bemerkte in diesem Zusammenhang, nicht ohne eine Brise gesunden Menschenverstands, Helmut Schmidt begünstige damit in Frankreich die Chancen einer Wahlkoalition, die stark an die Volksfront der dreißiger Jahre erinnere, und daß er dies sicher nicht frohen Herzens gemacht habe.

Dagegen, und das war nicht erwartet worden, unterschrieb ich – ohne mich dazu zwingen zu müssen, denn es war meine Überzeugung seit längerem – den Doppelbeschluß der NATO zu den Mittelstreckenraketen. Der Doppelbeschluß bedeutete, daß die westlichen Verbündeten die Aufstellung von Mittelstreckenraketen androhten, falls die Sowjetunion nicht abrüstete. Ich setzte mich damit von der traditionellen Haltung der französischen Diplomatie ab, die – zu Recht – der Ansicht war, daß für Frankreich dieses Thema nicht von unmittelbaren Interesse sei, da es außerhalb der integrierten Militärorganisation stand. Ich gab meine Zustimmung nicht aus Sorge um das Gleichgewicht, sondern weil ich der Ansicht war, daß es sich um eine zentrale Frage handelte und daß Frankreich, ungeachtet seines Status, keinen Grund hatte, sich abseits der für das europäische Gleichgewicht notwendigen Bedingungen zu halten. Unterdessen hatte ich auf einer Pressekonferenz präzisiert, daß ich etwas mehr von den Sowjets erwarte, da das Einfrieren der konventionellen Waffen diesen mit ihren 225 SS 20 eine unbestrittene Übermacht beließ.

Meine Beziehungen zu Schmidt sollten in der Folge lockerer werden. Aber ich erinnere mich noch an sein Auftreten während der Sitzungen des Europäischen Rats, grob, aggressiv; es stand ihm auch förmlich ins Gesicht geschrieben und gab seinem Blick etwas Wütend-Stechendes. Während er sprach, stützte er den Kopf auf einen Ellenbogen, und immer mal wieder zog er aus seiner Westentasche lose Zettel, die er auf den Tisch warf und deren einzige Funktion es war, die enorme Summe an finanziellen Opfern hervorzukehren, die die Bundesrepublik Europa darbrachte. Frau Thatcher zwinkerte mir dann halb-ernst, halb-maliziös zu... Helmut Schmidt vermittelte den Eindruck, fortwährend in Rage zu sein. Bei der bloßen Idee, man könne seine Lasten erhöhen, rötete sich sein Gesicht unter dem grauen Haar. Doch nach dem Sturm trat immer Ruhe ein. Denn Schmidt war aus tiefster Seele leidenschaftlicher Europäer und wachte mit allergrößter Sorgfalt darüber, nie die Grenzen zu überschreiten.

Nach und nach sah ich sein anderes Gesicht. Jenes, das er mir in seinem kleinen Haus in Hamburg bot, wenn er sich ans Klavier setzte und kunstvoll und mit viel Gefühl deutsche Lieder spielte. Die Atmosphäre in diesem Haus war ruhig, von Rhythmen erfüllt, versponnen. Hannelore Schmidt, seine Gattin, bemalte währenddessen Porzellan mit Blumenmotiven, die sie als Botanikerin getreu wiederzugeben versuchte, was ihr mit viel Können und Genauigkeit auch gelang. Ich nehme an, daß Giscard sich für diese geistige Mechanik begeistert hatte, die der seinen ähnelte, vielleicht sinnlich faßbarer war, stärker dem allgemeinen Interesse zugewandt, den großen Orientierungen einer neu zu bauenden Welt, von den Ruinen aus, in denen sich unsere Länder abmühten. Ich sprach darüber mit Schmidt auf den Wanderungen entlang den Kais seiner Heimatstadt, die der Lärm und das geschäftige Treiben der Schiffe zu ihrer alten Bestimmung zurückbrachten. Schmidt, mit seiner Prinz-Heinrich-Mütze auf dem Kopf, gehörte zu dieser Welt. Er war deren Ausdruck, Interpret, er stand an der Spitze eines Handelsvolks. Ich vergesse nicht die Art von Bestürzung, die sich seiner bemächtigte, als ich mich auf dem Mai-Gipfeltreffen über die Gefahr ausließ, eine Wirtschafts- und Finanzgemeinschaft aufzubauen, ohne zugleich das Europa der Menschen voranzubringen, das soziale Europa, das ich erstmals als europäischen Sozialraum bezeichnete.

Die arabischen Kommentare übergehe ich. Sie waren negativ vor allem wegen der Perspektive einer Israel-Reise, die ich selbst angekündigt hatte. Diese vorhersehbare Verhärtung in den Beziehungen machte mir durchaus Sorgen. Ich hielt die Freundschaft zu den arabischen Ländern für eine tragende Säule der französischen Politik, war aber dagegen, daß sich diese Freundschaft auf Ungerechtigkeit gegenüber Israel gründete, und konnte den Boykott nicht hinnehmen, dem die industriellen und kommerziellen Interessen dieses Landes unterlagen. Auf der anderen Seite beabsichtigte ich, mich der neuen Autorität, die mir mein Amt verlieh, zu bedienen, um eine Entspannung im Nahen Osten zu fördern, meiner Meinung nach eine unabdingbare Voraussetzung für den Frieden in der Welt. Das Klügste war also, mir Zeit zu nehmen und darauf zu achten, daß meine Sprache gegenüber den beiden Ländern stets präzise und gleich blieb. Der gute Glaube, so dachte ich, würde am Ende schon siegen.

Aber wenn die Ereignisse erst einmal ins Rollen gekommen sind, folgen sie immer schneller aufeinander: Claude Cheysson bezeichnete die Beschlüsse von Venedig als Absurdität. Die mit diesem Wort ausgelöste Polemik breitete sich aus. Die arabischen Reaktionen waren zahlreich und scharf. Die heftigste Äußerung dazu kam von islamischen Vereinigungen aus den USA und Kanada, die nicht zögerten, Frankreich zu beschuldigen, es wolle Israel wieder aufrüsten: »Ihr Besuch ist eine Schmähung Frankreichs und seiner Rolle bei der Verteidigung der Menschenrechte. Es ist die Schmähung eines Landes, das vor einigen Jahren noch unter Nazi-Besatzung stand. Wir bitten Sie, überdenken Sie noch einmal Ihre Position und Ihre neue Animosität gegenüber allen Mohammedanern und Arabern der Welt.« Diese übersteigerte Sprache verfehlte ihre Wirkung. Ich ließ wissen, daß meine Entscheidung gefallen sei, ich sie nicht revidieren würde, daß Frankreich hingehe, wo es wolle und ohne von irgendwem die Genehmigung einzuholen.

Weniger Probleme gab es mit den Staaten Schwarzafrikas. Sie sahen in meiner Wahl ausnahmslos, wie Senghor es ausdrückte, das Ende einer bestimmten kolonialen Geisteshaltung. Aus Spanien erreichten mich von seiten sowohl des Königs als auch von der Regierung und der Opposition, damals von Felipe Gonzáles geleitet, Zeugnisse der Freundschaft und der Ermutigung. Tatsächlich hatte es Valérie Giscard d'Estaing ja dadurch, daß er ihren Eintritt in den Gemeinsamen Markt abgelehnt hatte, erreicht, daß die Spanier sich in einer einhelligen Verurteilung Frankreichs zusammenfanden. In Portugal konnte ich auf die alte und starke Freundschaft mit Mario Soares bauen. Was Margaret Thatcher betrifft, so mochte sie zwar der Gedanke, daß ich kein Anhänger der Idee Europas mit zwei Geschwindigkeiten war, beruhigen; doch machte ihr die Möglichkeit, daß Frankreichs Wirtschaftspolitik von den monetaristischen Ufern ihres Freundes Reagan abdriften könne, weiterhin Sorgen.

Helmut Schmidt und Margaret Thatcher trafen sich am 12. Mai in Chequers. Sie kamen überein, angesichts der neuen Karten, die mit Frankreich gegeben waren, ihre traditionellen Streitigkeiten zurückzustellen. Schmidt war förmlich besessen von der Möglichkeit einer Rückkehr der Inflation. Die entsprechende französische Politik beunruhigte ihn in einem Maße, daß er vergaß, daß Europa sich nicht mit monetären Prozentsätzen entwickelt. Diese Position Schmidts entzückte Margaret Thatcher, die für Friedmans Theorien entbrannt war und fast sklavisch den Initiativen Reagans folgte. Nie war der Ausdruck »einheitliches Denken« exakter als in diesem Moment. Doch gegenüber dem sozialen Konsens in bezug auf die Währungsobsession hatte das einheitliche Denken kaum Bedeutung. Zwei damals wenig bekannte Audrücke sind in die Sprache eingegangen: das einheitliche Denken und die weltweite Globalisierung der Probleme. In der Epoche, von der ich berichte, hatte das einheitliche Denken Amerika erfaßt und wollte nicht aus den engen Pforten der Wirtschaft hinaus. Vor allem keine Inflation.

Ich schließe hier den raschen Überblick mit der Erwähnung der Haltung Chinas. Ich hatte drei Monate vor meinem Wahlsieg dieses Land bereist und meine Beziehungen zu den führenden Politikern jener Tage, darunter in erster Linie Deng Xiaoping, erneuern können. Die Chinesen waren vehement gegen die Aufstellung der SS 20; sie beunruhigte alles, was den Zusammenhalt des Westens, in ihren Augen der beste Schutz gegen die russischen Versuchungen, stören konnte. Wie zu ersehen, nahm ich eine schwierige Etappe meiner politischen Verantwortlichkeiten in Angriff. Aber das dürfte niemand wundern. Ich selbst war nicht überrascht.

Diese generelle Einstellung unserer hauptsächlichen Partner konnte das Klima, in dem sich der Franc behaupten mußte, nur erschweren. Seit April schon wurde unsere Währung durch den Aufschwung des Dollars aufgrund erhöhter Zinssätze förmlich erstickt. Am 11. Mai brach an der Börse Panik aus. Wegen fehlenden Kaufordern wurden die Kursnotierungen für 48 Stunden eingestellt. In wenigen Tagen erreichte die Baisse 20 Prozent, der Franc fiel auf seine Untergrenze innerhalb des Europäischen Währungssystems. Vom 10. bis zum 21. Mai, dem Tag, an dem ich die Amtsgeschäfte übernahm, verloren wir einige Milliarden an Devisen. Raymond Barre demissionierte am 13. Mai. In den folgenden Tagen verloren wir weitere 5 Milliarden Dollar. Es mußte rasch gehandelt werden. Am 21. ernannte ich Pierre Mauroy zum Ministerpräsidenten, löste am 22. die Nationalversammlung auf und bildete im gleichen Schritt die neue Regierung.

Am Tag meines Amtsantritts gab mir Pierre Mauroy, während unser Wagen die Champs-Élysée hochfuhr, einen Lagebericht, ohne mir dabei seine Besorgnisse zu verhehlen. Ich war gegen jede Abwertung; ich wollte auf keinen Fall, daß sich in der Öffentlichkeit die Vorstellung festsetzte, von der die Volksfront nicht losgekommen war: daß die Übernahme der Macht durch die Linke gleichbedeutend war mit finanziellem Debakel. Allerdings wurde die Kontrolle des Devisengeschäfts drakonisch verschärft und der Leitzins der Banque de France auf 22 Prozent gehoben.

Der Besuch Bundeskanzler Schmidts und unsere Einigung hinsichtlich der französisch-deutschen Währungssolidarität drosselte die Auflösungserscheinungen. Ich beschloß außerdem, die wichtigsten Vertreter der Arbeitgeber und der Gewerkschaften zu empfangen. Von diesen Maßnahmen erwartete ich nicht, daß damit urplötzlich unsere Schwierigkeiten aufhörten, war aber doch der Überzeugung, daß die Bekräftigung unseres festen Willens die Voraussetzungen für eine Wiederbelebung der Wirtschaft schaffen würden. Und um deutlich zu machen, daß die Spekulanten den Nervenkrieg nicht gewinnen würden, leitete ich ab dem 3. Juni die ersten sozialen Maßnahmen aus meinem Wahlprogramm ein: der tarifliche Mindestlohn, der SMIC, wurde auf 2000 Francs monatlich festgesetzt.

Im Gefolge der von Pierre Mauroy angekündigten Währungsmaßnahmen begann sich der Sturm auf dem Finanzmarkt zu beruhigen. Was nicht hinderte, daß die deutsche Presse in ihrer Gesamtheit einen alarmierenden Ton anschlug: Gefahr für das Gleichgewicht des europäischen Währungssystems, Ende der Stabilität des Franc. In dieser geistigen Atmosphäre begann das 38. französisch-deutsche Gipfeltreffen am 12. und 13. Juli in Bonn. Unter der Überschrift »Doppeltes französisch-deutsches Übereinkommen in bezug auf die Verteidigung des Franc und die Mittelstreckenraketen« versicherte eine Agenturmeldung, daß die deutsche Regierung den Franc unterstützen werde. Eine – in diesem Fall französische – Quelle präzisierte sogar, daß der Kanzler selbst gleich zu Beginn der Gespräche diese Frage angeschnitten habe. Zur gleichen Zeit versuchten bestimmte Kreise in Frankreich, Panik zu säen. Nicht wenige Besitzende transferierten ihr Vermögen ins Ausland, begannen sogar, womit sie sich eine Bedeutung zumaßen, die sie gar nicht hatten, zusammen mit ihren Familien zu emigrieren. Mit ihrer Blamage müssen sie selbst fertig werden. Einer von ihnen, Guy de Rothschild, hat darüber ein sehr lehrreiches Buch geschrieben. Um als gutes Beispiel voranzugehen, gab ich der Illustrierten *Stern* ein Interview, bei dem ich in Verlegenheit gebracht werden sollte; aber ich wich keiner Antwort aus. Ich stellte klar: »Ich hoffe, daß zu den privilegierten Beziehungen zwischen unseren Ländern gute persönliche Beziehungen zwischen den Regierenden kommen werden.« Das große Ereignis nach dem Krieg in Europa war die französisch-deutsche Aussöhnung. Daß es uns gelungen war, unsere Feindschaften zu überwinden, stellte einen Hauptfaktor beim Aufbau der Europäischen Gemeinschaft dar. Dieses grundlegende Faktum war Antrieb der Politik, die ich zu führen beabsichtigte.

1948 hatte ich in Den Haag am ersten europäischen Kongreß der Geschichte teilgenommen. Diesem Engagement blieb ich treu. Eine »deutsche Quelle« ergänzte, die beiden Gesprächspartner hätten es bei aller Sorge um die hohen amerikanischen Zinssätze als nötig erachtet, ihre Anstrengungen fortzusetzen, um ein Auseinanderdriften von europäischer und amerikanischer Wirtschaft zu verhindern und um die Wirtschafts- und Währungspolitik innerhalb der EG zu harmonisieren; daß ich im übrigen gefordert hätte, die Bande, die uns einten, und die diese Beziehungen regelnden Vereinbarungen, das heißt die Praxis der halbjährigen französisch-deutschen Treffen entsprechend dem Kooperationsvertrag von 1963, auf Dauer zu stellen. In meinen Worten ausgedrückt: »Seit vielen Jahren unterhalten Deutschland und Frankreich privilegierte Beziehungen, die nicht von der allgemeinen Entwicklung des Europas des Gemeinsamen Marktes abgetrennt werden dürfen, die aber die Diskussion spezifischer Probleme von Wichtigkeit voraussetzen und die zu einem Teil das Schicksal der Weltpolitik bestimmen.« Die Beziehungen zwischen Deutschland und Frankreich setzten sich so auf eine gemilderte Weise fort. Festgehalten sei nur die Entwicklung des Vokabulars. Sie war auffällig, änderte aber nichts an den Grundgegebenheiten.

In diese Zeit fällt die erste schwere internationale Krise, die ich zu bestehen hatte, und das war nur der Anfang. Auf Anordnung des israelischen Ministerpräsidenten Menachem Begin bombardierte und zerstörte die israelische Luftwaffe am 7. Juni teilweise das Atomzentrum in Tammuz im Irak, das zwei von Frankreich gelieferte Reaktoren enthielt. Der erste blieb offenbar unbeschädigt; der zweite, der kein Brennmaterial enthielt, wurde schwer beschädigt, setzte aber keine Strahlung frei. Es handelte sich um Einrichtungen, wie es etwa fünfzig in den verschiedensten Ländern der Welt gab, bestimmt zur Erforschung der Nutzung von Atomenergie. Sie unterstanden der Kontrolle der Internationalen Atomenergiebehörde, die letztmals zu Jahresbeginn die irakischen Einrichtungen überprüft hatte. Irak hatte den Kernwaffensperrvertrag unterschrieben und damit die Kontrolle der Atomenergiebehörde akzeptiert. Von Beginn meiner Präsidentschaft an hatte ich auf die unbedingt zu ergreifenden Maßnahmen gedrungen, um die friedliche Nutzung dieser Anlagen zu garantieren und jede Zweckentfremdung zu verhindern. Der französisch-irakische Vertrag in Sachen Atomenergie datierte vom 18. November 1975 und war vom damaligen französischen Industrie- und Forschungsminister Michel d'Ornano in Bagdad unterzeichnet worden. Im August 1986 sollte es – im Anschluß an ein Interview des israelischen Journalisten Ben Porat mit dem ehemaligen Ministerpräsidenten – zu einer Polemik zwischen Jacques Chirac und Valérie Giscard d'Estaing kommen: Chirac stritt alle Verantwortlichkeit in dieser Angelegenheit ab, die seinen Worten nach direkt von d'Ornano und Giscard d'Estaing verhandelt worden war.

Technisch gesehen war der Reaktor in Tammuz ein Duplikat des französischen Reaktors Osiris mit einer Stärke von 78 Megawatt und stand damit ganz oben in der Skala der Forschungsreaktoren. Seine Kosten beliefen sich auf anderthalb Milliarden Francs. Mit dem Bau war 1977 begonnen worden; Anfang 1980 wurde eine erste Ladung Brennmaterial (12 Kilo Uran) geliefert. In einer Note des Außenministeriums vom 14. Mai 1981 hieß es, daß beim gegenwärtigen Tempo Tammuz im Lauf des Sommers funktionsfähig sei; sie machte aber ebenfalls auf drei Gefahren aufmerksam: das stark angereicherte Uran konnte unmittelbar auch für Explosionen benutzt werden; die 76 Kilo, die geliefert worden waren, reichten zur Herstellung von Bomben. Auf der Grundlage natürlichen Urans, das irgendwoher beschafft werden konnte, war Irak in der Lage, Plutonium herzustellen. Mehrere hundert an Ort und Stelle ausgebildete Wissenschaftler boten dem Irak die Möglichkeit, ein eigenständiges militärisches Atomprogramm in Gang zu setzen. Gegen diese Risiken hatte die französische Regierung vielfache juristische und technische Vorsichtsmaßnahmen ergriffen, ohne deren Wirksamkeit hundertprozentig garantieren zu können.

War es dieses Moment an Unsicherheit oder neue Informationen, die Menachem Begin die Operation gegen Tammuz auslösen ließen? Paris war nicht allzu überrascht. Eine Notiz des Außenministeriums hatte mich auf die Gefahren kurz nach meiner Wahl aufmerksam gemacht. Im Kern besagte sie: die abtretende Verwaltung hinterließ uns eine Akte voller Lügen, Blindheiten, Inkonsequenzen, in der sich die Verantwortlichkeiten einer Anzahl von Führungsleuten sowohl auf technischer als auch auf regierungsamtlicher Seite vermischten. Wichtige Entscheidungen standen an. Welche Richtung sollten wir einschlagen?

Erschwerend kam noch hinzu, daß bei der Operation ein französischer Ingenieur getötet worden war. Pierre Mauroy hatte eine Erklärung veröffentlicht, in der auf den unannehmbaren Charakter des israelischen Luftwaffenangriffs abgehoben wurde. Jeder Angriff auf dem Territorium eines fremden Staates stellte eine Verletzung des internationalen Rechts dar. Die verbale Verurteilung hatte zunächst keine weiteren Folgen. Man schätzte, daß die Reparatur der Einrichtungen mindestens drei Jahre in Anspruch nehmen würde. Menachem Begin bereitete es ein diebisches Vergnügen, Frankreich mehrfach zu schikanieren und etwa auf die Fragen, die ihm unser Botschafter stellte, schlicht nicht zu antworten, während er es durchaus für gut befunden hatte, sich gegenüber Ronald Reagan zu erklären.

Diese Bissigkeit und dieser Mangel an Rücksichtnahme mußten von seiten eines Ministerpräsidenten erstaunen, dessen Kultur und Neigungen ihn dazu führten, unser Land zu lieben und zu respektieren. Tatsächlich wurde er von seinem Temperament beherrscht: intellektuell beachtlich, aber unerbittlich und schneidig in seinen Entscheidungen, hätte er Platz in der Galerie jener ewig tadelnden Propheten, die rituell die jüdische Szene beseelt haben. Bis dahin war mein Verhältnis zu ihm hervorragend gewesen. Anläßlich einer meiner Reisen nach Jerusalem hatte er mich mit größter Herzlichkeit empfangen. Daraus war eine Korrespondenz erwachsen, die das Kommende nicht erahnen ließ. Ich empfand sehr viel Hochachtung für ihn. Ein hartnäckiger Opponent, unnachgiebiger Nationalist, leidenschaftlicher Leser.

Sein Ende hat mich bekümmert, der Tod seiner Frau, sein von Schatten umwölkter Abgang, sein freiwilliges Abwenden von allen Bekundungen der äußeren Welt, sein Rückzug auf sich selbst, zu dem in einem mir unbekannten Ausmaß das religiöse Gefühl beigetragen hat. Seine fast mystische Sorge um die Sicherheit Israels hatte, glaube ich, sein Urteilsvermögen getrübt. Tammuz war dafür ein Beispiel. Mit dem Libanon-Krieg und der Besetzung dieses Landes einige Wochen später hat er seine eigene Logik bis zur Leidenschaft getrieben – und die Leidenschaft war noch nie ein guter Führer für die Völker.

Und so begann ein Ballett mit mehreren Figuren, die doch immer auf den Pas de deux hinausliefen: Nach Israel reisen oder nicht? Ich hatte mich dazu verpflichtet, und mein Wunsch war, daß Frankreich das Signal setzte für versöhnlichere Beziehungen zu diesem Staat. Aber die Geschichte hat ihre Tücken. Die Zerstörung von Tammuz verbot mir eine Reise in allernächster Zukunft, das hätte zu sehr nach Billigung ausgesehen. Überhaupt nicht zu fahren hätte das Zerwürfnis verschlimmert. Ich beschloß, den Besuch zu verschieben. Aber das war nicht absolut sicher. Am 26. November 1984 unterrichtete ich Claude Cheysson von meiner geplanten Reise nach Tel-Aviv vom 10. bis 12. Februar kommenden Jahres. Darauf kam Claude Cheyssons harsche Kritik am Inhalt der Erklärungen der europäischen Konferenz; sie markierte den Beginn einer Polemik, die in den arabischen Ländern an Stärke gewann. Ich war nicht weit entfernt, wie Claude Cheysson zu denken, aber dieser hatte sich in seiner gewohnten schroffen Art geäußert und – wie schon berichtet – die Erklärung als Absurdität bezeichnet. Alles mußte wieder von vorn angefangen werden. In einem Interview mit Pierre Desgraupes hatte ich angekündigt: »Was ich in Jerusalem sagen werde, das habe ich in Riyad gesagt, in

Algier, in Rabat, in Amman. Es ist dieselbe Sprache, nämlich daß Israel das Recht zu existieren hat. Dieser Staat ist von den Vereinten Nationen anerkannt worden, wie ihm auch seine Geschichte und seine Tapferkeit anerkannt wurden.«

Doch der Kalender spielte gegen uns. Jeder neue Tag brachte sein Teil an maßlosen Erklärungen, die zusammen am Ende ein äußerst schlechtes Klima zwischen Frankreich und den arabischen Ländern schufen. Das war gegen meine Absichten. Hatte ich zuviel Vertrauen in meine eigene Diplomatie gesetzt? Hatte ich zur falschen Zeit gehandelt? Eine Depesche unseres Botschafters in Jordanien alarmierte mich ausreichend, damit ich in mich ging und keiner Frage auswich. Selbstverständlich war jede Erklärung eines verantwortlichen Politikers Gegenstand ausgefallendster Kommentare. Unter diesem Gesichtspunkt mangelte es den arabischen Exegeten nicht an Phantasie. Aber auch den Israelis nicht. Jeder plädierte für seinen Heiligen. Sich zu Dementis und Gegendementis hinreißen zu lassen war nutzlos und gefährlich.

Der Generalsekretär der Arabischen Liga, Klib, verriet zum Abschluß eines vermeintlich vertraulichen Gesprächs meine Absicht, das Datum dieser derart umstrittenen Reise auf später zu verschieben. Unvorsichtigerweise fügte der Quai d'Orsay in seinen Bericht folgenden Satz ein: »Die möglichen Folgen der Entwicklung der Lage in dieser Region werden nach den Debatten bewertet, die zu Anfang Januar bei den Vereinten Nationen fortgesetzt werden sollen.« Eine weitere Komplikation. Diese Bemerkung wurde von israelischer Seite sofort so interpretiert, als hinge meine Entscheidung von der Einschätzung des Sicherheitsrats ab, der vor allem jetzt kurz nach der Besetzung der Golan-Höhen wenig geneigt war, sich zugunsten Begins zu äußern. Ich hatte es andererseits unterlassen, die bei einer solchen Sache obligatorischen Riten zu zelebrieren, gebetsmühlenartig die entsprechenden Wendungen fallen zu lassen, ohne die die Diplomatie ihre Orientierungspunkte verliert. Macht der Worte! Ich lernte rasch diese rüde Lektion. Alles ist codiert. Ich lernte auch, welches Vergnügen es bereitet, diesen Code zu verletzen. Aber ich mußte zunächst meine Lehre machen.

Meiner Einschätzung nach waren die Risiken einer neuerlichen Verschiebung der Reise schlimmer als ihre nunmehr aufgelisteten Nachteile. Begin hatte mir seinen Wunsch übermittelt, mich so rasch wie möglich zu sehen. Ein langes Gespräch brachte uns am Tag nach meiner Ankunft in Tel-Aviv in seinem Büro zusammen. Es war ein kleiner Raum, die Wände voller Karten, die alle in verschiedensten Maßstäben die israelisch-libanesische Grenze zeigten. Mit einem Lineal in der Hand wies Begin auf die vielfältigen Möglichkeiten hin, die aufgrund des Bodenreliefs und der kurzen Entfernung einer Aggression aus dem Norden gegeben waren. In der Tat war die Bevölkerung dieser Region Israels stets der Gefahr eines plötzlichen und nahen Angriffs ausgesetzt. Aufgrund der Absichten der Syrer, Iraner und der libanesischen Milizen war nun Israel gezwungen, seine Vorsichtsmaßnahmen zu verschärfen. Aus dieser Rede war der Schluß zu ziehen, daß sich ein neuer Krieg ankündigte.

Da er um die Beziehungen zwischen Frankreich und dem Libanon wußte, erläuterte mir Begin vorsichtshalber, daß hier seine Pläne endeten und er nicht die Absicht habe, eine Linie zu überschreiten, die nördlich der offiziellen Grenze und weniger als vierzig Kilometer von Beirut entfernt verlief. Ich unterstrich die Gefahr, die Israel damit selbst einging, mit einem Syrien, das wenig geneigt war, zuzulassen, daß es sich als Herrn des Libanon aufspielte, und einem Iran, das die internen Zerwürfnisse schürte und Hizbollah ermutigte, vermehrt terroristische Akte zu begehen.

Doch trotz der berühmten Wendung Charles de Gaulles (»Zum komplizierten Orient fliege ich mit einfachen Gedanken«) hörten die einfachen Gedanken beim Nahen des komplizierten Orients bald auf, einfach zu sein. Genau in diesem Moment sollte die Ermordung Anwar as-Sadats noch die besten Pläne platzen lassen. Man erinnert sich noch an jene Militärparade in Kairo zur Feier der ägyptischen Siege über die israelischen Truppen, als plötzlich, mitten in der Zeremonie, Kanonen und Maschinengewehre ihr Feuer entlang der offiziellen Tribüne spien und mehrere Diplomaten sowie Offiziere aus der Umgebung Sadats töteten oder verwundeten; Sadat selbst fand dabei den Tod. Das danach ausbrechende Chaos kann man sich vorstellen. Sadats Familie entging dem Gemetzel. Der Vizepräsident Mubarak aber, der mir wenige Tage zuvor einen Besuch in Paris abgestattet hatte, war an Arm und Hand verletzt worden.

Dem Brauch gemäß fand die Beisetzung bereits am nächsten Morgen statt. Die französische Delegation war recht zahlreich. Valéry Giscard d'Estaing hatte meine Einladung, in meinem Flugzeug mitzureisen, ausgeschlagen. Eine buntgemischte Menge wartete Stunden in Behelfszelten, bis der Trauerzug sich endlich in Marsch setzte. Vertreter aus aller Welt waren anwesend. Arm in Arm, ihn so gut es ging stützend, schritt ich mit dem italienischen Präsidenten Alessandro Pertini. Wie in einer Luftblase schoben sich die drei ehemaligen amerikanischen Präsidenten Nixon, Ford und Carter hinter ihren Wächtern vorwärts. Alle irrten umher und machten ein Vorwärtskommen unmöglich. Von Zeit zu Zeit hörte man Schüsse. Die Prozession ließ sich im Sand nieder, erhob sich verstört und setzte ihren Marsch fort. Gewehrschüsse und Wehklagen waren kaum zu unterscheiden. Sadats Leichnam lag auf einem Geschützgestell. Vom Flughafen ab war alles abgesperrt, die Fenster geschlossen. Die

Soldaten, die uns abschirmten, schauten, Rücken zu uns, nach draußen, das heißt in die Wüste. Offiziere durchsuchten die einfachen Soldaten. Es dauerte mehrere Stunden, bis wir das eilig errichtete Denkmal erreichten. Die Tribünen waren noch so, wie man sie nach dem Drama verlassen hatte. Um Frau Sadat zu grüßen, gingen wir durch Blutlachen, die noch nicht weggewischt waren. Die Beileidsbezeigungen waren kurz, danach ging ich zum verabredeten Treffen mit Mubarak in seine Residenz.

Die Stadt war wie betäubt. Die Größe Sadats, die Rivalitäten zwischen den Erben Nassers unterstrichen die Leere, die sich in dieser bereits verwüsteten Region breitgemacht hatte. Ich hatte wenig Kontakte zu Sadat gehabt, der seine Karriere, seinen Ehrgeiz und sein Leben auf jenen Kühnheitsstreich gesetzt hatte, der ihn nach Jerusalem auf die Rednerbühne der Knesset führte. Getroffen hatte ich ihn mehrere Male, ihm verdanke ich die Bekanntschaft mit Yassir Arafat bei einem Esssen zu dritt in Kairo. Er hatte mich verblüfft durch die Schönheit seines Gesichts, das wie nach einer nubischen Vase modelliert schien. Sein Geist wurde von Träumen und Symbolen heimgesucht. Voller Inbrunst hatte er mir die Stätte beschrieben, wo er sein Haus zu bauen gedachte, wenn er sich aus der Politik zurückzog, an der Stelle, wo sich die Täler, die zum Katharinenkloster führen, kreuzen, da, wo sich die großen geistigen Bewegungen des Ostens treffen. Wie so oft hatte der Tod der Aufgabe übernommen, die Vorstellungen der Lebenden zu durchkreuzen und die schönen Konstruktionen der Geschichte zuschanden zu machen. Der Tod übt kein gleiches Recht aus. Die sich für immer schließenden Augen bergen vernichtete Welten. Warum die einen mit den anderen verknüpfen? Vielleicht aus einem vergeblichen Gefühl der Dauer heraus.

Das Duell, das Sprechduo Sadat–Begin hatte mich passioniert. Der Anblick des auf der Rednerbühne der Knesset stehenden ägyptischen Präsidenten schien mir wie einer Legende entsprungen. Trotz der Wertschätzung, die ich Begin entgegenbrachte – die Höhen der Geschichte erreicht hatte Sadat. Begins Antwort erschien mir wie Argumente eines Rechtsanwalts für jenen frischen Wind, den Millionen von Fernsehzuschauern in der ganzen Welt erwarteten, erhofften. Unseligerweise überwog das Mißtrauen. Wenige Menschen sind in der Lage, an die Größe und an die Wahrheit zu glauben. Die sinkende Tonlage, die sich in diesem Dialog festsetzte, war wie ein Bruch. Wie furchtbar für einen Politiker, sich gezwungen zu fühlen, die Mediokrität zu wählen, wenn die Zukunft ihre Pforten öffnet.

Aus diesem unglaublichen Ereignis ist nicht viel herausgekommen. Zumindest nicht unmittelbar. Danach trat wieder das übliche Zeremoniell der Nach-Komplotte in Kraft: Prozesse, Hinrichtungen, Verdächtigungen, In-Ungnade-Fallen. Sadats Familie wurde der Korruption beschuldigt. Die ihm einst nahestehenden Personen wurden verfolgt. Ägypten hatte das Glück, daß an seiner Spitze Hosni Mubarak stand, ein Mensch, der Exzessen abhold war, dessen gesunder Menschenverstand über den Drang nach Rache obsiegte. Was Ägypten in den Strudel des Bürgerkriegs hätte reißen können, ebbte ab. Die fundamentalistischen Gruppierungen wurden aufgelöst oder zersplitterten. Die arabische Welt behielt in ihrem Zentrum einen Angelpunkt, der sich gegen alle Extremismen zu behaupten wußte. Dies war um so schwieriger, als die meisten Araber Sadat die Verwegenheit seiner Initiative nie verziehen, seinen Tod als gerechte Strafe ansahen und Ägypten, seine Erzeugnisse wie seine Eliten, jahrelang boykottierten.

Soziologie, Ethnologie, Politik in den suhrkamp taschenbüchern

Beck, Ulrich: Politik in der Risikogesellschaft. Essays und Analysen. Mit Beiträgen von Oskar Lafontaine, Claus Offe, Joschka Fischer, Erhard Eppler u.a. st 1831

– Das ganz normale Chaos der Liebe. st 1725

Bude, Heinz: Das Altern einer Generation. Die Jahrgänge 1938-1948. st 2707

Duerr, Hans Peter: Intimität. Der Mythos vom Zivilisationsprozeß. Band II. Mit zahlreichen Abbildungen. st 2335

– Nacktheit und Scham. Der Mythos vom Zivilisationsprozeß. Band I. st 2285

– Obszönität und Gewalt. Der Mythos vom Zivilisationsprozeß. Band III. st 2451

Elias, Norbert: Mozart. Zur Soziologie eines Genies. Herausgegeben von Michael Schröter. st 2198

Elias, Norbert / John L. Scotson: Etablierte und Außenseiter. Aus dem Englischen von Michael Schröter. st 1882

Ellwein, Thomas / Joachim Jens Jesse: Der überforderte Staat. st 2646

Enzensberger, Hans Magnus: Politik und Verbrechen. Neun Beiträge. st 442

Eribon, Didier: Michel Foucault. Eine Biographie. Aus dem Französischen von Hans-Horst Henschen. st 2226

Fanon, Frantz: Die Verdammten dieser Erde. Vorwort von Jean-Paul Sartre. Deutsch von Traugott König. st 668

Foucault, Michel: Überwachen und Strafen. Die Geburt des Gefängnisses. Aus dem Französischen von Walter Seitter. st 2271

Fremde in der Stadt. Zehn Essays über Kultur und Differenz. st 2699

Grimm, Dieter: Staatsaufgaben. st 2630

Hesse, Hermann: Politik des Gewissens. Die politischen Schriften. 1. Band: 1914-1932. 2. Band: 1933-1962. Vorwort von Robert Jungk. Herausgegeben von Volker Michels. st 656

Ignatieff, Michael: Reisen in den neuen Nationalismus. Aus dem Englischen von Werner Schmitz. Mit Abbildungen. st 2639

Kiessler, Richard / Frank Elbe: Der diplomatische Weg zur deutschen Einheit. Mit einem Vorwort von Hans-Dietrich Genscher. st 2629

Kracauer, Siegfried: Die Angestellten. Aus dem neuesten Deutschland. Mit einer Rezension von Walter Benjamin. st 13

Kraus, Karl: Sittlichkeit und Kriminalität. st 1311

Mayer, Hans: Außenseiter. st 736

Mayer, Hans: Der Turm von Babel. Erinnerung an eine Deutsche Demokratische Republik. st 2174

258/1/7.97

Soziologie, Ethnologie, Politik in den suhrkamp taschenbüchern

Moser, Tilmann: Politik und seelischer Untergrund. Aufsätze und Vorträge. Erstausgabe. st 2258

Oz, Amos: Bericht zur Lage des Staates Israel. st 2192

Puhl, Widmar: Dichter für die Freiheit. Von der subversiven Kraft der Literatur in Osteuropa. st 2173

Schiffauer, Werner: Die Gewalt der Ehre. Erklärungen zu einem deutsch-türkischen Sexualkonflikt. st 894

Sennett, Richard: Fleisch und Stein. Der Körper und die Stadt in der westlichen Zivilisation. Aus dem Amerikanischen von Linda Meisner. Großformat mit Abbildungen. st 2669

Tertilt, Hermann: Turkish Power Boys. Ethnographie einer Jugendbande. st 2501

Wesel, Uwe: Juristische Weltkunde. Eine Einführung in das Recht. st 2265

258/2/7.97

Biographien
in den suhrkamp taschenbüchern

Amrain, Susanne: So geheim und vertraut. Virginia Woolf und Vita Sackville-West. Erstausgabe. st 2292

Ball, Hugo: Hermann Hesse. Sein Leben und sein Werk. st 385

Bell, Quentin: Virginia Woolf. Eine Biographie. Aus dem Englischen von Arnold Fernberg. st 753

Bertaux, Pierre: Friedrich Hölderlin. st 686

Bjørnstad, Ketil: Ballade in g-Moll. Edvard Grieg und Nina Hagerup. Roman. Aus dem Norwegischen von Lothar Schneider. st 2814

Bjørnvig, Thorkild: Meine Freundschaft mit Tania Blixen. Aus dem Dänischen von Gabriele Gerecke. st 2714 und st 2815

Boveri, Margret: Verzweigungen. Eine Autobiographie. Herausgegeben und mit einem Nachwort versehen von Uwe Johnson. st 2576

Brinnin, John Malcolm: Die dritte Rose. Gertrude Stein und ihre Welt. Mit einem Vorwort von John Ashbery. Aus dem Amerikanischen von Maria Wolff. st 1820

Carossa, Hans: Ungleiche Welten. Ein Lebensbericht. st 521

Chalfen, Israel: Paul Celan. Eine Biographie seiner Jugend. Mit Fotografien. st 913

Cousse, Raymond / Jean-Luc Bitton: Emmanuel Bove. Eine Biographie. Mit einem Vorwort von Peter Handke und verstreuten Texten von Emmanuel Bove. Aus dem Französischen von Thomas Laux. st 2824

Einblicke und Ausbrüche. Lebensskizzen berühmter Frauen. Herausgegeben von Susanne Gretter. st 2347

Elias, Norbert: Mozart. Zur Soziologie eines Genies. Herausgegeben von Michael Schröter. st 2198

Ellmann, Richard: James Joyce. Revidierte und ergänzte Ausgabe. st 2577

– Vier Dubliner - Wilde, Yeats, Joyce und Beckett. Aus dem Englischen von Wolfgang Held. Mit Abbildungen. st 2684

Eribon, Didier: Michel Foucault. Eine Biographie. Aus dem Französischen von Hans-Horst Henschen. st 2226

Feyerabend, Paul: Zeitverschwendung. Übersetzt von Joachim Jung. st 2722

Fischer, Jens Malte: Große Stimmen. Von Enrico Caruso bis Jessye Norman. st 2484

Fölsing, Albrecht: Albert Einstein. Eine Biographie. Mit zahlreichen Abbildungen. st 2490

Freedman, Ralph: Hermann Hesse. Eine Biographie von Ralph Freedman. Aus dem Amerikanischen von Ursula Michels-Wenz. st 1827

260/1/7.97

260/2/7.97

Biographien
in den suhrkamp taschenbüchern

Souhami, Diana: Gertrude Stein und Alice B. Toklas. Zwei Leben - eine Biographie. st 2813

Stein, Gertrude: Jedermanns Autobiographie. Aus dem Amerikanischen von Marie-Anne Stiebel. st 2598

– Paris Frankreich. Persönliche Erinnerungen. Aus dem Amerikanischen von Marie-Anne Stiebel. st 2594

Theodorakis, Mikis: Die Wege des Erzengels. Autobiographie (1925-1949). Herausgegeben und aus dem Griechischen übersetzt von Asteris Kutulas. Mit Abbildungen. st 2797

Unseld, Siegfried: Begegnungen mit Hermann Hesse. st 218

WahnsinnsFrauen I. Erster Band. Herausgegeben von Sibylle Duda und Luise F. Pusch. Erstausgabe. st 1876

WahnsinnsFrauen II. Zweiter Band. Herausgegeben von Sibylle Duda und Luise F. Pusch. st 2493

WahnsinnsFrauen III. Dritter Band. Herausgegeben von Sibylle Duda und Luise F. Pusch. st 2834

Weimer, Wolfram: Kapitäne des Kapitals. Zwanzig Unternehmerporträts großer deutscher Gründerfiguren. Mit zahlreichen Abbildungen. st 2464

Wilkomirski, Binjamin: Bruchstücke. Aus einer Kindheit 1939 - 1948. st 2801

Zeemann, Dorothea: Einübung in Katastrophen. Leben zwischen 1913 und 1945. st 2637

260/3/7.97

Philosophie
in den suhrkamp taschenbüchern

Adorno, Theodor W.: Erziehung zur Mündigkeit. Vorträge und Gespräche mit Hellmut Becker 1959-1969. Herausgegeben von Gerd Kadelbach. st 11

Alain: Die Pflicht, glücklich zu sein. Aus dem Französischen übertragen und mit einem Nachwort versehen von Albrecht Fabri. st 859

Cioran, E. M.: Gevierteilt. Aus dem Französischen von Bernd Mattheus. st 1838

Dürckheim, Karlfried Graf: Erlebnis und Wandlung. Grundfragen der Selbstfindung. st 1945

Feyerabend, Paul: Zeitverschwendung. Übersetzt von Joachim Jung. st 2722

Foucault, Michel: Überwachen und Strafen. Die Geburt des Gefängnisses. Aus dem Französischen von Walter Seitter. st 2271

Geschichte der Philosophie. Eine Einführung in die europäische Philosophiegeschichte mit Blick auf die Geschichte der Wissenschaft und die politische Philosophie. Zwei Bände. Von Gunnar Skribekk und Nild Gilje. Übersetzt von Lothar Schneider. st 2168

Horstmann, Ulrich: Das Untier. Konturen einer Philosophie der Menschenflucht. st 1172

Jonas, Hans: Dem bösen Ende näher. Gespräche über das Verhältnis der Menschen zur Natur. Erstausgabe. st 2197

– Der Gottesbegriff nach Auschwitz. Eine jüdische Stimme. st 1516

– Macht oder Ohnmacht der Subjektivität. Das Leib-Seele-Problem im Vorfeld des Prinzips Verantwortung. st 1513

– Materie, Geist und Schöpfung. Kosmologischer Befund und kosmogonische Vermutung. st 1580

– Philosophische Untersuchungen und metaphysische Vermutungen. st 2279

– Das Prinzip Leben. Ansätze zu einer philosophischen Biologie. Neuausgabe. st 2698

– Das Prinzip Verantwortung. Versuch einer Ethik für die technologische Zivilisation. st 1085

– Technik, Medizin und Ethik. Zur Praxis des Prinzips Verantwortung. st 1514

Koestler, Arthur: Die Wurzeln des Zufalls. Einzig berechtigte Übertragung aus dem Englischen von Irmgard Schoppmeier, unter Mitwirkung von Hans-Joachim Grünzig. st 181

Lem, Stanisław: Das Katastrophenprinzip. Die kreative Zerstörung im Weltall. Aus Lems Bibliothek des 21. Jahrhunderts. Aus dem Polnischen von Friedrich Griese. PhB 125. st 999

257/1/7.97

Philosophie
in den suhrkamp taschenbüchern

Lenk, Hans: Kritik der kleinen Vernunft. Einführung in die jokologische Philosophie. st 1771

Needleman, Jacob: Geld und der Sinn des Lebens. Aus dem Englischen von Charlotte Franke. st 2472

Russell, Bertrand: Eroberung des Glücks. Neue Wege zu einer besseren Lebensgestaltung. Autorisierte Übersetzung von Magda Kahn. st 389

Searle, John R.: Die Wiederentdeckung des Geistes. Aus dem Amerikanischen von Harvey P. Gavagai. st 2550

Shibayama, Zenkei: ZEN - Eine Blume spricht ohne Worte. Eine Einführung durch Gleichnis und Bild. Mit einem Vorwort von Daisetz T. Suzuki. Aus dem Englischen von Ursula von Mangoldt. st 2471

Sloterdijk, Peter: Im selben Boot. Versuch über die Hyperpolitik. st 2447

– Der Zauberbaum. Die Entstehung der Psychoanalyse im Jahr 1785. Ein epischer Versuch zur Philosophie der Psychologie. st 1445

257/2/7.97

Geschichte
in den suhrkamp taschenbüchern

Donghi, Tulio Halperin: Geschichte Lateinamerikas von der Unabhängigkeit bis zur Gegenwart. Aus dem Spanischen von Elke Wehr. st 2327

Enzensberger, Hans Magnus: Der kurze Sommer der Anarchie. Buenaventura Durrutis Leben und Tod. Roman. st 395

Eribon, Didier: Michel Foucault. Eine Biographie. Aus dem Französischen von Hans-Horst Henschen. st 2226

Foucault, Michel: Überwachen und Strafen. Die Geburt des Gefängnisses. Aus dem Französischen von Walter Seitter. st 2271

Gernet, Jacques: Die chinesische Welt. Die Geschichte Chinas von den Anfängen bis zur Jetztzeit. Aus dem Französischen von Regine Kappeler. st 1505

Oz, Amos: Bericht zur Lage des Staates Israel. st 2192

Stierlin, Helm: Adolf Hitler. Familienperspektiven. st 2361

Weimer, Wolfram: Geschichte des Geldes. Eine Chronik mit Texten und farbigen Bildern. st 2307

Wissenschaftsgeschichte seit 1900. 75 Jahre Universität Frankfurt. Von Helmut Coing, Lothar Gall, Jürgen Habermas, Notker Hammerstein, Hubert Markl, Wolfgang J. Mommsen. st 2150

263/1/11.95